LA MONDIALISATION VUE D'AILLEURS

Du même auteur

La Colère de la déesse décapitée
Traditions, cultes et pouvoir dans le sud de l'Inde
CNRS Éditions, 1992

Au confluent de deux rivières
Musulmans et hindous dans le sud de l'Inde
Presses de l'École française d'Extrême-Orient, 1995

Altérité, Identité
Chrétiens et musulmans en Inde
(sous la direction de Jackie Assayag et Gilles Tarabout)
Éditions de l'École des Hautes études en sciences sociales, 1998

L'Inde fabuleuse
Le charme discret de l'exotisme français (XVIIe-XXe siècle)
Éditions Kimé, 1999

La Possession en Asie du Sud
Parole, corps, territoire
(sous la direction de Jackie Assayag et Gilles Tarabout)
Éditions de l'École des hautes études en sciences sociales, 1999

The Resources of History
Tradition, Narration and Nation in South Asia
(sous la direction de Jackie Assayag)
Presses de l'École française d'Extrême-Orient, 1999

L'Inde
Désir de nation
Odile Jacob, 2001

At Home in Diaspora
South Asian Scholars and the West
(sous la direction de Jackie Assayag et Véronique Bénéï)
Indiana University Press, 2003

Remapping Knowledge
The Making of South Asian Studies in India, Europe and America
(sous la direction de Jackie Assayag et Véronique Bénéï)
Three Essays Collective, 2004

Globalizing India
Perspectives from Below
(sous la direction de Jackie Assayag et C.J. Fuller)
Anthem Press, 2005

JACKIE ASSAYAG

LA MONDIALISATION VUE D'AILLEURS

L'Inde désorientée

ÉDITIONS DU SEUIL
*27, rue Jacob, Paris VIe*

Ce livre est publié
dans la collection « La couleur des idées »

ISBN 2-02-081300-9

www.seuil.com

Pour que la fin soit un recommencement

« Only connect. »
Edward M. Forster, *Howard's End*, 1910.

Introduction

La mondialisation vue d'ailleurs

La mondialisation n'est pas un phénomène social récent, ni fondamentalement moderne, pas plus qu'elle n'est réductible à l'histoire de l'Occident. Ceux qui cherchent à la rendre intelligible en tant qu'« ordre capitaliste global », « modernité tardive », voire « seconde » ou « postmodernité », tendent à imposer une vue unique et surplombante, dite par les peintres à « vol d'oiseau ». Pourtant, vouloir étudier le monde en ses vastes perspectives signifie « se placer dans la position de ceux qui dessinent les paysages », ainsi que l'écrivait Nicolas Machiavel après sa rencontre avec Léonard de Vinci à la cour de César Borgia en 1502. La célèbre dédicace du *Prince*, adressée au Magnifique Laurent de Médicis, explicitait ce principe de distance analytique : « Il faut se placer en bas dans la plaine pour considérer la nature des montagnes et des lieux élevés et, pour considérer celle des lieux bas, se placer en haut sur les montagnes. » Sage conseil. Les représentations qu'on peut se faire varient en fonction de positions qui, par définition, sont toutes limitées. Des points de vue distincts engendrent des représentations différentes de la réalité. Certes, l'objectivité doit être atteinte à travers une vue extérieure et distante. Mais l'un des moyens de s'en approcher est aussi de se déplacer, de multiplier le jeu des échelles et des variations, depuis une ou plusieurs positions, périphériques ou non, et en changeant les orientations[1].

Pourtant, aussi subtils que soient ces exercices intellectuels, ils ne sauraient remplacer le voyage. Seul le dépaysement « loin des anciens parapets » permet de se laver les yeux entre chaque regard. C'est à ce voyage qu'invite *La Mondialisation vue d'ailleurs*[2]. Le propos de ce livre est d'étudier et de problématiser les transformations sociales et culturelles, économiques et politiques que traverse l'Inde, un sous-continent qui se reconfigure, dit-on, sous l'impact de la mondialisation. La démarche de l'enquête a choisi de mettre en relief les dimensions imaginaires et symboliques de cette « Grande transformation » en soulignant les limites d'un processus qu'on se représente de manière mécanique et trop souvent linéaire[3]. De fait, la mondialisation est ici étudiée « à rebrousse-poil de l'histoire », c'est-à-dire en allant du présent au passé et en adoptant un point de vue critique et sceptique sur cette notion qui masque plus qu'elle n'explique.

1. On a tiré profit des remarques de Carlo Ginzburg, *À distance. Neuf variations sur le point de vue en histoire*, Paris, Gallimard, 2001.

2. Au cours des cent dernières années, la langue française s'est dotée, à partir du mot « monde », d'un système de dérivés : « mondial », puis « mondialiser », puis « mondialisation ». De son côté, à partir de *world*, la langue anglaise s'était pourvue depuis 1625-1635 (selon le *Webster*) ou au mitan du XIXe siècle (selon l'*Oxford Dictionary*) du composé *worldwide*, qui s'est révélé inapte à donner naissance à des dérivés. C'est pourquoi plus récemment, à partir de *globe*, Britanniques et (surtout) Américains ont créé un système de dérivés : *global*, *globalize* (1940-1945), *globalization*, dont les sens recouvrent exactement ceux de la série française « mondial », « mondialiser », « mondialisation ». Pour dire l'anglais *globalization*, le mot « mondialisation » (ou à la rigueur « planétarisation ») convient donc parfaitement. Il est d'autant moins nécessaire d'imiter l'anglais qu'en français « global » a l'acception forte d'« intégré », voire d'« entier ».

3. Cf. Alan Scott (dir.), *The Limits of Globalization. Cases and Arguments*, Londres-New York, Routledge, 1997.

DÉPAYSER LA MONDIALISATION

L'idée de dépayser la mondialisation était venue tout naturellement vers la fin des années 1990 face aux transformations rapides intervenues en Inde depuis la libéralisation économique des années 1980 – période durant laquelle j'y avais conduit mon premier « terrain » anthropologique. Cette libéralisation s'était radicalisée avec l'ajustement structurel imposé par le Fonds monétaire international (FMI) en 1991. Ayant mené des recherches en Inde presque tous les ans depuis plus de vingt ans, j'ai pu observer et vivre en continu les changements profonds de la culture matérielle et des mentalités, ceux des styles de vie comme des formes de sociabilité, sans parler des vicissitudes de la vie politique et de la montée en puissance du national-hindouisme.

À cette expérience s'ajoutait une donnée historique éclairante. Dans la première moitié du XIXe siècle, l'Inde fut administrée par un établissement privé, la Compagnie des Indes orientales, c'est-à-dire sous la férule du libre-échange le plus pur. Or ce test grandeur nature a permis de mesurer les effets du libéralisme sur la société indienne. Le résultat est accablant : l'écart de richesse entre un Indien et un Anglais fut multiplié par cinq, passant de 1 à 2 en 1820 à 1 à 10 en 1913. Alors que les textiles indiens représentaient 70 % des exportations de l'Inde au début du XIXe siècle, l'importation des textiles d'Angleterre était estimée entre 55 et 75 % des exportations britanniques en Inde vers la fin de ce même siècle – l'artisanat fut pour une bonne part détruit, surtout celui des textiles d'exportation de luxe[1] !

1. Rappelons cependant que la Couronne britannique reprit la main au milieu du XIXe siècle ; cf. Daniel Cohen, *La Mondialisation et ses ennemis*, Paris, Grasset, 2004, p. 51-54.

L'observation des dynamiques variées de la mondialisation sur d'autres continents comme l'Australie, l'Afrique du Sud, les États-Unis confirma le diagnostic historique : il y a *des* mondialisations[1]. Ce processus complexe et diversement orienté qu'on pourrait définir comme des « interactions mutuelles généralisées », selon la formule de Kant, méritait donc d'être exploré à partir non du ponant mais du levant, soit tel qu'une multitude d'individus ou de groupes disparates la voient ou la vivent, la conçoivent et la racontent, la pratiquent ou la combattent.

Ce choix procède d'un double refus. Celui de la position que l'Occident a conférée à cet Orient lointain qui fut sciemment maintenu dans l'extériorité parce que tout s'y mêlerait dans la permanence et les confusions multiples, sinon les odeurs d'encens. Celui de la fiction fondatrice occidentale, ensuite, selon laquelle le monde entier se révèlerait de l'Ouest à l'Est, du lever au couchant, de l'Europe à l'Asie, et encore plus tardivement pour le Reste… Comme si le nom d'Occident était le nom d'une origine ou *de* l'origine ; comme si l'horizon de l'Occident était *tout* l'horizon ; comme si l'histoire de l'Europe résu-

1. Pour la notion de « multiples mondialisations », on se reportera à Peter L. Berger et Samuel P. Huntington (dir.), *Many Globalizations. Cultural Diversity in the Contemporary World*, Oxford-New York, Oxford University Press, 2002. Cette enquête a été financée dans le cadre du programme international de coopération scientifique (PICS-CNRS-DRI) en collaboration avec la London School of Economics and Political Science (LSE) et l'Economic and Social Research Council (ESRC) britannique. Les travaux de cette équipe de treize chercheurs de diverses nationalités sont publiés par Jackie Assayag et Chris Fuller sous le titre *Globalizing India. Perspectives from Below*, Londres, Anthem Press, 2005. Je remercie Véronique Bénéï (CNRS-LSE), Robert Deliège (université de Louvain-la-Neuve) et Jacques Pouchepadass (CNRS) pour leur lecture attentive du manuscrit, mais je reste évidemment seul responsable des erreurs qui subsistent ou des interprétations ; mes remerciements vont également aux revues *Annales HSS* et *Terrain*, qui ont respectivement publié les versions préliminaires des chapitres II et III.

mait *l'*Histoire. Mais que serait une raison prenant indéfiniment refuge dans la demeure nocturne du soleil ?

L'intérêt paradoxal de s'installer « dans » un ailleurs géographique, historique et cognitif, est d'accroître les connaissances et d'élargir le savoir. Ce placement dans l'écart favorise l'émancipation de la pensée par l'extériorisation : le détour par l'Inde autorise un retour sur l'Europe. Le bénéfice de ce retour (issu du détour) oblige à admettre qu'on a affaire à deux *intelligibilités*, l'une indienne, l'autre européenne, bien que toutes deux soient liées de multiples façons, ne serait-ce qu'à travers la colonisation. En passant d'une société à l'autre, l'anthropologue s'affranchit à son gré des influences et des adhérences de l'une comme de l'autre en ouvrant des possibilités propres à l'acte de « penser d'un dehors »[1] ; foin donc de l'indianisme et de l'eurocentrisme. Ainsi mise en perspective, la démarche dispense des présupposés concernant la différence et l'identité. Désormais, on ne peut plus réfléchir sur l'Inde en termes d'exotisme, dans la mesure où celui-ci n'est que l'envers de l'ethnocentrisme. Comme on ne peut plus penser l'Inde en tant que différence, car elle n'est pas plus différente de l'Europe qu'elle ne lui est semblable : leurs perspectives demeurent à l'*écart* l'une de l'autre. Pour ces raisons, la démarche s'avère anthropologiquement décisive.

Placer l'Inde et l'Europe sous un autre regard ne signifie pas pour autant penser comparativement. Car ce qui fonde le comparatisme tel qu'il a été pratiqué depuis le XIXe siècle,

1. Sur la pensée d'« un dehors », cf. François Jullien, *Penser d'un dehors (la Chine). Entretiens d'Extrême-Occident*, en collaboration avec Thierry Marchaisse, Paris, Seuil, 2000 ; notion qu'il faudrait lier à celle d'« hétérotopie » chez Michel Foucault, cf. « Des espaces autres » (1984), *Dits et écrits II, 1976-1988*, Paris, Gallimard, 2000, p. 1571-1581, et les commentaires de Edward W. Soja, « Heterotopologies : Foucault and the Geohistory of Otherness », in *Third Space. Journeys to Los Angeles and Other Real-and-Imagined Places*, Cambridge-Oxford, Basil Blackwell, 1996, p. 144-161.

c'est précisément le refus ou l'incapacité de penser la différence comme accident ou *contingence*. L'exercice de la comparaison invite presque toujours à penser toute différence comme un signe qui pointe vers une distinction d'essence, vers une altérité qui se voit élevée au statut de contre-type. La relation de type à contre-type, et, plus généralement, l'emploi de la pensée dichotomique ne sont souvent que des leurres. L'idée selon laquelle l'identité culturelle résiderait dans certaines propriétés d'essence, lesquelles seraient sous-jacentes aux manifestations significatives mises au jour par le comparatisme, constitue un présupposé de l'anthropologie philosophique européenne : celle qui va de Johann Gottfried Herder ou d'Emmanuel Kant jusqu'aux *Kulturwissenschaften* et autres culturalistes américains, voire bien au-delà[1] – celle-là même qui n'a cessé d'orienter une grande partie de la réflexion à propos de la question de l'Homme. Or, à force de vouloir construire l'« autre » par rapport à l'Occident, on s'installe dans un cadre conceptuel qui, loin d'être neutre ou surplombant, est solidaire de l'un des deux pôles, c'est-à-dire l'occidental. Pour éviter ce biais, il faut « rendre provinciale » l'Europe[2].

L'Inde désorientée

Que la modernité et la mondialisation ne soient pas les produits du seul Occident, mais le résultat complexe d'interactions variées et anciennes avec d'autres mondes

1. On mesure ainsi ce qui nous sépare de la conception audacieuse, par ailleurs stimulante, proposée par Marcel Detienne dans *Comparer l'incomparable*, Paris, Seuil, « La librairie du XXIe siècle », 2000.

2. Cf. Dipesh Chakrabarty, *Provincializing Europe. Postcolonial Thought and Historical Difference*, Princeton-Oxford, Princeton University Press, 2000.

culturels et sociaux est l'argument principal de ce livre. Le chapitre I, consacré aux « modernités multiples » hors du monde euro-américain, s'arrête sur la géométrie variable des relations entre « centre » et « périphérie » afin de montrer que cette opposition est à l'origine de nombreuses illusions concernant aussi bien la modernité que la mondialisation. La meilleure façon d'étayer cette idée est d'aller voir et étudier ailleurs, répétons-le. Par exemple en Inde, cette jeune démocratie portée par une vieille civilisation forte de ses traditions plurireligieuses et multiculturelles, fière de ses particularités « sécularisste » et fédérative, une terre d'immense pauvreté mais puissance nucléaire à l'ambition régionale, enfin un pays de plus d'un milliard d'habitants : un homme ou une femme sur six dans le monde est indien.

L'entrée de l'Inde dans le nouveau millénaire a été marquée par une série de ruptures dramatiques depuis l'accession du pays à l'indépendance en 1947. La plus vaste économie insulaire du monde capitaliste émergent, incluant la classe bourgeoise la plus autonome et un secteur de pointe en haute technologie, a adopté une forme néolibérale d'intégration (à pas modérés) dans le marché mondial. Dans le même temps, le mouvement national-hindouiste, à la fois force populiste et autoritaire, représenté par le « Parti du peuple indien » (Bharatiya Janata Party [BJP]), a accédé démocratiquement au pouvoir central en remplaçant son adversaire, le parti du Congrès, au sommet du système politique en 1998. La même année, les dirigeants de ce parti ont fait exploser une bombe atomique. Des quatre principes du *Pandit* Jawaharlal Nehru qui avaient guidé officiellement le projet modernisateur du pays – le socialisme, le « sécularisme », la démocratie et le non-alignement –, le premier et le dernier ont été abandonnés ; le deuxième a été redéfini afin d'acclimater le national-hindouisme, tandis que le troisième, dont la préservation entretenait le pan glorieux d'une histoire sociale et économique (aux résultats par ailleurs décevants), est menacé comme jamais il ne fut[1].

C'est à l'étude de ces transformations de grande ampleur que cette *Inde désorientée*, ainsi dite sans paternalisme, se consacre. Quatre phénomènes socioculturels et d'économie politique ont été choisis car ils sont propres à faire saisir les bouleversements en cours tout en faisant affleurer certaines continuités discrètes ou moins souvent perçues. Premièrement, le marché industriel de la beauté qui s'organise et se développe autour du corps féminin au travers des rapports de l'homme et de la femme, ainsi que des questions nationale et sexuelle dans une société résolument patriarcale (chapitre II). Deuxièmement, l'expansion et la recomposition des classes dites « moyennes », dont les membres se confrontent aux changements des modes de production et de consommation, des styles de vie et des représentations liées à la région, à la nation et aux relations internationales (chapitre III). Troisièmement, les industries de haute technologie qui provoquent une mutation de l'agriculture et de l'agroalimentaire sous la pression de firmes nationales et transnationales au travers lesquelles se renouvellent les cosmologies indigènes (chapitre IV). Enfin, la transformation du paysage visuel et idéologique qui accompagne et ornemente la consommation de masse, le développement des médias et des technologies de communication en alimentant, paradoxalement, la nostalgie communautaire et la vague de fond de l'hindouisme militant antimusulman (chapitre V).

Ces questions sont évidemment débattues tant en Inde qu'au sein des diasporas de l'Asie du Sud en Angleterre, aux États-Unis, au Canada, en Afrique du Sud et ailleurs,

1. Cf. Amartya Sen, *La Démocratie des autres. Pourquoi la liberté n'est pas une invention de l'Occident*, Paris, Payot, 2004 (1re éd. angl. 2003).

non sans faire retour en Inde. C'est dire que les effets de la mondialisation se répercutent sur les populations en transformant les appareils de pouvoir autant que (les représentations de) la hiérarchie sociale et du vivre ensemble. Mais c'est dire aussi que se transforment, par ricochets, les relations entre ville et campagne, les rapports entre hommes et femmes, entre classes d'âge et classes sociales, modifiant du même coup les « horizons d'attente », les comportements et les styles d'existence, l'alimentation et le vêtement, les préoccupations et les trajectoires de vie. Il n'est pas jusqu'à la manière dont l'esthétique s'articule avec le « vrai » ou le « bon », au travers des cosmologies indigènes désormais liées aux univers de l'imprimé, de l'électronique et de la télévision, qui ne soit concernée par cette internationalisation économique, politique, sociale et culturelle. Mais, alors que l'intégration dans l'économie mondiale s'accroît, on constate une radicalisation des antagonismes ethniques, religieux ou politiques, comme si la violence structurelle des réformes néolibérales, l'agitation sociale, les revendications pour la reconnaissance de l'« identité » (qui transfigurent la nostalgie du passé en utopie) étaient la conséquence de la mondialisation ou une réaction à celle-ci.

En ce sens, nul n'échappe à la mondialisation, quelle que soit l'acception structurelle, spectaculaire ou rhétorique donnée à cette notion. Il n'en reste pas moins qu'il y a des façons multiples de vivre ou de concevoir ce « fait social total » qui subsume une série de transformations concernant l'ensemble des dimensions de la vie sociale, y compris les plus subjectives. Il y a mille manières de la subir ou de la négocier, comme il y a divers modes d'acceptation ou de résistance à son endroit. Il y a mille manières de prendre position, comme il y a différentes approches pour en révéler la face claire ou obscure et pour en suggérer la force réelle ou occulte. Mais, quel que soit le cas, l'observation *in situ* de la mondialisation, dite parfois « glocalisation », montre que ce phénomène complexe n'est pas identifiable à un grand acteur, ni assimilable à une force homogénéisante arasant sur son passage les mouvements sociaux ou culturels et toutes les formes d'organisation ou d'institutions. Au contraire : les processus de mondialisation fabriquent du local ; et construire du local n'importe pas moins qu'ouvrir du global, à partir de lui. Non seulement le progrès des connexions produit des disparités croissantes en termes de pouvoir et de richesse, mais il accélère les modes d'accumulation et de circulation du capital, confortant là de larges zones d'exploitation, accroissant ici le nombre de laissés-pour-compte ou de riches, favorisant là-bas des recompositions spatiales et sociales, religieuses ou ethniques. La mondialisation apparaît créatrice et destructrice parce qu'elle est notre œuvre. Ce pour quoi les réseaux l'emportent désormais sur les territoires, en dépit du fait que ceux-ci gardent leur efficace en géopolitique malgré l'intervention d'acteurs nouveaux s'organisant sous des formes plus ou moins inédites. Toutes raisons pour lesquelles la mondialisation inquiète ou rassure. Ce faisceau de sentiments et de questions n'épargne d'ailleurs pas le milieu savant : l'inégalité à l'âge de la mondialisation est un « crime parfait », selon James K. Galbraith[1].

C'est dire encore que les expressions de la mondialisation sont médiatisées en termes culturel et social, politique et économique, toujours réappropriées par des individus ou des collectifs soucieux de leur conférer sens et singularité. Le constat est essentiel. Tandis que la mondialisation informe les organisations et les populations, les individus et leurs subjectivités, ses conséquences et ses coûts sont

1. Cf. son article « A Perfect Crime : Inequality in the Age of Globalization », *Daedalus*, hiver 2002, p. 11-25, statistiques et cartographie à l'appui.

diversement régulés par les États, traduits dans les dynamiques régionales ou internationales, portés par les visions autochtones et bien souvent re-tramées dans les histoires locales à l'aune de rumeurs ou sur la base de l'idée du complot.

Sans anticiper la conclusion, indiquons toutefois que l'enquête débouche sur deux résultats dont il a fallu tirer toutes les conséquences. La nécessité, d'une part, de mettre en relief le rôle mystifiant des causalités finales ou occultes, autrement dit des intrigues que mobilisent (à tort ou à raison) une diversité d'acteurs en quête de sens ou de clarté face à un monde proclamé transparent mais qui s'avère toujours plus opaque. L'impératif, d'autre part, de souligner le caractère structurant des institutions sociales et culturelles sur les flux subrégionaux et mondiaux qui varient d'ailleurs de pays à pays, d'une région à l'autre, de localité à localité, au sein de configurations économiques et politiques distinctes. Mais cela ne signifie pas que les acteurs soient des « idiots sociaux » : ils sont bel et bien des agents décidant en fonction de situations *hic et nunc*. En dépit de la multiplication et de l'accélération des échanges, les singularités et les idiosyncrasies se constatent partout, y compris concernant l'interprétation des flux humains et du rôle des diasporas, de l'évaluation des forces économiques et sociales, culturelles ou politiques, qui relèvent toutes d'échelles variées. Quelles que soient les régions considérées, les processus sociaux se différencient et se fragmentent tandis que s'approfondissent ou s'inventent les frontières physiques et mentales.

Finalement, les quatre ancrages choisis – la quête des classes moyennes, les mutations de la culture et de l'agriculture, les changements de l'économie politique de la femme et de la vision locale ou nationale sous l'impact de la consommation de masse et des médias – exemplifient ce processus d'« universalisation par réinvention de la différence » qui définit la mondialisation. Ces quatre entrées éclairent mieux cette société et sa culture dite « composite » que ne le font les approches soucieuses d'en rendre compte uniquement en termes de religion ou de civilisation, de spiritualité ou de philosophie, de culture présumée primordiale ou, pis, de conflit supposé entre tradition et modernité. Plutôt que s'abandonner à ces fausses rencontres, gardons en mémoire le viatique (védique) : « Comme un arc, la flèche est posée sur la pensée. »

CHAPITRE I

Modernité, mondialisation et « glocalisation »

L'idée selon laquelle nous vivons dans un seul monde est aujourd'hui devenue un cliché. L'exemplifie la publicité cocardière de cette boisson désormais planétaire qui, par le truchement de jeunes consommateurs blonds comme les blés, proclame : « Nous sommes le monde ! » Les responsables de la richissime compagnie ne sont cependant pas dupes de l'image de marque qu'ils diffusent lorsqu'ils déclarent : « Nous ne sommes pas une multinationale, nous sommes une multilocale. » De fait, leur service de commercialisation a récemment recyclé un récit folklorique fameux dans une publicité télévisée afin de « rendre Coca-Cola russe en Russie aux yeux des Russes » ; en soixante secondes, on y voit les rusés frères du fils du tsar et le loup gris magique aider Ivan à retrouver les pommes d'or du souverain. La production et la consolidation de la différence et de la variété sur des marchés segmentés, dits parfois « glocalisés[1] », sont devenues l'ingrédient essentiel du capitalisme contemporain ; ce

1. La notion serait issue du terme japonais *dochakuka* (dérivé de *dochaku*, « vivre sur sa propre terre »), qui fait référence à l'adaptation d'une technique agricole aux conditions locales ; il a été repris par les hommes d'affaires nippons dans les années 1980 puis transformé en « glocalisation » par les Américains. Cf. Roland Robertson, *Globalization. Social Theory and Global Culture*,

pour quoi ses stratèges promeuvent à la fois l'homogénéité et l'hétérogénéité culturelles qui conditionnent son succès.

Dans la proche banlieue de Bombay (Mumbai), à proximité du plus grand bidonville d'Asie, s'élève la nouvelle ville connue sous le nom de SCEEPZ – Santa-Cruz Electronic Export Processing Zone – qui abrite ou abritait, entre autres firmes transnationales, les services informatiques de Swissair et de l'américain AT & T, dont les logiciels sont écrits en langues hindi, tamoule et marathi. Ici comme partout ailleurs dans le monde, on y trouve ces produits manufacturés portant la mention suivante : « Fabriqué dans un ou plusieurs des pays suivants : Corée, Hong-Kong, Malaisie, Taïwan, Maurice, Thaïlande, Indonésie, Mexique, Philippines. L'exact pays d'origine n'est pas connu. » Cette création d'une ville informationnelle dans un « non-lieu » et la production de biens manufacturés provenant de nulle part n'attestent pas seulement de cette recherche tous azimuts des coûts de main-d'œuvre les plus bas d'une économie mondialement intégrée et « délocalisée » qui a succédé à celles, domestiques et des blocs antagonistes, de la période de la « Guerre froide ». Cette cité montre aussi qu'une économie globale, dite informationnelle, est apparue dans le dernier quart du XXe siècle. En 2002, le groupe britannique de médias et de service Reuters restructure et « délocalise » en Inde une large partie de son administration dans le cadre de sa stratégie de réduction des coûts. Dans l'intervalle, les firmes Warner et Fox ont fait de même. Le bon niveau universitaire et la maîtrise de la

---

Londres, Sage, 1992, p. 173. La notion de « glocal » désigne avec justesse, sinon élégance, les processus par lesquels des références partagées, des modèles imposés, des textes et des biens circulant à l'échelle planétaire sont appropriés pour faire sens dans un temps et un lieu particuliers.

langue anglaise d'une fraction de la population autorisent la sous-traitance à longue distance des opérations gourmandes en main-d'œuvre.

L'installation de la plupart des grandes entreprises d'informatique américaines – Microsoft, IBM, HP, EDS, CSC, Accenture, Cisco – à Bangalore, Bombay, Hyderabad ou Delhi, depuis une dizaine d'années, a suscité la création de milliers de sous-traitants et a imposé des standards de qualité internationale. Selon le Nasscom, l'organisation professionnelle indienne, le sous-continent serait devenu l'Eldorado des sociétés d'informatique « délocalisatrices » en accaparant plus de 80 % de ce marché de l'« offshore ». Les exportations de logiciels et services depuis l'Inde croissent de 30 % par an, alors que le marché mondial ne connaît une progression moyenne que de 5 à 10 %. Ces ventes sont réalisées à 60 % avec des clients américains et à 26 % avec l'Europe, surtout la Grande-Bretagne.

Ces exemples confirment que les choses (bonnes ?) à boire, à consommer, à voir, à informatiser ou à délocaliser peuvent donner à penser, y compris aux anthropologues. Au demeurant, nombre d'entre eux s'y appliquent déjà en perpétuant la fécondité d'une discipline pourtant encline au repli frileux sur ses « objets » de prédilection. C'est notamment le cas de Clifford Geertz[1], pour ne retenir qu'un nom prestigieux, dont le projet s'était confondu avec l'étude des pratiques et des savoirs indigènes, la description intensive du « local ». Aujourd'hui, le maître influent de l'interprétation symbolique des cultures défend la nécessité « d'élargir l'intelligibilité du discours entre des peuples fort différents les uns des autres par leur intérêt, leur apparence, leur richesse, leur pouvoir, et vivant

1. Cf. Clifford Geertz, *Savoir local, savoir global. Les lieux du savoir*, Paris, PUF, 1986 (1re éd. angl. 1983).

désormais dans un monde qui les lie par une connexion sans fin » ; un monde dans lequel « le spectre du mélange des différences est toujours plus large » et où « ici » et « là » sont « toujours moins insulaires, toujours moins bien définis, toujours moins spectaculairement contrastés (quoique toujours profondément tels) ». Et l'anthropologue de conclure : « Quelque chose de nouveau a émergé à la fois sur le "terrain" et dans le milieu universitaire. » Nouveauté qu'on peut résumer par un mot : la « globalisation ».

Pourtant, au vu de l'origine boasienne du concept ethnologique de « culture » – avancé pour démonétiser celui, confus et déterministe, de race et conférer autonomie et consistance (culturelle) au groupe dans son lieu –, on voit mal à quoi pourrait correspondre une « culture globale » ou « métaculture ». Cela signifierait-il que les cultures hétérogènes sont progressivement absorbées dans une culture dominante qui couvrirait éventuellement le monde entier ? Que s'impose partout l'occidentalisation, l'américanisation, la « cocacolonisation » ou la « Mcworldisation » ? Ou qu'en raison de ladite compression de l'espace et du temps, les cultures sont façonnées par les mêmes événements et que celles qui se tenaient hier séparées entrent maintenant en contact pour échanger, et se juxtaposent, voire se confrontent ? Que l'on assiste à une mise en connexion de territoires et de temporalités antérieurement autonomes du fait de la multiplication et l'accélération de flux économiques, culturels ou politiques de vaste amplitude ? Ou encore que la « créolisation » ou l'« hybridation » des sociétés sont telles qu'apparaît sous nos yeux, ou par la médiation d'écrans petits ou grands, une culture inédite pour tous ?

LA GÉOGRAPHIE DE LA MODERNITÉ

L'Europe et la périphérie

L'idée selon laquelle nous vivons une période inédite, sans précédent comparable, s'est transformée en poncif durant les deux dernières décennies. Cette opinion s'alimente au préjugé largement partagé selon lequel la « modernité », de quelque manière qu'on la définisse, se confond avec l'Europe : elle y a non seulement commencé, mais elle s'y est épanouie pour s'y parachever. Nombre de philosophies de l'histoire, ou « chronosophies », n'ont cessé de le répéter en combinant périodisation et prophétie de façon plus ou moins convaincante. Aujourd'hui encore, pour des penseurs comme Jürgen Habermas, s'agissant de la nation, de l'espace public ou de la communication, Charles Taylor, à propos du multiculturalisme, de l'État et de la citoyenneté, mais aussi Paul Ricœur, concernant la philosophie, l'histoire ou la mémoire, la modernité est essentiellement et exclusivement un phénomène européen ; autant dire un produit de l'Ouest par opposition à l'Est, du Nord par rapport au Sud, ou du centre par opposition à la périphérie.

Pourtant, l'Europe n'est plus, si elle le fut jamais, le centre du monde. Ce qu'avait déjà souligné Paul Valéry au tournant du XXe siècle. Elle n'est qu'un ensemble de petites nations occupant une péninsule de taille somme toute modeste. Loin d'être la source unique de toute signification légitime, ou le gradient de l'appréciation des sociétés et des cultures, comme le fait accroire la pensée dite « moderne », l'Europe est l'une des provinces du monde, une parmi beaucoup d'autres. En réalité, si cette région a pu se proclamer « occidentale », c'est en sublimant ses idéologies successives en divers universalismes : christianisme, monarchie, Lumières, démocratie, liberté, égalité, rationalisme, progrès, sciences, mais aussi racisme, colonialisme, impérialisme et mission civilisatrice…

La compréhension que les sociétés ont d'elles-mêmes à travers leurs valeurs et leurs idéaux s'avère relative, y compris lorsqu'ils véhiculent une conception homogène et hégémonique du savoir et du pouvoir. L'attestent les conflits de valeur ou d'intérêt aussi bien que les antagonismes entre formes d'organisation et d'institutions locales, régionales ou nationales, lesquelles portent souvent en elles des expressions idéologiques ou eschatologiques considérées comme incompatibles. L'appel ou le recours à l'universalisme, surtout lorsqu'il s'identifie avec le Vrai et la Raison, n'est la plupart du temps que le slogan de ceux qui se sentent assez forts pour l'imposer aux autres. « Il est parfois nécessaire », comme Marshall Sahlins l'écrit, « de se rappeler que notre discours à prétention rationaliste est prononcé dans un dialecte culturel particulier[1]. » Qui ne voit en effet que les mondes sociaux sont singuliers et pluriels, et qu'ils se proclament en conséquence incomparables ? Qui ne sait que ces univers de vie s'informent de cultures diverses, marquées par des environnements dissemblables et déterminées par leurs histoires propres ? Comme sont disjoints leurs « régimes de temporalité[2] » dans un monde à la fois commun et partagé, mais la plupart du temps conflictuel. Pourquoi la géographie humaine

1. Marshall Sahlins, « Goodbye to *Tristes Tropiques* : Ethnography in the Context of Modern World History », *Journal of Modern History*, 65, 1993, p. 1-25.

2. C'est-à-dire « la modalité de conscience de soi d'une communauté humaine », selon François Hartog, *Régimes d'historicité. Présentisme et expériences du temps*, Paris, Seuil, « La librairie du XXIe siècle », 2003 ; on se reportera à l'introduction pour une définition de l'expression et au chapitre I pour son emploi dans le champ de l'anthropologie.

et la sociologie – sciences multipolaires et disciplines sensibles à la polyvalence axiologique – échapperaient-elles à cette diversité proliférante ?

En réalité, l'uniformité est la rançon de la diversité lorsqu'on l'appréhende superficiellement. Ce caractère superficiel résulte bien sûr de l'ignorance, mais aussi de la mondialisation des images, du tourisme et de l'information due au « rétrécissement » de la planète qui favorise le traitement global des conjonctures, des situations et des problèmes. Si la modernité est un phénomène global, irrémédiablement commun, différentes conceptions s'affichent et se combattent au nom du « vrai » ou du « pur » ou au titre des fins dernières. Si l'universalité est une expérience partagée par l'ensemble de l'humanité, chacun observe cependant qu'individus ou collectivités inclinent à hiérarchiser les degrés de l'humanité en prétendant toujours tenir le haut du panier. « Ce qu'il y a de plus universel dans l'humanité, c'est la particularité », remarquait le politologue Michael Ignatieff en rappelant l'importance que revêtait, pour Freud, le « narcissisme des petites différences » dans l'économie des individus aussi bien que des collectifs – ce « vice de singularité », comme on disait au XVIIIe siècle. Ce qu'il y a de plus précieux et de plus fragile, c'est la communauté de ceux qui, liés par une histoire commune et singulière, ont décidé de vivre ensemble.

On considère toutefois comme plus « locaux » ceux qui vivent ailleurs que dans le monde occidental – d'où l'acception péjorative du terme « indigène ». Pourtant, un nombre non négligeable de ces « locaux » sont cosmopolites au même titre, quoique à divers degrés selon le développement variablement précoce des réseaux de communication et d'information en société. Chacun est libre et a plus ou moins les moyens de se référer à des espaces multiples, aussi bien empiriques que conceptuels. Contrairement à ce que pensait Clifford Geertz, le savoir des gens locaux n'est pas en lui-même un savoir local. Il devrait plutôt être dit universel au sens où il est accessible à qui y aspire. Un mollah afghan lisant ce vieil ouvrage qu'est le Coran n'est pas plus local qu'un intellectuel plongé dans la lecture d'un roman de James Joyce. Ce même mollah qui invoque l'autorité d'un texte islamique médiéval sera considéré comme « local » alors qu'un auteur contemporain qui se réfère au panthéisme spinoziste sera appelé « cosmopolite ». Pourtant, tous deux sont bel et bien contemporains et locaux, mais évidemment dans des univers respectifs qui ont leurs règles propres d'inclusion et d'exclusion. Maintes régions du monde non européen, que l'on décrit fermé sur lui-même, sont plus ouvertes au grand large que ne le sont certains grands pays industrialisés. C'est dire la complexité des sociogenèses de la modernité, du moins pour qui ne réduit pas cette dernière à un simple produit d'exportation dans les régions « non occidentales » du monde à partir du « centre » mondial que serait l'Europe.

Quand bien même la modernité serait un phénomène européen, elle ne saurait l'être que de manière constitutive : elle entretient une relation (dialectique) avec l'altérité qu'elle inclut ou exclut et qui est son contenu ultime. Le « centre » ne se proclame tel qu'en rapport à une ou des « périphérie(s) » et, ce faisant, inaugure une histoire mondiale qui lui donne significations et sens. Il se pourrait d'ailleurs que le monde ait été perpétuellement moderne car « seul le moderne peut toujours se démoder », ironisait Oscar Wilde. Inversement, on serait en droit de penser que l'Europe n'a jamais été « moderne », pour au moins trois raisons. La modernité est, par définition, un projet inachevé – un « procès sans fin » (*endless trial*), selon l'expression du philosophe Leszek Kolakowski ; son contenu empirique ou idéologique est hétérogène, comme le sont ses frontières physiques et mentales ; enfin, ses « autres », ses mille « autres » contribuent à sa conception et participent à son histoire : ils incarnent ses marges ou ses bords structurants. De là, le rôle fondamental et paradoxal dévolu à l'« altérité constitutive », bien que la différence culturelle ait cessé d'être stable depuis fort longtemps : le voisin est un étranger, ma famille vit sur un autre continent, l'autre exotique n'est plus une altérité et l'altérité s'affiche à proximité dans les villes modernes.

L'histoire du monde ne peut donc plus prétendre incorporer l'ensemble de l'aventure humaine dans les frontières présumées de l'Europe ou au sein de l'universalité de la rationalité occidentale. Non seulement parce que l'assèchement des visions émancipatrices a détruit la confiance que les promesses de la modernité avaient suscitée depuis le XVIIIe siècle. Mais aussi parce que le « culte du cargo[1] » européen, qui promettait abondance, paix et richesse généralisée, a échoué sur les rivages de la violence extrême propre au XXe siècle. D'une part, cette *hubris* se confond avec les produits modernes que sont les totalitarismes et les génocides, y compris au cœur de l'Europe ; d'autre part, cette violence dite « structurelle », ou « guerre de basse intensité », que continuent de connaître les millions de ceux pour qui la vie n'est pas, et ne fut jamais, sécurité, mais plutôt une pléiade de malheurs et de souffrances au sein d'un ordre politique et économique aussi vieux que l'oppression, l'esclavage, l'inégalité, la pauvreté, la sous-alimentation et la maladie[2].

1. On appelle ainsi les richesses matérielles caractéristiques de la civilisation industrielle moderne que des bateaux ou des avions apportent aux Blancs habitant dans la région indigène, pour leur subsistance ou leur délectation.

2. On se permet de renvoyer, pour une discussion synthétique de ces questions, à Jackie Assayag, « Leçon de ténèbres. Violence, terreur, génocides », *Les Temps modernes*, 626, 2004, p. 275-304. S'agissant de la violence structurelle, cf. Paul Farmer, « On Suffering and Structural Violence : A View from Below », in Arthur Kleinman, Veena Das et Margaret Lock (dir.), *Social Suffering*, Berkeley-Los Angeles-Londres, University of California Press, 1997, p. 261-283.

Modernités multiples

L'heure d'une vision à la fois large et nuancée de l'émergence du monde moderne a donc sonné. Mais penser la genèse de la « modernité » pose la question suivante : qui la pense et à quelle fin ? Depuis le siècle des découvertes, les échanges et les conquêtes ont désenclavé des territoires et autorisé dans la foulée la confrontation des savoirs et des pratiques propres à des sociétés ou des cultures distinctes. Dès lors, la comparaison pouvait être étendue à l'échelle planétaire. Les perceptions de la globalité, ainsi que l'expérimentation de cette idée dans des contextes locaux divers, montrent que la conception de la mondialisation est le produit de consciences à la fois historiques et localisées. Le refus de rabattre les évolutions historiques sur un modèle unique, celui de la société occidentale, déjoue l'ethnocentrisme. S'ouvre alors la possibilité d'une histoire qui s'attache à des mondes fort éloignés les uns des autres, mais parfois liés, ou qui repère dans les situations les plus locales les interdépendances qui les rattachent au lointain sans que les acteurs en aient toujours une perception claire.

Rendre moins provinciale et plus complexe la généalogie de la modernité exige donc de prendre au sérieux la diversité à la fois temporelle et spatiale de ses expressions sociales ou culturelles. Cette mise à distance de la géographie occidentale – ce fragment changeant d'espace et d'histoire qui a toujours donné une idée autocentrée de lui-même en tant qu'expression d'une certitude universelle – fait découvrir des connexions nouvelles et des configurations inédites, mais aussi quelques certitudes chancelantes : celle de la raison éclairée surmontant les illusions, les erreurs et les traditions surannées ; celle du savoir scientifique et du pouvoir technologique grâce auxquels les individus se libèrent des contraintes de la nature, de la religion et de l'histoire ; enfin, celle d'une culture qui a promu la valeur du sujet et du droit, de l'égalité et de l'individualisme, de la liberté et de la souveraineté, mais aussi celle de la nation et de l'État, synonymes de modernité politique.

Sur ce plan, on déplore une formidable amnésie de l'histoire. Depuis plusieurs siècles, la modernité s'est confondue avec une série de processus historiques au travers desquels des sociétés et des cultures, relativement isolées les unes des autres, entrèrent en contact et s'acculturèrent[1] sous forme d'organisations, d'institutions et de sociabilités inédites. Ces configurations multiples doivent se concevoir d'emblée comme hybrides si l'on veut se défaire de l'illusion (archaïque) que génère l'idée de « premier contact ». L'idée de cultures qui empruntent les unes aux autres, cohabitent ou se chevauchent de manière bricolée est bien plus profonde et surtout plus conforme aux réalités sociales discrètes que ne le laissent penser des modes de compréhension réducteurs en termes de « blocs culturels » ou de « civilisations ». Le devenir monde, ce sont d'abord des réseaux et des carrefours, c'est une articulation de « nœuds » reliés entre eux par des « arcs » et des rhizomes dont la projection ne forme des « aires de civilisation » qu'aux yeux de ceux qui sont en quête de représentations holistes des sociétés afin de répondre à des besoins intellectuels, idéologiques ou politiques. Au vu de l'histoire des dites civilisations,

1. Pour un emploi heuristique de la notion d'acculturation (« intégrée », « dissociative » ou « antagoniste »), on renvoie aux travaux de Georges Devereux, « Acculturation antagoniste » (1943), in *Ethnopsychanalyse complémentariste*, Paris, Flammarion, 1975. Sur le cas de l'Inde, on se permet de renvoyer à Jackie Assayag, *Au confluent de deux rivières. Musulmans et hindous dans le sud de l'Inde*, Paris-Pondichéry, Presses de l'École française d'Extrême-Orient, « Monographies 181 », 1995.

qui ne constate que les frontières réputées infranchissables s'avèrent en réalité poreuses ?

Ces phénomènes d'échange, d'interaction et de circulation furent à la fois locaux, globaux et conjoncturels plutôt que les produits de forces se disséminant à partir de la seule Europe. En tout cas, celles-ci ne se diffusent pas comme un virus se propage à la périphérie depuis le (ou les) centre(s) de l'« économie-monde » : la conception épidémiologique des représentations est, au mieux, une idée paresseuse et, au pis, un produit de la magie sympathique (nullement propre aux anthropologues[1]). Qui a jamais observé une représentation clairement définie se mettre en mouvement pour se diffuser dans l'espace en restant identique à elle-même au fil du temps ? Pourquoi faudrait-il privilégier la « source » des représentations alors qu'elles sont toujours déjà là – à disposition sociale –, et qu'elles se recomposent du fait des modes de réception d'acteurs en situation ? Plus philosophiquement : à partir de quel observatoire peut-on voir une philosophie de l'histoire ?

Loin de l'évolution linéaire ou d'un « choc des civilisations », c'est au confluent de processus d'échanges multiples et de circulations variées, dont certains ont force attaches locales, que la modernité se déclina en modes pluriels sur des espaces géographiques et culturels hétérogènes, certains parfois éloignés les uns des autres. Ce pour quoi des chercheurs les ont qualifiés de « modernités multiples » afin d'en fixer l'étude intrinsèque ou comparée[2]. Certes, ces modernités dites « alternatives » ou « précoces » ne sont pas toutes passées à l'acte pour des raisons qu'il

1. Difficultés que soulèvent les travaux cognitifs de Dan Sperber, *La Contagion des idées*, Paris, Odile Jacob, 1996.

2. On lira les deux riches dossiers portant sur cette problématique et coordonnés par Samuel N. Eisenstadt, *Daedalus*, 125, 3, 1998, et *Daedalus*, 129, 1, 2000.

est toujours possible de découvrir (rétrospectivement) et qui ont sans doute donné au capitalisme moderne son phénoménal pouvoir de reproduction et d'expansion impériale. Mais un immense chantier s'est ainsi ouvert qui en explore les singularités, la diversité et la complexité régionales, qui étudie les structurations sociales et symboliques par lesquelles elles s'instituent, les formes de compréhension qu'elles ont eues d'elles-mêmes, l'extension variable de leurs réseaux d'échange et de circulation, enfin leur dynamique sur la longue durée – sachant que toutes les sociétés partagent le même flux turbulent du temps. Mais, si la modernité se révèle partout, elle n'est et ne fut jamais partout la même. Ce programme de recherche ambitieux a mis au jour des zones ou des régimes de cultures autonomes ou enchevêtrées, mais sur un mode décentré. Ces « périphéries » se sont organisées à distance (de la représentation) du monde eurocentré, bien que l'Ouest ou le Nord y aient pu produire maints effets à la faveur de circulations plus ou moins anciennes, continues ou discontinues, déterminantes ou demeurées superficielles.

Grâce à cette approche à la fois critique et modulaire, on a pu corriger une triple asymétrie de connaissance ou d'ignorance. D'une part, il est devenu impossible de rendre intelligible le monde à travers l'Europe sans que l'on fasse l'effort de comprendre d'autres parties du monde. D'autre part, l'histoire ne se confond plus avec le récit élémentaire de la montée en puissance de l'Ouest, ou du prétendu « développement/décollage » du monde occidental, lequel aurait entraîné *a contrario* la chute du « Reste ». Enfin, l'idée d'une prolifération de situations ou de « conditions modernes » conteste la mythologie d'*une* mondialisation selon laquelle le monde serait en passe de devenir *un* ; l'histoire du monde est une reconstitution périodique d'une multiplicité de programmes sociaux et culturels mis à l'œuvre sur des espaces interactifs et en voie de différenciation. Finalement, les analyses à la fois sociologique, anthropologique et historique contredisent l'idée dominante selon laquelle la modernité serait le produit du seul monde occidental, qu'il soit européen ou états-unien.

MONDIALISATION ET PÉRIPHÉRIE

Décentrement

La notion de modernité fut intrinsèquement liée à l'idée de vérité et transfigurée en allégorie du savoir et du pouvoir dès le milieu du XVIIIe siècle. Mais elle avait déjà gagné la presque totalité du monde à l'époque dite des « grandes découvertes ». Les quatre continents, puis bientôt les cinq, furent liés par les circumnavigations et soumis progressivement à l'exploration et à la conquête. Appropriation des terres et des mers, mais également colonisation des imaginaires, avancèrent frontalement. Les savoirs incorporés dans les fusils et l'enrôlement des indigènes comme traducteurs ou collaborateurs donnèrent aux conquérants la possibilité de dominer plus efficacement le monde qu'ils s'apprêtaient à partager avec les autochtones ; « méchaniques victoires ! », selon la fameuse formule de Michel de Montaigne stigmatisant l'entreprise cruelle des *conquistadores*. L'expression impériale d'un principe de domination instaura une hiérarchie qui abolit sans masque la vérité et la portée des principes élevés censés la légitimer. Lorsque William Ewart Gladstone autorisa l'invasion de l'Égypte en 1822 pour défendre les idéaux du « monde (britannique) civilisé », il déclara qu'il lançait une « guerre juste », une « guerre sacrée », contre les militants de l'islam. Il a fait ce qu'il avait dit. Des historiens ont rappelé qu'il détenait 37 % du portefeuille d'actions de la Bourse égyptienne. Décidément, l'histoire se répète.

Depuis le XVIe siècle, tous les éléments des configurations indigènes – population, société, droit, économie, politique, culture et histoire – qui paraissaient incompatibles avec la modernité ont été systématiquement subordonnés et marginalisés, placés à l'ombre ou en dehors de la grande Histoire, c'est-à-dire hors de l'Europe (quand ils ne furent pas tout simplement détruits). L'opposition entre « moderne » et « non moderne » alimenta les discours de stigmatisation ou d'exclusion pour en légitimer le bien-fondé, et du même coup la qualité de ceux qui en faisaient profession ou vocation. La distinction permit de séparer le « proche » et le « lointain » – ici le « paysan » ou l'« arriéré », là-bas le « sauvage » ou le « barbare ». La finalité de cette dichotomie était d'enraciner chacun de ces personnages dans leurs « nations » respectives, sises localement, avec pour résultat de les fixer dans un autre espace et de les placer hors du temps : « hétérotopie » et « allochronie » se conjuguèrent dans la négation d'une histoire partagée[1]. L'humanité commune et la contemporanéité leur furent *de facto* refusées.

Le « grand partage » entre nature et temporalité, ethnographie et histoire, société sans ou avec contrat, violence ou État, décida du sort des inhumanités exotiques. La pensée évolutionniste s'en empara au XIXe siècle afin d'en étalonner la hiérarchie sous l'appellation de « racisme scientifique » : de l'homme des forêts aux civilisés, du

1. Johannes Fabian a montré que l'histoire de l'anthropologie a construit son « objet » en le fixant irrémédiablement ailleurs et en le plaçant dans un autre temps, processus dit d'« allochronie » ; cf. *Time and the Other : How Anthropology Makes its Object*, New York, Columbia University Press, 1983.

Noir au Blanc (*via* le métis), du barbare au bourgeois, de l'Est à l'Ouest, du singe à l'humain… Chaque fois, les innombrables sédiments de l'histoire, l'étourdissante diversité des cultures, le foisonnement des langues et des personnalités, l'arborescence des mythologies ou la profusion des rituels, tout cela fut balayé, oublié ou relégué dans le désert ou la jungle comme les trésors volés lors des explorations pour être transformés en fragments privés de sens.

Autrement dit, la modernité disqualifia la tradition en la fabriquant comme différence à réduire ou à supprimer. Mais une différence toutefois utile à conserver afin de légitimer la modernité, puisque la tradition était le vestige d'un « art (de faire) premier », dégénéré pour une majorité mais sublimé par de rares esprits curieux. De fait, les forces modernisatrices se réapproprièrent au fur et à mesure les éléments catégorisés comme « non modernes » : coutumes, arts, cultures, religions, droits ou institutions, économies, modes de gouvernement, etc. De proche en proche, les traditions furent périodiquement réinventées. Cela rendait encore plus emblématique ce que l'on prit l'habitude de présenter sous la forme narrative d'une marche vers le Progrès : la tradition était devenue le produit de la modernité. Le programme de modernisation à l'occidentale, impulsé par les élites et chevillé aux corps par le bienfait des disciplines, fit de la rationalité un instrument au service d'une vision à la fois utopique et moralisatrice qui démonétisa toutes les formes du passé.

À l'encontre de cette conception de l'histoire et des sociétés qui instaure la tyrannie de l'éternel présent, nombre d'historiens ont étudié les pratiques diversifiées de la « mondialisation » sans toutefois utiliser le jargon de la « globalisation ». C'est avec minutie qu'ils ont reconstitué les vastes réseaux de circulation et de communication créés aux époques « prémodernes » en diverses régions afin de souligner les limites de l'expérience européenne[1] : ceux qu'empruntaient les princes ou les rois à la recherche de richesses et d'honneur sur des territoires plus ou moins fabuleux ; ceux qui canalisaient les pèlerins enthousiastes et les mendiants religieux en quête des traces du divin dans des royaumes lointains ; ceux qu'affectionnaient les marchands, les négociants ou les aventuriers à la poursuite de profits risqués en vue desquels ils passaient les frontières, parcouraient les mers ou se dispersaient pour s'établir sur divers continents[2]. Ainsi Janet Abu-Lughod a-t-elle restitué le réseau dense de communication généralisé propre au Moyen-Orient entre les XIIe et XIVe siècles, bien avant la montée en puissance de l'Europe. De son côté, Andre Gunder Franck a proposé de « ré-orienter » la perspective parce que l'histoire de l'Europe resta périphérique à l'économie-monde asiatico-centrée jusqu'au milieu du XVIIIe siècle[3]. Dans la foulée, il soutint que la mondialisation n'avait pas cinq cents ans, mais bien plutôt cinq mille ! Premièrement parce que la mondialisation fait partie depuis toujours de l'histoire de la planète, ainsi que l'attestent les recherches sur les leviers fondamentaux du développement économique que sont l'agriculture, la roue, l'écriture et la métallurgie, mais aussi les déplacements des populations, des plantes cultivables, des animaux

1. On ne retiendra que deux exemples suggestifs : R. Bin Wong, *China Transformed : Historical Change and the Limits of European Experience*, New York, Cornell University Press, 1997, et K. N. Chauduri, *Asia Before Europe : Economy and Civilization of the Indian Ocean from the Rise of Islam to circa 1750*, Cambridge, Cambridge University Press, 1990.

2. Cf. C. A. Bayly, « "Archaic" and "Modern" Globalization in the Eurasian and African Arena, c. 1750-1850 », in A. G. Hopkins (dir.), *Globalization in World History*, Londres, Pimlico, 2002, p. 47-73.

3. Cf. Janet Abu-Lughod, *Before European Hegemony : The World System, A.D. 1250-1350*, New York, Oxford University Press, 1989, et Andre Gunder Frank, *ReOrient : Global Economy in the Asian Age*, Berkeley, University of California Press, 2001.

domestiques et des maladies pour les époques archaïques. Deuxièmement parce que les formes antiques de l'échange mercantile ou de l'organisation globale de vastes empires prédateurs et « redistributifs » furent à la source de la diffusion de systèmes de croyances universalistes : hindouisme, bouddhisme, judaïsme, christianisme et islam. En somme, ces historiens rappelaient une évidence : les peuples de l'Asie, de l'Afrique, de l'Amérique ou d'ailleurs ont de très longues histoires, lesquelles n'ont évidemment pas commencé ni été interrompues avec le débarquement des Européens sur leurs territoires – un événement dont on n'a eu que trop tendance à exagérer l'importance.

Déloger de l'Europe (renaissante) les origines de la modernité n'est pas seulement un gage de rigueur scientifique. C'est le meilleur chemin pour articuler, à l'échelle du monde, les dynamiques matérielles et humaines dans la longue durée, du moins si l'on accorde que le rôle des sciences sociales est bien d'élargir le champ du débat. Cet objectif est justement celui de Dipesh Chakrabarty lorsqu'il propose de « provincialiser l'Europe ». Selon cet historien « subalterniste », la pluralité des perspectives régionales en termes d'« objets », d'approches, d'« outils » ou d'analyses doit s'accompagner du refus de codifier les pratiques culturelles à travers le seul idiome des sciences sociales occidentales. La visée de cette narration postcoloniale est de bouter l'Europe du centre des pratiques propres à ces disciplines, en explicitant comment le « tiers monde » (a) construit la modernité de la même manière que la modernité (a) produit le tiers monde.

Mettre en œuvre un tel mot d'ordre ne signifie toutefois pas rejeter la modernité ou congédier les Lumières (ni les anti-Lumières) en succombant à la tentation indigéniste ou au « popnativisme ». Il ne s'agit pas de concocter on ne sait trop quelle esthétique ou quelle politique célébrant la singularité de modes d'être autochtones par ressentiment envers l'Occident. Chakrabarty reconnaît que les prétentions à l'universel ne sont pas toujours des camouflages de l'impérialisme et que tous les désirs modernes de justice sociale dans les sociétés capitalistes renvoient aux idéaux démocratiques, libéraux et de bien-être liés aux Lumières, ainsi que l'illustrent les risques inouïs pris par les migrants à la recherche d'un refuge et de la « bonne vie » dans les cités prospères du Nord. La visée est plutôt de tenir à distance cette tradition afin de la dépasser, c'est-à-dire « de la mondialiser à partir de ses marges » (selon le jargon de l'auteur). De là ces interrogations sur son lieu d'émergence, son déploiement historique, les courants qui ont contribué à lui fournir ses outils de pensée, les rapports changeants à ces formes plus ou moins intellectualisées qu'étaient la religion, l'idéologie, la science, mais aussi la civilité ou la modernité – y compris et surtout celles des « autres ». L'objectif est également de questionner la dimension téléologique de cette tradition. En effet, la perspective comparative cède volontiers à l'ethnocentrisme en faisant du présent occidental le seul pôle de sens d'une fausse comparaison dont l'autre terme est déterminé de manière purement négative – par l'irrationalité, l'hétéronomie et toutes les formes de privation : histoire, langue, écriture, organisation, État, civilisation, etc.

Entre l'idéal normatif de l'objectivité et le relativisme culturel affiché, la voie est évidemment étroite ; comme est patent le risque polémique des partisans de l'un et l'autre camp, voire la menace que ferait peser une telle « guerre des cultures ». La conscience critique suppose une instance dont la structure normative dépasse aussi bien la logique de l'unification autoproclamée que le morcellement des identités. De là sans doute ce recours de Chakrabarty à la « différence », en termes de pensée et d'historicité, grâce à laquelle il maintient la prétention universelle à un horizon de sens parce que, lorsqu'il s'absente, c'est l'humanité elle-même qui vient à manquer.

Soulignons que cette réflexion postmoderniste s'inspire de la tradition marxiste. Karl Marx lui-même reconnaissait que l'« aurore rose » du capitalisme était à chercher non pas en Angleterre ou aux Pays-Bas mais dans la production, le commerce et la finance du système colonial impérial[1]. Dans la même veine, Immanuel Wallerstein a retracé les débuts du « système-monde » en le référant à la transformation d'un modèle de commerce (des produits de luxe aux biens essentiels) qui était à la fois global et organisé en réseaux depuis fort longtemps ; celui-ci n'a d'ailleurs pas cessé de se ramifier et de se densifier jusqu'à nos jours[2]. Dans son exploration du « capitalisme à l'échelle mondiale », Samir Amin a défendu l'idée que les conditions de vie des mondes périphériques ne constituaient pas un stade antérieur de développement mais qu'ils étaient le produit, également moderne, d'un « ajustement structurel » continu au travers duquel les sociétés non-occidentales furent subjuguées et exploitées[3]. Selon Mike Davis, la transformation des cycles de famine en génocide aussi bien en Inde qu'en Chine, de l'Éthiopie au Brésil, des Philippines au Maroc, par le moyen de la « négligence active » d'une administration coloniale férue des dogmes du libre-échange, servit à accroître la pénétration impériale, d'une part, et à approfondir, de l'autre, le fossé du développement dans la seconde moitié du XIXe siècle, période cru-

1. Karl Marx, *Le Capital : une critique de l'économie politique*, Paris, Gallimard, « Bibliothèque de la Pléiade », 1975, vol. 1, p. 703.

2. Cf. Immanuel Wallerstein, *Unthinking Social Science : The Limits of Nineteenth Century Paradigms*, Cambridge, Polity Press, 1995 (trad. fr. : *Impenser les sciences sociales*, Paris, PUF, 1995), p. 75.

3. Cf. Samir Amin, *L'Accumulation à l'échelle mondiale*, Paris, Anthropos, 1970.

ciale pour la naissance de ce qu'on appellera plus tard le « tiers monde »[1].

D'autres historiens ont souligné l'importance qu'a revêtue, à partir de 1760, l'extension des connexions dans le monde, surtout lorsque ces dernières s'entèrent sur le développement des systèmes de « fiscalisme militaire » de certains États, qui ont ainsi réussi à créer des colonies outre-mer à partir du XVIe siècle[2]. Ce couplage entre développement des réseaux et transformation étatique fut à l'origine d'un vaste mouvement de circulation de marchandises : sucre, tabac, thé, café et opium. Ces denrées, promises à un bel avenir international, ont galvanisé la consommation et le commerce mais aussi les échanges culturels. Comme l'écrivait le vicomte de Chateaubriand en 1841, « ce ne seront pas seulement les marchandises qui voyageront, mais les idées qui auront des ailes ».

Ainsi les méthodes modernes de l'organisation industrielle du travail furent-elles d'abord mises en place non dans le cadre de la production du textile à Manchester, mais à la faveur de l'exploitation de la culture sucrière dans les plantations coloniales aux Caraïbes[3]. La production du sucre aux XVIe et XVIIe siècles requérait une discipline stricte des tâches et une organisation planifiée et bureaucratique. De telles exigences introduisirent des conceptions nouvelles à la fois du temps et de la division du travail entre unités de production séparées en fonction de l'âge, la capacité physique, l'habileté technique et le genre sexuel, selon des modèles encore inconnus en Europe. Le capitalisme d'origine caraïbe montre donc que

1. Cf. Mike Davis, *Late Victorian Holocausts : El Niño Famines and the Making of the Third World*, Londres, Verso, 2001.

2. C. A. Bayly, « The First Age of Global Imperialism, c. 1760-1830 », *The Journal of Imperial and Commonwealth History*, XXVI, 2, 1998, p. 28-47.

3. Sidney Mintz, Sweetness and Power : *The Place of Sugar in Modern History*, New York, Viking Penguin, 1986.

les longues distances impliquées par le commerce colonial assurèrent le développement d'une supervision bureaucratique moderne du travail, y compris à bord des bateaux ou des navires négriers ainsi que dans les villes portuaires ou les factoreries, autorisant de la sorte le capital financier à en extraire au mieux la valeur ajoutée.

À partir du moment où les individus ou les sociétés sont devenus « modernes » et se sont conçus comme tels (ou non), le thème de la *modernisation* a forgé les disciplines de l'esprit jusqu'à devenir le paradigme des sciences sociales au XIXe siècle. Tandis que les théories sociologiques classiques du XIXe siècle – Comte, Marx, Spencer, Durkheim, Tönnies, Weber, Simmel – s'attachaient principalement à expliquer les causes et le sens de la modernisation de l'Ouest ou du Nord, on se tourna plutôt, dans la seconde moitié du XXe siècle, vers l'étude des transformations des sociétés non occidentales. Dès lors, cette théorie s'est ancrée dans l'idée que les nouvelles nations non modernes, les nations de l'Asie ou de l'Afrique (ou celles plus anciennes de l'Amérique du Sud), pouvaient et devaient devenir des sociétés modernes. Ce sentiment à la fois paternaliste et triomphant se fondait sur un préjugé : la théorie de la modernisation est « vraie », « bonne » et « inévitable ». Nul ne voyait que cette perspective reflétait l'esprit du temps plutôt qu'un programme de recherches objectives.

On sait désormais que la théorie de la modernisation est l'enfant du mariage célébré entre la décolonisation et la Guerre froide. La fin de la Seconde Guerre mondiale a accéléré le processus de décolonisation. De nouvelles nations asiatiques et africaines accédèrent à l'indépendance et devinrent visibles sur la scène mondiale entre la fin des années 1940 et les années 1960. La décolonisation suscitait des espoirs et des énergies neufs au sein de ces jeunes nations, mais également dans le monde entier, à une époque où une foi illimitée investissait les progrès matériels fondés sur les technologies scientifiques et rationnelles. Mais, en réalité, il n'y eut pas de changement fondamental dans la distribution des pouvoirs politiques et la répartition des inégalités économiques qui soutenaient le monde. Les nouvelles nations devinrent ainsi les dépositaires d'un programme de changement social séculaire et de progrès, alimenté par les aspirations domestiques, et organisé par des États transformés en clients potentiels pour les anciens et nouveaux pouvoirs qui entraient en compétition afin d'établir leurs sphères d'influence respectives. Ce conflit fut accru par le fait que la décolonisation coïncida avec la phase la plus intense de la Guerre froide et la croissance de l'hégémonie des États-Unis sur le monde occidental. Dans ce contexte, les théories de la croissance, du développement ou de la modernisation parurent indubitables.

Recentrement

Que la modernité ne fut pas le produit du seul Occident, mais bien le résultat de son interaction avec les « autres mondes » s'illustre de multiples façons. Limitons l'inventaire à quelques faits suggestifs. Le principe du panoptique de Jeremy Bentham (dont Michel Foucault a fait une métaphore de la transformation du nouveau régime de surveillance et de punition qui a prévalu en Europe dans la première moitié du XIXe siècle) fut d'abord conçu par son frère, Samuel Bentham, lorsqu'il contribua à la colonisation russe en Crimée de l'Empire ottoman[1]. Le pilotage du

1. Timothy Mitchell (dir.), *Questions of Modernity*, Minneapolis, University of Minnesota Press, 2000.

système scolaire (anglo-indien) en termes de réseau et de contenus d'enseignement, notamment des études d'anglais, fut inventé à Calcutta, au Bengale, au début du XIXe siècle. Le champ de ce qu'on appelle aujourd'hui la « littérature anglaise », conçue comme paradigme d'éducation et instrument pour forger le caractère, fut mis au point dans l'Inde coloniale avant d'être mis en œuvre en Angleterre[1]. La naissance de la « population » par le truchement de la « biopolitique du nombre », comme objet premier du pouvoir gouvernemental, trouva dans le monde colonial son banc d'essai en vue de la gestion rationnelle des peuples subjugués[2]. La conception de la « culture », en tant qu'ensemble de traits incorporant l'identité d'un groupe social, émergea lors de la colonisation des régions non occidentales en liaison avec la volonté d'inventorier les richesses humaines, matérielles et symboliques ; assujettir, classer, discipliner, civiliser les populations indigènes procurèrent un sens fort de l'identité à ceux qui n'en avaient pas auparavant[3]. La colonisation de l'Inde, ainsi que les controverses à propos de cette entreprise, joua un rôle important dans l'élaboration théorique du libéralisme britannique au milieu du XIXe siècle[4]. La médecine coloniale

1. Gauri Viswanathan, *Masks of Conquest : Literary Study and British Rule in India*, New York, Columbia University Press, 1989.

2. Arjun Appadurai, *Modernity at large. Cultural Dimensions of Globalization*, Minneapolis-Londres, University of Minnesota Press, 1996 (chap. 5), et Partha Chatterjee, « Two Poets and Death : On Civil and Political Society in the Non-Christian World », in Timothy Mitchell (dir.), *Questions of Modernity, op. cit.*, p. 35-46.

3. Edward Said, *Orientalism*, New York, Pantheon, 1978 (trad. fr. : *L'Orientalisme*, Paris, Seuil, « La couleur des idées », 1980, nouvelle éd. 2005), et *Culture and Imperialism*, New York, Knopf, 1993 (trad. fr. : *Culture et impérialisme*, Paris, Fayard, 2000) ; cf. aussi Nicholas Dirks, *Caste in Mind. Colonialism and the Making of Modern India*, Princeton-Oxford, Princeton University Press, 2001.

4. Uday Singh Mehta, *Liberalism and Empire : A Study in Nineteenth Century Liberal Thought*, Chicago, Chicago University Press, 1999.

fit voir comment le contrôle de l'État s'exerça et s'étendit en produisant des effets normatifs de dressage, dits « civilisateurs », sur l'ensemble du corps social des populations vivant outre-mer.[1] Il faut donc critiquer les études qui donnent préséance à la métropole et qui attribuent le moteur de l'histoire à l'intervention de la puissance colonisatrice. Les oppositions entre le moderne et le traditionnel, le séculier et le religieux, le progressisme et la réaction – celles-là mêmes qui alimentent les discours nationalistes et les formes qu'ont empruntées les historiographies tant en Angleterre qu'en Inde – furent en réalité imbriquées aussi bien là-bas qu'ici[2]. Là où les historiens privilégient l'évolution intrinsèque du nationalisme, de la culture, de la religion, de la science d'un pays, il faut rappeler que le nationalisme est le produit complexe d'une rencontre intime et prolongée – « dialogique » – entre colonisateurs et colonisés. Cette configuration a clairement pris sa forme déterminante dans la seconde moitié du XIXe siècle.

Continuons cet inventaire. Le peuplement dans les Indes orientales de populations hollandaises aisées et soucieuses de maintenir leur identité, en relation aux « sang-mêlé » et aux pauvres blancs, favorisa l'émergence d'une nouvelle image d'eux-mêmes en tant qu'Européens. Cette identité préfigura celle du « bourgeois européen » en métropole, ultérieurement importée en Hollande[3]. C'est

1. David Arnold, *Colonizing the Body : State Medecine and Epidemic Disease in Nineteenth Century India*, Berkeley, University of California Press, 1993, et Gyan Prakash, *Another Reason. Science and the Imagination of Modern India*, Princeton-Oxford, Princeton University Press, 1999.

2. Peter van der Veer, *Imperial Encounters. Religion and Modernity in India and Britain*, Princeton-Oxford, Princeton University Press, 2001.

3. Ann Laura Stoler, « Rethinking Colonial Categories : European Communities and the Boundaries of Rule », *Comparative Studies in Society and History*, 13, 1, 1989, p. 134-161. Cf. aussi Frederick Cooper et Ann Laura Stoler (dir.), *Tensions of Empire : Colonial Cultures in a Bourgeois World*, Berkeley, University of California Press, 1997.

d'abord dans les communautés créoles des Caraïbes et de l'Amérique que le nationalisme territorial s'élabora à partir du XVIIIe siècle (et non en Europe). Les créoles étaient ces « Blancs » nés localement qui ne pouvaient devenir européens bien qu'ils évitassent tout contact (et « contamination ») avec les Indiens, les Nègres, ou tout individu relevant d'une identité métissée. C'est au sein de populations mélangées et dans le cadre de cultures délocalisées ou en diaspora, donc en contexte de métissage vécu comme menaçant, que naquit le désir de fixer les identités politiques dans les catégories raciales du nationalisme moderne : Blancs et non-Blancs, Européens et non-Européens, l'Est et l'Ouest[1]. Le discours colonial établit les distinctions de race, de sexualité, de culture et de classe, selon des thématiques d'antimiscéginations qui furent transférées en métropole à la fin du XIXe siècle. Celles-ci contribuèrent à forger les identités raciales, culturelles, de classe et de sexe qui définiront le « soi » du bourgeois européen. À cette aune, on relèvera le caractère eurocentré des généalogies du « moi » ou du « soi », y compris lorsqu'elles convoquent l'altérité : le *Soi-même comme un autre* publié par Paul Ricœur en 1990 ne comporte aucune référence aux « constructions de la personne » en milieu non occidental.

Complétons l'inventaire en passant cette fois sur le plan lexical. Le terme de « nationalisme » fut labellisé à la faveur du mouvement anticolonial, comme le fut celui d'« international ». L'idée d'« internationalisme » fut popularisée à Londres en 1862 avec la tenue de l'Exposition

1. Benedict Anderson, *Imagined Communities : Reflexions on the Origins and Spread of Nationalism*, New York, Verso, 1983 (trad. fr. : *L'Imaginaire national*, Paris, La Découverte, 1996), p. 47-63. Sur ces questions de métissage et d'hybridation, on renvoie aux ouvrages de Jean-Loup Amselle, *Logiques métisses : anthropologie de l'identité en Afrique et ailleurs*, Paris, Payot, 1990, et de Serge Gruzinski, *La Pensée métisse*, Paris, Fayard, 1999.

universelle dite justement « Grande exposition internationale ». Ce nouveau terme évoque l'ordre global propre à l'impérialisme occidental que cette exposition présentait mais en réalité célébrait sur un mode laudatif et pompeux. Le terme fit rapidement florès. L'atteste la constitution de l'« Association internationale des travailleurs », organisée en 1864 sous la houlette de Karl Marx. Le mot « nationaliste » était apparu deux décennies plus tôt au sein du Parti irlandais lorsque celui-ci décida de lutter contre le colonialisme britannique. Remarquons que la trajectoire de ce terme fut liée à celle du mot « libéralisme », dont l'acception fut également fixée dans les continents colonisés périphériques bien qu'il fut initialement employé lorsque les Espagnols se soulevèrent contre l'occupation française durant les guerres napoléoniennes. En somme, « la périphérie fut un champ pionnier pour l'avancée en métropole », selon l'expression de Perry Anderson[1].

Souligner le pôle constitutif et structurant de ladite « périphérie » dans la généalogie de la modernité permet de replacer cette dernière au sein des nations et des empires. Un tel recentrement nous fait découvrir de nouvelles configurations sociales, culturelles, humaines, et des formes de rapports inédits avec soi ou autrui, entre dominés et dominants, résistants et collaborateurs, entre genres sexuels ; soit autant de catégories et de *realia* inintelligibles dans les seules limites de l'Europe. Ces restructurations de grande ampleur ont procuré des éléments de révolution sociale qui furent expérimentés dans ces « laboratoires » que devinrent les pays colonisés. Selon Hannah Arendt[2], c'est en Afrique que s'inventèrent les

1. Perry Anderson, *The Origin of Postmodernity*, New York, Verso, 1998.
2. *Les Origines du totalitarisme. L'impérialisme*, Paris, Seuil, « Points-Essais », 1976, p. 221.

« massacres administratifs » avec la rencontre du racisme moderne, justifié au nom de la science, et de la forme accomplie de la bureaucratie, légitimée par la rationalité. Un tel usage de la violence extrême aurait, selon elle, préfiguré les camps d'extermination nazis[1].

Certes, nombre de populations périphériques furent décimées ou partiellement massacrées et la plupart du temps asservies, leurs cultures déplacées, désintégrées ou détruites, tandis que les richesses locales furent exploitées à grande échelle. Mais cela ne signifie pas que l'expansion globale du capitalisme occidental réduit les peuples « périphériques » (colonisés ou non) en objets passifs de leur propre histoire, ni que leurs cultures ou leurs artefacts s'adultérèrent à cause des relations économiques tributaires. L'histoire de l'ouverture de la Chine par les Britanniques, de la pénétration commerciale européenne à Hawaii, de l'appropriation par les Kwakiutl des marchandises européennes, chacune de ces rencontres fut guidée par la logique culturelle des peuples concernés, comme les travaux de Marshall Sahlins l'ont montré[2]. Les indigènes se sont, autant que faire se peut, ajustés aux forces qui les emportaient. Mieux, ils se sont approprié les produits matériels et idéels d'importation en leur donnant leurs propres significations, quitte à les détourner de leur sens ou de leur fonction. Le malentendu ou le contresens est créateur. Ce qui vaut pour tous les indigènes d'où qu'ils soient, en Europe comme ailleurs, puisque nous vivons toujours localement (bien qu'avec

1. Pour une exploitation de ce type de généalogie, suggestive mais problématique en termes historiographiques, on se reportera au livre d'Enzo Traverso, *La Violence nazie. Une généalogie européenne*, Paris, La Fabrique, 2002.

2. Marshall Sahlins, « Cosmology of Capitalism : The Trans-Pacific Sector of "The World System" » (1988), in Marshall Sahlins, *Culture in Practice. Selected Essays*, New York, Zone Books, 2000, p. 415-469.

la conscience plus ou moins claire d'être relié à d'autres ordres englobants).

Modernité, postmodernité, mondialisation

Depuis la période des « grandes découvertes » jusqu'au XIXe siècle, les transformations de la modernité ont dû autant aux interactions avec les mondes « non occidentaux » qu'à un facteur de développement strictement endogène. Dès 1774, Johann Gottfried Herder en avait exalté la dimension planétaire, inspiré qu'il était par l'extrême diversité des nations et des cultures : « Depuis quand la terre entière a-t-elle été ainsi intimement jointe ensemble, par tant de fils tenus ? Qui a jamais eu plus de pouvoir et de machines, au point qu'avec un simple mouvement du doigt des nations entières sont mises en mouvement ? » Emporté par le vertige prométhéen, le philosophe scellait les noces du « local » et du « global » parce qu'il avait anticipé la coalescence entre modernité et mondialisation (sans employer les termes). C'est en effet dans la réticulation croissante des échanges et de la production enserrant le monde entier que s'orchestre la modernité, l'adjectif « moderne » n'étant lui-même qu'un morceau de cette histoire globale dont une partie essentielle se joua dans une Europe élargie à ses dimensions impériales et, progressivement, à l'échelle du monde.

Ce fut dans la seconde moitié du XIXe siècle que le terme de « modernité » s'imposa en Europe et devint l'objet d'élaborations variablement philosophiques et polémiques. Charles Baudelaire en fut l'un des plus admirables glossateurs lorsqu'il en célébra la « nouveauté », le « transitoire, le fugitif et le contingent », comme autant de signes révélateurs du rêve d'une société marchande en expansion à travers ses productions cristallisées, ses représentants en mouvement, ses images magiques et sa fantasmagorie crépusculaire[1]. Mais, pour intéressante qu'elle soit, cette généalogie doit être amendée afin de rappeler que les notions de « modernisme » et de « postmodernisme » – la seconde attirant l'attention sur l'ambivalence et les contradictions de la première – apparurent dans une périphérie distante du centre du système culturel de l'époque, où que l'on place celui-ci. Le concept de « postmodernisme » fut conceptualisé en 1890 par un poète nicaraguayen, Ruben Dario, dans une revue guatémaltèque à l'occasion d'une rencontre littéraire au Pérou. Son manifeste revendiquait l'indépendance culturelle d'un groupe minoritaire d'intellectuels latino-américains écrivant dorénavant contre l'autorité de la littérature espagnole. Ce concept réapparut pour se développer dans le monde souterrain hispanique vers les années 1930, une génération avant son émergence en Angleterre et aux États-Unis. Pour faire bonne mesure, ajoutons que c'est Ihab Hassan – le fils d'un gouverneur provincial qui mata dans le sang une révolte anticoloniale dans le nord de l'Égypte en 1930 – qui diffusa cette notion aux États-Unis dans l'entre-deux-guerres.

On peut d'ailleurs retracer le rôle décisif qu'a joué ultérieurement la zone territoriale limitrophe arabo-méditerranéenne, située sur les frontières historiques et

1. Baudelaire, « Le peintre de la vie moderne », in *Œuvres complètes*, Paris, Gallimard, « Bibliothèque de la Pléiade », vol. 2, 1976, p. 695, publié dans *Le Figaro* du 26 novembre 1863 ; le premier emploi connu remonte cependant à Balzac en 1823. Le poète célébra la modernité, mais en refusant les visions lénifiantes du bien-être issues des utopies scientifiques et techniques propres aux bourgeois, honnis, pour consacrer ses vers et sa prose aux détritus de la vie moderne ; façon pour lui de voir la mort en face, de saisir son cadavre du dedans. Du moins est-ce de la sorte que l'interpréta Walter Benjamin, *Charles Baudelaire. Un poète lyrique à l'apogée du capitalisme*, Paris, Payot, 1982 (1re éd. all. 1955).

culturelles du colonialisme, depuis Le Caire d'Edward Said et d'Anouar Abdel Malek (et brièvement Roland Barthes), l'Istanbul d'Erich Auerbach en exil, le Tunis de Albert Memmi et de Michel Foucault, la Constantine où Jean-François Lyotard débuta sa carrière d'enseignant, le Maroc de Juan Goytisolo et d'Abdel Kabir Khatibi, l'Algérie de Frantz Fanon, de Jacques Derrida et de Pierre Bourdieu, et plus indirectement encore d'une génération d'intellectuels parisiens. La critique de la modernité européenne et celle de la catégorie de « modernité » semblent avoir continûment émergé des frontières de l'Europe[1].

Au cours des siècles, la déesse occidentale de la modernité a donc changé de paysage et de visage, de posture et d'allure, modifié sa parure, sur la base d'échanges généralisés et continus dont les histoires régionale ou mondiale rythment les flux et les reflux. La divinité poursuit aujourd'hui son chemin, si l'on ose dire, du moins pour ceux qui persistent à la penser comme *telos* – manière sans doute de conjurer les craintes confuses du présent. Mais la modernisation arbore désormais une tenue plus ample et autrement chatoyante. L'ancienne vêture n'avait habillé, en effet, que quelques acteurs et un nombre relativement limité de sociétés dans certaines régions privilégiées. Or l'étendue actuelle de sa voilure, aux couleurs de la mondialisation, enfièvre dorénavant le monde entier. De fait, sa force d'attraction ou sa puissance d'absorption paraît incomparable, et à ce point démesurée que plus rien ne semble devoir lui échapper : son *imperium* la destine à tout englober. Tel est l'esprit de l'époque dite « globale », également estampillé « postmodernité » ; comme si la modernité était une phase de l'histoire que nous aurions déjà dépassée (ce dont on peut légitimement

1. Toutes ces informations sont reprises de l'ouvrage décapant de Perry Anderson, *The Origins of Postmodernity*, *op. cit.*

douter). « Le temps d'un monde fini » a bel et bien commencé, pour reprendre l'expression de Paul Valéry. La fin de l'histoire, confondue avec l'universalisation du capitalisme démocratique et libéral –, phase terminale et forme parachevée du gouvernement mondial – serait donc en vue, ainsi que le prophétisait Francis Fukuyama dans les années 1990[1] ?

ÉPISTÉMOLOGIE DE LA MONDIALISATION

Le spectre de la mondialisation

Soyons sérieux. Personne n'a jamais rencontré la mondialisation. Cette désignation n'est qu'une idée, une pure abstraction devenue l'icône de notre temps. Cette entité « portemanteau » a été induite à partir d'un ensemble de données hétérogènes et dispersées, d'observations contradictoires et non décisives. Ce pour quoi on l'assimile au « capitalisme » ou à l'« impérialisme », notions évidemment plus rigoureuses et systèmes économiques étudiés sous leurs formes conceptuelles ou régionales depuis plus d'un siècle. Considérer que le cours de la vie des hommes en société serait dirigé par la « mondialisation » invite à la métaphysique déterministe ou postule une « main cachée », un agent omnipotent de l'Histoire. Cette façon de penser suggère également l'idée d'une intentionnalité bénéfique ou maléfique et renvoie donc aux états mentaux de

1. *The End of History and the Last Man*, New York, The Free Press, 1992 (trad. fr. : *La Fin de l'histoire et le dernier homme*, Paris, Flammarion, 1992, « Champs », 1994). Cf. la critique serrée de John Gray, « Global Utopia and Clashing Civilization : Misunderstanding the Present », *International Affairs*, 74, 1, p. 149-164.

l'attente, de la croyance et du désir qui en constituent les paradigmes. Mise en œuvre par les puissants du monde, cette intentionnalité évoque l'attente de la parousie ou le salut divin, pour certains, tandis que d'autres y reconnaissent le grand Satan. La dimension « hégémonique » de cette catégorie reconduit les vieilles téléologies du déclin ou du paradis : l'eschatologie est à l'horizon de la mondialisation.

On soulignera à ce titre l'accointance de cette notion avec l'idée de « modernisation », prévalente dans les années 1950-1960, tant au plan des discours qu'à celui des pratiques sociales. Les deux notions sont composées avec le même suffixe « -isation », qui désigne un processus en cours, inachevé mais inéluctable ; les deux désignations s'inspirent d'une observation apparemment claire et indiscutable : le changement social est rapide, contraignant, inévitable ; les deux termes tiennent leur pouvoir évocateur du sentiment que ce changement n'est pas le résultat d'une série d'éléments disparates mais le mouvement de ceux-ci vers une direction commune ; enfin, les deux notions nomment le processus par sa finalité présumée. La théorie de la modernisation ayant échoué dans ce pour quoi elle avait été conçue – expliquer la transformation du monde contemporain –, son exemple peut instruire les chercheurs travaillant sur des questions semblables dans le cadre de la théorie de la mondialisation, qui n'est, après tout, qu'une théorie du changement social[1].

Pour nombre de journalistes, politiciens et militants, la mondialisation est une évidence. La catégorie désigne l'« ordre des choses » ou le « désordre du monde » d'après la Guerre froide ; elle qualifie un simple « état de réalité ». Pour les économistes, elle n'est bien souvent que le point

1. Frederik Cooper, « What is the Concept of Globalization Good for ? An African Historian's Perspective », *African Affairs*, 100, 2001, p. 196, 212.

culminant d'une longue histoire unilinéaire qui correspond à une théorie des stades successifs et cumulatifs de la « croissance » ; l'étude des agrégats et l'établissement de corrélations de variables permet d'en étudier les phases. Pour les sociologues, elle s'apparente à un changement global qui s'accompagne d'une restructuration sociale de vaste amplitude affectant chacun des aspects de notre vie, y compris la plus intime. Pour certains, elle offre des possibilités d'émancipation inédite en libérant l'imaginaire du futur ; pour d'autres, elle approfondit les inégalités structurelles existantes, quand elle ne les conforte pas sous des formes d'aliénation encore plus contraignantes et toujours moins conscientes. Pour les philosophes, la notion questionne la production de l'Un, la constitution du monde et du (vouloir) vivre ensemble, non sans tentation de revitaliser la dimension messianique entendue comme idée régulatrice plutôt que retour à l'âge d'or. Comment fonder la moralité idéale, une justice universelle ou une éthique cosmopolite susceptibles de forger l'unité de l'humanité ? Mais c'est aussi, *a contrario*, une façon de repenser l'« im-monde ».

C'est chez les historiens que s'exprime un franc scepticisme. Il est vrai qu'une majorité d'entre eux disqualifient les « grands récits » qui enchantent l'avenir aux dépens de l'étude du passé au présent. Attachés aux périodisations et au traitement d'événements en contexte mis en séries, quand ils n'explorent pas les représentations individuelles ou collectives, les professionnels de Clio se méfient du monisme de la cause, que ce soit sous les espèces d'une force irrésistible ou d'une volonté à l'œuvre dans l'histoire. « La superstition de la cause unique [...] n'est trop souvent que la forme insidieuse de la recherche du responsable : partant, du jugement de valeur », écrivait justement Marc Bloch. Contrairement à l'avocat qui plaide une cause et au juge qui tient la balance, l'« homme des sciences sociales se contente de demander “pourquoi ?” et il accepte que la réponse ne soit pas simple[1] ».

Reste que des voix se sont élevées récemment pour souligner que la catégorie de mondialisation, en dépit de son caractère « fourre-tout », permet de développer une réflexion dégrisée sur la temporalité, le nationalisme et la micro-histoire. D'une part, cette notion montre que nos contemporains sont trop enclins à considérer le présent comme exceptionnel ; d'autre part, elle permet de contrer le biais nationaliste des historiographies nationales ; enfin, elle insuffle les études sur l'empire et l'impérialisme (mais non sans risque de recycler le genre suranné de l'histoire universelle, la *world history*)[2].

La défiance vis-à-vis de cette catégorie « attrape-tout » est partagée par les anthropologues. Persuadés que l'objet de leur discipline est le « local », étudié à partir d'enquêtes approfondies sur le « terrain », ils disqualifient pour leur compte cette abstraction. Bien qu'il faille rappeler que le « local » est aussi un produit de la mondialisation, l'intérêt de cette posture sceptique est de soulever une série de questions fondamentales : quel degré de réalité convient-il d'attribuer à la mondialisation ? Comment éviter de la transformer en essence et en hypostase ou de la concevoir à l'instar d'une « chose » ou de la « Cause » ? Pourquoi les individus ou les groupes sociaux tendent-ils à la représenter sur le mode d'une intention, voire de l'assimiler à une conspiration en lui conférant finalité ? Comment ses effets se font-ils sentir directement ou indirectement, à proximité ou à longue distance ? N'y a-t-il pas contradiction

1. Marc Bloch, *Apologie pour l'histoire ou le métier d'historien*, Paris, Librairie Armand Colin, « Les Cahiers des Annales », 1949, p. 101-102.

2. Les deux dernières préoccupations sont nettes dans le remarquable article de A. G. Hopkins, « Back to the Future : From National History to Imperial History », *Past and Present*, 164, 1999, p. 199-243.

entre intégration et segmentation des valeurs, des communautés et des identités ? Cette juxtaposition de fragmentation et de transnationalisation n'aboutit-elle pas à ce que plus les communications deviennent faciles, plus la séparation territoriale sur le modèle de l'« apartheid » l'emporte sur la coexistence dans la diversité ? Pourquoi ce phénomène inspire-t-il fascination et frayeur à travers le monde ? Enfin, quels sont les ressorts d'un engouement ou d'une répulsion qui confinent à la cécité ?

La mondialisation en questions

C'est justement parce qu'on entend ne pas plier devant les appels incessants au réalisme (économique, politique, social) et à la théorie du complot où s'abîme la pensée, la morale et la politique qu'il faut lever les ambiguïtés pour ceux qui aspirent à l'intelligence des métamorphoses du monde. La tâche est rendue d'autant plus nécessaire qu'une vulgate entretient la confusion et que nombre d'études souffrent de carences au plan tant empirique que théorique. Il est vrai que la tentative ne s'avère pas simple : si la planète devient pour de bon une totalité, c'est un monde où l'homogénéité et la diversité culturelles, la fragmentation et l'intégration, la subordination et la résistance s'entrelacent inextricablement.

La première illusion est de considérer la mondialisation comme une évidence. Et peu questionnent les modalités de ses expressions, outre sa dimension fantasmée. Or l'idée que la mondialisation serait un « fait », une « chose » ou une « cause » déposée dans le cours du monde, atteste d'une lecture réductrice des instruments conceptuels. Une telle conception ne résiste évidemment pas à l'investigation *in situ*. Les faits sociaux, y compris et surtout celui de la mondialisation, ne doivent plus être traités comme des choses. La mondialisation s'expérimente comme un arrangement périodique d'un ensemble de processus en interaction dont il faut reconnaître la dimension empirique, séquentielle et la situation « glocalisée ». La tendance à produire une version « réaliste » de la mondialisation, à en réifier l'analyse en termes d'« imagerie causale », reste naïvement convaincante pour au moins deux raisons. Premièrement, l'analyse en termes de causalité fondée sur l'examen des relations de dépendance entre variables est à la fois routinière et réfractaire à l'imagination sociologique. Deuxièmement, ce type d'approche fausse les modes de structuration du social, dans la mesure où ces variables sont comprises comme des entités fixes. Or il ne va pas de soi que le monde social correspond parfaitement au découpage que le choix des variables institue. En privilégiant les entités fixes et les régularités des relations entre variables, on renonce à reconstituer l'intégralité de l'expérience historique. Celle qui permet justement d'appréhender les faits sociaux sans sacrifier la dimension interprétative propre aux sciences sociales. À l'aune de ce réductionnisme, on voit bien les limites d'une procédure dont l'effet principal est la décontextualisation de l'action et de l'historicité des formes d'interactions.

La question de la mondialisation entraîne souvent la confusion entre la description et l'évaluation, l'analyse et la norme, la preuve ou la fiction. On ne sait plus qui parle : le savant ou le militant ? Le prêt-à-penser l'emporte sur l'effort d'exploration et d'intelligibilité. N'oublions pas que la « mondialisation » est une catégorie de pensée. Elle n'est pas un concept descriptif ni explicatif du changement social. C'est au mieux un instrument heuristique, qui attire l'attention vers les dynamiques en transcendant les vieilles unités d'analyse dans les différents champs de savoir. Il convient donc d'en établir la généalogie et d'en caractériser les traits, voire de les typifier. L'intérêt de son emploi est de lier ce qui ne l'était pas, de relier ce qui était souvent séparé, d'établir des connexions qu'on n'avait pas l'habitude de faire tant au plan empirique que dans le champ disciplinaire. La mise en évidence des interconnexions, outre celle des réseaux, des échanges et des circulations, fait voir des convergences temporelles ou spatiales auparavant inaperçues. Leur analyse fait saisir les dimensions sociales qui nécessitent d'être intégrées dans des cadres plus larges ou qui requièrent un jeu de variation d'échelles pour être débrouillées[1].

Le monde ne surgit que parce qu'il y a des perpectives : il n'existe que sous la condition d'une pluralité de positions et de points de vue, comme l'a montré Leibniz. « Et comme une même ville regardée de différents côtés paraît tout autre et est comme multipliée perspectivement, il arrive de même que, par la multitude infinie des substances simples, il y a comme autant de différents univers, qui ne sont pourtant que les perspectives d'un seul selon les différents points de vue de chaque Monade. » L'auteur de *La Monadologie* opposait clairement les *scenographiae diversae*, qui dépendent du point de vue du spectateur, et l'*iconographia seu geometrica representatio*, qui est unique et qui correspond à la vision des choses du point de vue de Dieu. Cette tension entre un point de vue subjectif, faisant varier les positions et les perspectives, et une vérité objective et vérifiable, ou principe (pour nous régulatif) de transcendance, est à la fois le tourment et la condition de la cognition en sciences sociales – y compris et surtout s'agissant de la mondialisation.

1. Les travaux de Sanjay Subrahmanyam attestent de la fécondité de cette méthodologie des « histoires connectées » ouvertes à la modernité précoce de l'Eurasie ; cf., par exemple, « Connected Histories : Notes towards a Reconfiguration of Early Modern Eurasia », *Modern Asian Studies*, 31, 3, 1997, p. 735-762.

Cette antinomie a conduit Nelson Goodman, philosophe des arts et des sciences, à radicaliser l'argument : n'importe quel monde singulier peut être fabriqué de manières différentes, et une pluralité de mondes en résulte donc. Cette thèse a pour intérêt heuristique de briser les perceptions ordinaires[1]. À travers une diversité de perspectives, l'observateur peut voir les choses différemment et sous d'autres angles, prismes ou couleurs. Or le magistère qu'exercent les disciplines à vocation nomologique, comme l'économie, ainsi que celles dont l'« objet » est justement la mondialisation, telles les relations internationales, incite à nier le rôle des agents non étatiques en politique et à négliger l'importance des contextes locaux et des situations subrégionales. Appréhender les phénomènes seulement « par le haut » invite à la « vision de nulle part ». Chacun sait pourtant que toute représentation est le produit d'un observateur placé dans un système de coordonnées qui définit sa position dans une configuration. Or l'adoption du point de vue divin sur un quelconque phénomène le transforme en théâtre sans acteur, ni décor ou intrigue ; telle une gigantomachie autour d'un vide anthropologique. L'ethnologue reste d'autant plus rétif à cette perspective qu'il cherche à voir les choses « par le bas », décrivant pratiques et discours par le menu et optant pour le « point de vue du "natif" », comme le veut Bronislaw Malinowski, le fondateur présumé de la discipline. Seule cette manière d'observer le monde au plus ras restitue la capacité d'action et d'interprétation des agents. L'intérêt d'une telle démarche est de nous apprendre quelque chose que nous ne connaissions pas.

1. Nelson Goodman, *Manière de faire des mondes*, Nîmes, J. Chambon, 1992 (1re éd. angl. 1978).

Quand bien même on distinguerait quatre types analytiques d'impact de la mondialisation sur les sociétés – décisionnel, institutionnel, distributif ou structurel[1] –, la propension à figurer ce phénomène en majesté demeure. L'emploi de métaphores naturalistes pour illustrer ses conséquences reconduit sa dimension mythique. L'émerveillement à son endroit ou la déréliction à son envers recyclent le genre de l'épopée. Lui attribuer l'omnipotence invite à une prolifération d'images telluriques ou océaniques – Béhémoth ou Léviathan ? D'autant que sa dynamique emprunte aux modes épidémiologique ou catastrophique, lorsqu'elle ne pastiche pas les bulletins météorologiques les plus sinistres : l'avenir est gros de risques et porteur de tous les dangers. Ainsi assimilée au « premier moteur » (de la « postmodernité »), celui-ci déstabilise les sociétés, fait dérailler les économies, brouille les civilisations et homogénéise les cultures. Sous sa pression, les frontières se redessinent, les États-nations s'érodent, perturbant chaque jour davantage l'organisation politique internationale au point de bouleverser l'ordre mondial.

De fait, c'est dans le dessein d'expliquer ces transformations ressenties comme inédites que fut élaborée la théorie « civilisationnelle » de la mondialisation en termes de « blocs » ou de « plaques » (tectoniques) qu'on doit à Samuel Huntington[2]. Mais l'ineptie fondamentale de cette théorie est qu'elle passe à côté d'un fait capital : les

1. David Held, Anthony Grew, David Goldblatt et Jonathan Perraton (dir.), *Global Transformations. Politics, Economics and Culture*, Cambridge-Oxford, Polity Press, 1999, p. 18.

2. Samuel P. Huntington, *The Clash of Civilizations and the Remaking of World Order*, New York, Simon and Schuster, 1996 (trad. fr. : *Le Choc des civilisations*, Paris, Odile Jacob, 1997). Cf. la critique de John Gray, « Global Utopia and Clashing Civilization : Misunderstanding the Present », *op. cit.*

conflits des XIXe et XXe siècles ont mis aux prises les uns avec les autres les nationalités, les États et les ethnies, ainsi que les membres d'une même « civilisation », pour reprendre les catégories réifiées utilisées par le prophète du « choc des civilisations ». Son culturalisme politique, selon lequel chaque civilisation a une identité culturelle primordiale et chaque groupe est le produit d'une essence religieuse profondément sédimentée, ne tient pas sur le plan empirique. Cette anthropologie, inspirée des « échantillons de culture » (*patterns of culture*) de Franz Boas, Margaret Mead et Ruth Benedict, ainsi que de l'école comportementale américaine des années 1950-1960, fait litière de la complexité du devenir des hommes et des femmes en sociétés. Une telle conception exagère le caractère communautaire de la sociabilité, la constance des sentiments et des attitudes, la permanence des croyances et des valeurs du « groupe », ignorant les procédés concrets et ondoyants par lesquels les acteurs expérimentent l'ordre social à partir de formes diverses d'agrégation ou d'association. Elle néglige aussi les processus historiques et les relations spécifiques de pouvoir au travers desquels la vie des gens s'éprouve, se conçoit et s'exprime eu égard à un ensemble de conditions spécifiques et structurantes *hic et nunc*. Bref, ce type d'approche nous en apprend plus sur les angoisses de la société (américaine) contemporaine, notamment sa peur de l'islam, que sur les turbulences du monde actuel.

Semblablement, la théorie de la « globalisation » des « flux » (impersonnels), des « paysages » (*scapes*) et des « fragments » (indéterminés), élaborée par les auteurs phares du postmodernisme, des études culturelles (*cultural studies*) et du postcolonialisme, amplifie le phénomène. Elle fait accroire que le monde est déjà « global », que les frontières et les États sont en voie d'effacement, que les rapports entre « local » et « mondial » se transforment radicalement au profit de l'hybridation, des diasporas, de la déterritorialisation des formes trans- ou postnationales[1]. De cette seconde « grande transformation » attesteraient les mouvements massifs et accélérés du capital, des marchandises, des médias, mais aussi des migrants et des idées qui se déplacent séparément et circulent à leur rythme propre dans un espace de plus en plus intégré. Ce type d'analyse prête cependant le flanc aux critiques de l'économie politique et de la sociologie. Premièrement, la « mondialisation » escamote les mécanismes circonstanciés et les instances de pouvoir préexistant par lesquels les phénomènes sociaux sont liés, en connexion, et produisent des effets contrastés. Deuxièmement, elle fait l'impasse sur les conflits, les mouvements sociaux, les facteurs d'indifférence ou de résistance, voire les luttes armées. De telles carences révèlent la nature néolibérale du projet politique auquel on adhère lorsqu'on adopte la terminologie naturaliste de la mondialisation.

A contrario, l'anthropologie, en tant que discipline de la différence, répugne à brasser les abstractions. Elle met en relief les processus et les médiations, les transactions et les appropriations de toute espèce au travers desquels s'engendre l'ordre social et symbolique. C'est la raison pour laquelle sa réflexion porte sur les trois régimes multiculturels qui fondent ladite « modernité » : la circulation et les modes de réception des marchandises et des

1. Dont le principal représentant est sans doute Arjun Appadurai, *Après le colonialisme. Les conséquences culturelles de la globalisation*, Paris, Payot, 2001 (1re éd. angl. 1996) ; on se reportera également au volume collectif, dont les textes sont articulés au travers des catégories d'Appadurai, devenu désormais le manuel d'enseignement canonique en anglais sur cette question : Jonathan Xavier Inda et Renato Rosaldo (dir.), *The Anthropology of Globalization. A Reader*, Maden-USA, Oxford-UK, Basil Blackwell, 2002 ; pour un développement critique de cette théorie, on se permet de renvoyer à Jackie Assayag, « La culture comme fait social global ? Anthropologie et (post) modernité », *L'Homme*, 148, p. 201-224.

informations sur des espaces d'extension variable ; la fabrication pragmatique des actions en situation d'interaction et en fonction de contextes variés ; la production des histoires locales dont les intrigues s'alimentent à des sources multiples, s'enrichissent de greffes inattendues parce que les acceptions se modifient au diapason de ces variations.

De surcroît, rappelons une donnée statistique planétaire : une majorité d'acteurs sociaux ne se déplacent pas ou peu, ne communiquent guère qu'entre eux et délibèrent ou agissent dans le cadre d'une information de proximité ; cette multitude d'hommes et de femmes se reproduisent dans le voisinage. De larges fractions des peuples restent rivées à la (loi d'airain de la) localité à cause de la pauvreté et du manque d'emploi – au Sud évidemment plus qu'au Nord –, en dépit du brouillage croissant des frontières et de la différenciation locale forte dans un même lieu ou entre lieux voisins. Ce n'est pas dire que les laissés-pour-compte de la mondialisation ignorent tout de cette dernière. Ils la voient dans l'urbanisation rampante, la transformation (ou non) de leur vie domestique, la « rencontre » lors des migrations touristiques saisonnières, et surtout se la représentent au travers des images diffusées par les chaînes de télévision, la publicité, le cinéma, les médias. Outre cette inégalité profonde de déplacement, souvent liée à un déficit dramatique de consommation, la mondialisation ce sont aussi les images de guerre ou la guerre des images que les exclus absorbent et dont ils débattent plus ou moins fiévreusement, y compris lorsqu'elles leur rappellent qu'ils sont « cloués » à la localité, assignés à la glèbe, exclus et dépossédés du monde.

ENTROPIE ET HISTOIRE

Sous l'impact de transformations en chaîne et de recompositions en ricochets de vaste amplitude, l'impression s'impose que le monde ressemble à un maelström qui échappe progressivement au contrôle. Parce que le néolibéralisme, cette idéologie arbitrairement liée à la mondialisation, conduit à un avenir de bas salaires, de faible croissance et de gros profits, l'opinion accrédite l'idée que le désordre s'installe – irrémédiablement. Ce sentiment est d'autant plus fort que cette dynamique s'accompagne d'une polarisation sociale accrue et que la « désaffiliation » institutionnelle progresse. Ce malaise n'empêche toutefois pas l'expression de représentations collectives visant à rendre intelligible le phénomène : « principe espérance » pour les uns, « chaudron de l'Enfer » pour les autres. Certains observateurs y reconnaissent la « main invisible », celle qui orchestre le bien-être pour les plus performants ou pour des franges de populations qualifiées de « classes moyennes ». En revanche, beaucoup considèrent qu'elle accentue les inégalités entre sociétés, cultures, régions, classes et sexes, voire entre types d'humanités. D'autres encore (ou les mêmes) y décèlent une conspiration ourdie par les puissances occultes du nouvel ordre mondial ; en réalité, un désordre programmé en vue de satisfaire les passions et les intérêts des dominants de la planète.

Des faits occultés

De fait, partisans et ennemis de la mondialisation s'affrontent périodiquement : camp contre camp – *tertium non datur*. Aucun ne semble douter que ce processus soit la cause première des maux ou des remèdes à la crise que traverse le monde actuel. Tous oublient une série de faits avérés. Premièrement, la mondialisation est un processus dont on peut repérer les seuils, comme l'illustrent les périodisations proposées par les historiens, qui distinguent ses formes « archaïques » (à partir de 1650), « protomodernes » (à partir de 1750), « modernes » (à partir de 1880) et « postcoloniales », pour ne rien dire des formes antiques ou protohistoriques[1]. Cette mise au régime de la longue durée fait découvrir l'antiquité du phénomène, la variété de ses expressions régionales, l'importance de ses formes non occidentales, la nécessité en somme d'en recartographier la géographie mondiale.

Deuxièmement, en raison du caractère à la fois dynamique et inachevé de la mondialisation, sa géographie paraît contradictoire : elle accentue simultanément l'uniformité et la fragmentation des communautés, des sociétés, des cultures et des nations ; bref, elle souligne ses effets contrastés sur l'ensemble de la planète. Reste qu'il ne faut pas oublier que la progression ou la régression de l'un ou l'autre des termes de la contradiction ne s'évalue qu'en fonction des critères ou des indicateurs que l'analyste retient. Cette dialectique atteste assurément de la contingence et de l'imprévisibilité des recompositions en cours, bien que les rapports de force existants permettent d'en repérer les fractures ou les lignes de crête.

Troisièmement, le spectre géographique de la mondialisation affiche un biais régional : on assiste en réalité à la constitution d'« archipels mégalopolitains mondiaux ».

1. A. G. Hopkins, « The History of Globalization – and the Globalization of History ? », in A. G. Hopkins (dir.), *Globalization in World History*, *op. cit.*, p. 11-46, et C. A. Bayly, « "Archaïc" and "Modern" Globalization in the Eurasian and African Arena, c. 1750-1850 », *op. cit.*

Les pays dits de « la Triade » (Europe occidentale, Amérique du Nord, Asie du Nord-Est) effectuent entre eux 85 % des échanges mondiaux. Le chiffre est significatif. Mais, en dépit de cette tendance lourde, la vitesse d'expansion ou d'involution de la mondialisation pas plus que ses lignes de force ne peuvent être prédites avec une complète assurance. Qu'il suffise de penser aux rôles que joueront la Chine, l'Inde ou le Brésil dans les décennies à venir.

Quatrièmement, l'impact de l'économie mondiale sur les pays qui sont ouverts à son influence n'apparaît nullement uniforme. De nombreuses études conduites localement montrent combien ses effets économiques et politiques, culturels, sociaux et idéologiques sont médiatisés par les structures institutionnelles domestiques et les conflits internes aux sociétés, mais aussi par les traditions régionales, les stratégies propres aux États et le rang que ceux-ci occupent dans le champ des relations internationales.

Cinquièmement, l'histoire économique nous apprend que la mondialisation du XIXe siècle, en terme de mobilité des personnes et des capitaux, fut de plus grande ampleur que celle du XXe siècle. Elle nous enseigne aussi qu'à des phases de mondialisation ont succédé des phases de « dé-mondialisation ». Par exemple, la mondialisation de l'Angleterre ou des États-Unis entre 1870 et 1914, sous le règne de l'étalon-or durant lequel un marché unique et mondial des biens et services a émergé, a été suivie par la démondialisation de 1914 à 1950, période qui a simultanément vu se développer et s'institutionnaliser nombre de nouvelles nations : fabrique des empires et constructions nationales se sustentent l'une l'autre. De fait, la « francité » et l'« africanité », comme la « britannité » ou l'« indianité », doivent beaucoup à l'interaction entre idéologie impériale et patriotisme chauvin, dont les messages respectifs ont été distillés sans vergogne par le truchement des cultures savante ou populaire. L'intérêt de la catégorie de « dé-mondialisation » est de rappeler aux zélotes comme aux Cassandre que la mondialisation n'est pas gouvernée par la loi d'acier du progrès unilinéaire. Leçon d'histoire à méditer par les prophètes qui fondent leurs prédictions sur les extrapolations (simplistes) des tendances en cours.

Deux autres enseignements ne sont pas moins édifiants. D'une part, contrairement à ce que beaucoup pensent, le libéralisme triomphant n'exclut pas une action efficace de la puissance publique. C'est au cours de la mondialisation entre 1870 et 1914 que la fiscalité a connu des progrès spectaculaires et que les bases de l'État-providence ont été posées. D'autre part, les positions se sont inversées en un siècle au sujet de la mondialisation. Ce fut une droite souvent antisémite qui dénonça les capitaux apatrides et qui réclama plus de protectionnisme. La gauche, nourrie au sein de l'internationalisme, refusa longtemps les barrières douanières qui renchérissaient le coût de la vie des travailleurs.

L'imagination sociale

Donner des coups de canif aux idées reçues en critiquant la naïveté des représentations spontanées de la mondialisation ne signifie pas que celles-ci sont indifférentes ou sans effet. La mondialisation n'échappe pas à l'imagination sociale. Mieux, elle contribue à lui donner sa force d'impulsion, sa forme et ses contenus. Avec le basculement du monde dans une mise en réseau généralisé *via* les développements de la société informatique et du spectacle, mais aussi de la circulation accélérée des capitaux, des marchandises et des populations, l'acception de la mondialisation dépend plus que jamais de la faculté de représentation d'une multiplicité d'agents, aussi humbles soient-ils et quel que soit leur degré d'implication dans les transformations en cours. L'opposition entre un petit nombre d'exploiteurs, toujours plus riches, et une majorité d'exploités, toujours plus démunis, même si elle ne correspond pas à la réalité économique, fait désormais partie de l'imaginaire social planétaire. La plus grande partie des habitants de la « périphérie » se sent exclue d'un processus qui bouleverse les habitudes et les manières de vivre et de mourir, d'espérer ou de désespérer, sans lui apporter la prospérité promise par les gouvernements ou les organismes internationaux. En sorte que beaucoup repèrent dans le changement ou l'immobilité l'intervention d'agents mal intentionnés ou l'action des plus riches et des plus puissants, notamment l'œuvre des Occidentaux ou des Américains. La profusion des discours et la virulence des débats, comme le caractère diluvien des publications, favorise la diffusion de cette notion passe-partout. La mondialisation alimente à terme un sentiment obsidional, notamment chez les déshérités mais aussi parmi les membres des classes moyennes.

En somme, la (catégorie de) mondialisation participe de plus en plus à l'imaginaire social constituant du monde contemporain. Mais sa nouveauté réside moins dans son caractère factuel, voire exceptionnel, que dans son assimilation à un processus historique inédit ; ce pour quoi les acteurs sociaux la rendent responsable de la réorganisation du pouvoir et de la connaissance dans le monde ; ce pour quoi aussi ils l'utilisent comme socle théorique afin de rendre compte des métamorphoses en cours. De là sans doute le succès que rencontrent les théories de la conspiration qui confèrent à ce processus (faussement considéré comme évident) sa trajectoire et son explication. L'idée de complot informe ses traits distinctifs, son intensité et ses effets à longue distance. À la lumière des discours et des pratiques politiques de certains États et des organismes internationaux ou des ONG – majoritairement fondées sur le consensus néolibéral – la mondialisation acquiert une réalité tangible. Les pratiques des firmes transnationales ou de celles en action dans le cadre (du [non-] droit) des relations entre nations, Nord et Sud, confirment à leur manière cette réalité « fatale ». Car il faut bien admettre que ceux qui adhèrent à l'idée de conspiration ont de bons motifs de le faire, d'être suspicieux, face à tel ou tel pouvoir hégémonique dont ils dépendent pour survivre. Les puissants ont manifestement une propension à comploter en s'abritant derrière un écran de secrets afin de mener à bien leurs opérations de restructuration ou de délocalisation. Les manipulations des géants industriels que sont Enron et Union Carbide, par exemple, sont avérées (pas seulement) en Inde. Bref, le sentiment paranoïaque n'est pas sans raison[1]. En ce sens, les théories de la conspiration s'apparentent à des réponses populaires aux forces impersonnelles que génèrent les sociétés modernes. Ceux qui y recourent identifient de la sorte *qui* fait *quoi* et *pourquoi* ils le font de *leur* point de vue.

Face à l'insécurité croissante de la vie quotidienne, immédiatement liée aujourd'hui à l'instabilité de l'économie mondiale (ou du sentiment qu'on en a), les acteurs cèdent aux fantasmagories et aux interprétations paranoïdes pour expliquer les situations équivoques ou dramatiques. La théorie de la conspiration donne sens aux événements et à leur réaction. Certes, c'est une façon de

1. La thèse est développée dans l'ouvrage coordonné par George E. Marcus (dir.), *Paranoia within Reason : A Casebook on Conspiracy as Explanation*, Chicago, University of Chicago Press, 1999, contre les interprétations traditionnelles qui « pathologisent » le phénomène, comme par exemple celle, célèbre, de Richard Hofstadter, *The Paranoid Style in American Politics and Other Essays*, Cambridge, Mass., Harvard University Press, 1965.

réduire la complexité du monde. Mais c'est assurément une manière de le rendre intelligible en permettant, qui plus est, de faire baisser la tension due aux pressions qu'exerce la réalité sur les existences défavorisées ou en panne. Mieux, ce recours rend le monde plus complexe en attirant l'attention sur ses logiques cachées ou secrètes et en proposant d'autres pistes pour les pénétrer afin de les dévoiler. Cela explique pourquoi les théories du complot sont endémiques dans les eschatologies populaires. Frederik Jameson l'avait souligné : les conspirations sont « la cartographie cognitive du pauvre ». L'idée du complot tend à devenir la métanarration privilégiée de la modernité, voire la *lingua franca* de la mondialisation. Autant dire un moyen de réenchanter le monde, au moins aux yeux de ceux qui tendent à ne plus voir que l'action capricieuse du marché ou le jeu de forces politiques anonymes ou bureaucratiques. Comme si les théories de la conspiration étaient le « bouclier des faibles » face au devenir en forme de « cage d'acier » des sociétés, selon l'image célèbre de Max Weber.

Si les sciences sociales ont quelque intérêt, c'est justement de rappeler que l'entreprise d'explication rationnelle n'épuise pas l'élucidation compréhensive et critique d'un quelconque phénomène, loin s'en faut. Non seulement les individus ou les groupes se représentent la « mondialisation », mais ils l'éprouvent avec passion et intérêt en tant qu'acteurs ou victimes. De fait, ceux qui se disent affectés par elle sont en nombre toujours plus grand. Mais qu'ils la subissent n'empêche pas de constater qu'ils peuvent y résister (plus ou moins), c'est-à-dire la négocier, voire s'en emparer sous le slogan d'une « autre » ou « alter » mondialisation, répète-t-on volontiers depuis quelque temps. Sur ce plan, le jeu des symboles à la fois émotionnels et médiatisés importe grandement. Mondialisation et antimondialisation s'apparentent manifestement à des structures du sentiment au travers desquelles des générations d'acteurs enregistrent les contradictions propres aux transformations sociales du monde contemporain.

Surtout, il faut rappeler que les individus et les groupes sont producteurs de rétroactions au travers desquelles ils conçoivent et classifient le monde et la place qu'ils y occupent à un moment déterminé. C'est la raison pour laquelle ils interprètent diversement celui-là ou celle-ci, les réinventent périodiquement sous contrainte d'époque, c'est-à-dire au gré des conjonctures et au fil des générations. Les représentations qu'ils se font d'un phénomène s'avèrent intrinsèques à la nature de ce dernier : elles caractérisent sa dynamique singulière[1]. Autrement dit, les représentations catégorisent et définissent le phénomène dans le champ qui lui est propre, sachant cependant que les évaluations successives en transformeront les contenus de signification. Il n'est de sémantique des questions et des problèmes, de la discussion et de la résolution des cas, qu'en termes historiques [2]. En tant que produits des consciences individuelles de groupes en situation ou en fusion, les représentations sont portées par le flux de la mémoire sociale et des anticipations collectives. Mais ce flux est fréquemment arrêté par la rétention, l'attente, puis la prise de parole ou de décision : une suspension qui manifeste la liberté de choix des agents. C'est parce que la conscience *est* temporalité que ces représentations s'inscrivent dans l'histoire pour être transformées par elle. Cette analyse

1. Pour une définition et une approche heuristique des notions d'« effet en boucle des genres humains » ou de « genre flou », on se reportera aux travaux de Ian Hacking, notamment *Entre science et réalité. La construction sociale de* quoi ?, Paris, La Découverte, 2002.

2. Reinhardt S. Koselleck, *Le Futur passé. Contribution à la sémantique des temps historiques*, Paris, Éditions de l'École des hautes études en sciences sociales, 1990.

vaut évidemment pour la mondialisation qui est « comme volonté et comme représentation », pour démarquer le titre du célèbre ouvrage d'Arthur Schopenhauer.

Le fétichisme de la cause : *illusio* et domino

Incriminer la mondialisation comme la seule cause des maux actuels (de l'Inde), ainsi que le font nombre de militants ou de dirigeants populistes, transforme un processus complexe et fragmenté, dont la dynamique va dans plusieurs directions, en un *fatum* économique ou une nécessité de l'Histoire ; le messianisme est l'ombre portée de la mondialisation. Sauf à vouloir réifier l'abstraction, la mondialisation n'a qu'un impact indirect sur les situations dites « locales ». Ce qui n'est pas rien, on le constatera dans les chapitres suivants. Lesdits flux internationaux et les forces mondiales ne se font sentir qu'à travers un ensemble de transactions (négociations, médiations, appropriations) dont la consécution peut être comparée à une partie de dominos. Celles-ci en accentuent ou en minorent d'autant plus certains traits que les effets (présumés) de la mondialisation acquièrent des acceptions nouvelles à cause de cet « effet de boucle », propre au monde des humains, par lequel ces derniers recodent les significations et les comportements en fonction des contextes, des situations et des moments. Comme il y a plusieurs façons d'assembler les vingt-huit plaques de dominos, il n'y a pas qu'une seule histoire à raconter sur cette cascade d'effets ; de là ces conflits d'interprétation ou ces luttes plus ou moins acharnées.

En définitive, seule une vue rapprochée des situations, appréhendées en termes de connexions et de réseaux, de croisements et d'échanges, de superpositions et de translations, mais aussi et surtout de « trains d'ondes causales », selon la formule de Marc Bloch, c'est-à-dire une reconfiguration de l'ensemble des processus, rend intelligible une situation donnée ou « glocale » ; une situation qui par ailleurs atteste des manières multiples qu'ont les acteurs de fabriquer le(s) monde(s) *hic et nunc*, sachant qu'ils peuvent toujours en changer en vertu des croyances qu'ils ont sur eux-mêmes.

L'anthropologue, le sociologue et l'historien peuvent donc s'accorder sur un double constat. D'une part, la mondialisation n'a d'efficace que par « trains d'ondes causales » ou effet domino ; d'autre part, elle est une *illusio* – à savoir leurre, spectacle et *libido*. Certes, la transfiguration en héros desdites victimes de la mondialisation est un symbole puissant, surtout lorsqu'on invoque la montée en puissance de la classe moyenne, la survie de la paysannerie, le destin de la nation, la défense des droits de l'Homme ou des femmes et l'idée d'une justice universelle. Mais cette puissance est aveugle. Elle l'est d'autant plus qu'elle se double généralement de la recherche d'images chocs sur la scène éphémère de l'actualité programmée qui n'accorde son attention qu'aux événements spectaculaires (comme la célébration de Miss Monde et les images scandaleuses de la femme [chapitre II], la réussite des classes moyennes [chapitres III et V] ou des élites de l'informatique [conclusion], les suicides de paysans et le trafic d'organes [chapitre IV]). L'expression dramaturgique du péril moderne entre tous qu'« incarnerait » la mondialisation est un produit de la société du spectacle : celui d'un monde dorénavant conçu comme volonté et représentation. À l'instar d'un *deus ex machina*, trônant dans le théâtre d'un univers manichéen, elle est invoquée par des acteurs en situation hégémonique ou en position de monopoliser la délégation représentative et la fonction du

« parler pour autrui » : décideurs internationaux ou responsables nationaux ; chefs syndicaux ou ruraux, bureaucrates et dirigeants provinciaux ; militants d'obédiences variées ou membres d'organisations non gouvernementales ou transnationales ; idéologues communistes, maoïstes, socialistes, conservateurs ou libéraux ; écologistes de type modéré, anarchiste ou tiers-mondiste ; politiciens réformistes ou réactionnaires, activistes nationalistes ou xénophobes, directeurs de petites entreprises ou présidents de firmes géantes ; leaders de groupes de pression et experts de tout poil, scientifiques plus ou moins réputés, kyrielles de journalistes et autres agents des médias. Chacun forge l'« Opinion » dans son propre champ et, en la circonstance, celle qu'est la mondialisation. De fait, la répétition *ad nauseam* du mot lui confère statut de réalité.

Parce que ces acteurs disposent du privilège de la nommer, de la représenter, de la mettre en œuvre narrative et figurative, ils fabriquent l'accord ou le désaccord, scellent le consensus ou les dissensions ainsi rendus publics. Tous travaillent de conserve (plus ou moins savamment) au « divertissement » ; terme qu'il faut entendre dans son acception (pascalienne) d'*illusio* et de *libido*, c'est-à-dire en tant qu'« investissement dans le jeu [social] », un investissement lié à des « intérêts et des profits spécifiques qui sont caractéristiques du champ et des enjeux particuliers qu'il propose » selon la formulation de Pierre Bourdieu[1]. Ce leurre agit comme l'adhésion tacite à une notion, à un champ, une opinion ou une orthodoxie – ici la mondialisation –, y compris pour ceux qui la combattent, dans

1. Cf. Pierre Bourdieu, *Choses dites*, Paris, Minuit, 1987, p. 106. Dans *Raisons pratiques. Sur la théorie de l'action* (Paris, Minuit, 1994), elle est définie, plus philosophiquement, comme le « rapport enchanté à un jeu qui est le produit d'un rapport de complicité ontologique entre les structures mentales et les structures objectives de l'espace social » (p. 151).

la mesure où celui qui n'est pas d'accord « ne met pas en question le sérieux de l'engagement dans les enjeux et le jeu social[1] ».

L'objectif des partisans ou des détracteurs de la mondialisation est d'imposer la « bonne » représentation dans l'arène publique, c'est-à-dire ce leurre intéressé qu'ils appellent mondialisation. Tout particulièrement en situation démocratique, où s'impose la nécessité d'étendre les possibilités discursives du débat en autorisant un nombre croissant de participants à la délibération. Mais faire exister cette abstraction dans l'espace public, où elle ne peut être entendue qu'à la condition d'être réduite à sa plus simple expression, exige de la transformer en slogan, voire en prophétie autoréalisatrice ou mieux encore en spectacle édifiant : celui du malheur ou du bonheur des individus ou des citoyens. Ce mode privilégié d'imposition de la crédibilité à distance s'avère la seule façon d'en décupler la visibilité dans l'intimité des foyers.

Évidemment, une majorité des acteurs sociaux n'avait jusqu'à une date récente aucune idée de ladite « mondialisation ». Ils n'en avaient cure, bien qu'ils sachent, par savoir empirique, ce qui se passe localement. Mais, dans la mesure où tous les acteurs dépassent le présent au moyen de la vision pratique, la mondialisation est devenue pour eux un mode de l'inquiétude et de l'attente, une structure d'espérance ou de désespérance. Simultanément à leurs dirigeants qui s'initient à la complexité en apprenant le langage des banquiers et des politiciens, ainsi que celui de l'information technologique ou médiatique, tous les acteurs sociaux s'imprègnent de l'idée de mondialisation. Pour filer une dernière fois la métaphore de l'*illusio*, ces derniers se distraient et sont distraits par leurs porte-parole à la faveur de cette causalité hors de portée pour le regard

1. *Ibid.*

éloigné. Qu'est-ce que la mondialisation ? Une causalité finale (mais aussi matérielle, formelle et efficiente, pour reprendre les catégories d'Aristote) à longue distance qui affecterait la vie de chacun.

UNE COSMOLOGIE OCCULTE ?

En somme, les représentations et les usages que les acteurs sociaux se font de la mondialisation s'apparentent à ces conceptions qualifiées naguère de type *mana* par Marcel Mauss. Celles, magiques, que nous utilisons « pour qualifier un objet inconnu ou dont l'usage s'explique mal, ou dont l'efficacité nous surprend », selon l'interprétation de Claude Lévi-Strauss[1]. Autrement dit : une notion intervenant « pour représenter une valeur indéterminée de significations, en elle-même vide de sens et donc susceptible de recevoir n'importe quel sens ». Les significations et les pratiques de la mondialisation, tant du côté de ses partisans que de celui de ses opposants, apparaissent également ouvertes au travail de l'imagination sociale et culturelle. Ce processus est volontiers conçu à l'instar d'une causalité magique, une mécanique occulte qui lie des « trucs » et des « machins ». De fait, la mondialisation invite aux récits en forme de légende dorée, par ses thuriféraires, ou d'une légende noire, pour ceux qui partagent la « vision des vaincus », voire encore une idéo-

1. Cf. « Introduction à l'œuvre de Marcel Mauss », in Marcel Mauss, *Sociologie et anthropologie*, Paris, PUF, 1950, p. IX-LII. Libre aussi à l'observateur de l'assimiler à un « acte de parole », ou à un « performatif ». Ce lieu commun est chargé d'efficacité : il entraîne avec lui nombre des questions clefs du temps – du type de celles qu'on adresse ici ou là-bas dans le monde aux multiples possibilités offertes par la ou les (post)modernités.

logie émancipatrice. L'attente qu'elle suscite explique l'anxiété et l'incertitude, le parti pris et les débats virulents, mais aussi le militantisme ou les résistances diversement armées. L'engagement invite d'autant plus aux conflits que s'y conjugue une fringale identitaire, individuelle ou collective.

À ce titre, le questionnement sur la mondialisation et la fragmentation qualifie l'incertitude propre à la période actuelle, sur un mode à la fois émotionnel et moral. Une époque qui se caractérise par la restructuration de la division internationale du travail, la transformation des modes de production et de consommation, la reconfiguration de la société civile ainsi que du pouvoir d'État mais aussi la recomposition de la culture et des styles de vie issus d'une dynamique mondiale de fragmentation et de transnationalisation apparemment irréversible. Celle-ci ne dénote donc pas un concept objectif défini par les moyens d'une expertise arrêtée. Elle apparaît plutôt comme une manière commode de se représenter comment se fait et se défait le monde actuel par le biais d'une intentionnalité supposée l'orchestrer. En sorte que la notion appartient définitivement au « genre flou » propre aux humains déjà évoqué.

La mondialisation, avons-nous suggéré, est intimement liée au sentiment de l'occulte. Elle emporte ainsi avec lui le désir de dévoiler son secret, la promesse aussi d'en mettre au jour les mécanismes et d'en contrôler le cours (autant que faire se peut). Si les raisons de ses effets demeurent invisibles, ces derniers n'en restent pas moins tangibles. Le plan de la partie de dominos en cours se précise. Certes, une majorité (myope) tend à n'y voir que la machination de quelques-uns, certains proches et d'autres plus lointains. Mais les militants ou les dirigeants (astigmates) les convainquent de la nature translocale et exogène de cette nouvelle économie des effets à longue distance.

Parce qu'une majorité d'acteurs sociaux expérimentent la modernité comme un brouillage des repères, un processus contradictoire qui favorise et la fluidité et la fragmentation – en bref : comme une énigme, une « inquiétante étrangeté » ou un « non-lieu » –, les pouvoirs local, régional et mondial leur paraissent inaccessibles, opaques et la plupart du temps mal intentionnés. De là ce sentiment de menace ou de danger dans la mesure où ce type de causalité a tôt fait de se confondre avec une intentionnalité : des acteurs anonymes agissent en ombre portée sur le présent et l'avenir. En dépit de la variété des croyances ou des cosmologies, les gens ordinaires (que nous sommes tous) et les dominés (dont beaucoup sont exclus de la sphère publique) conspirent à suspecter les « Autres », autant dire ceux qui sont en possession de pouvoirs extraordinaires ; ceux qui déterminent les destinées de ce monde partagé ; ceux qui orchestrent le « grand jeu ». Cachées à notre vue, ces puissances sont à l'origine du déploiement de forces obscures, secrètes, capricieuses et malfaisantes qui engagent la vie de la multitude. Certes, la thèse d'un complot qui aurait été ourdi afin de planifier la prédation ou le viol du pays est trop belle pour être vraie. Mais, au regard des ambitions affichées ou cachées des entreprises multinationales ou des intrigues qu'ourdissent les responsables des États les plus puissants de la planète, force est de constater la plausibilité d'un tel cauchemar : pour beaucoup, le pouvoir des firmes transnationales ou des « hyperpuissances » s'apparente bel et bien à une conspiration du Nord contre les pays du Sud (*via* leurs représentants au Sud).

Dans le nouveau désordre que la conjuration mondiale semble ordonner, le capitalisme dit « avancé », « tardif », « mondialisé », « globalisé », ou de « la seconde modernité », est donc fréquemment assimilé à une cosmologie occulte[1]. La méfiance vis-à-vis du « système monde », couplée avec la suspicion envers l'État-nation, attisent la crainte et le sentiment (paranoïde) de la conspiration. Tandis que les représentants officiellement mandatés du nouvel ordre contemporain proclament vouloir se fonder sur l'universalisation de discours célébrant la transparence des pouvoirs (à travers la modernisation, la libéralisation économique, la démocratisation des formes politiques et de l'information, l'affirmation des droits de l'homme, l'assèchement de l'« argent sale » et le démantèlement des réseaux mafieux, etc.), les acteurs locaux en quête du sens et des significations propres à la sociabilité baissent la tête ou bien la relèvent pour « ratisser le charbon des événements ». Ainsi espèrent-ils s'approcher du foyer des forces susceptibles de réorienter à leur profit les flux du pouvoir qui circulent dans le monde.

1. Cf. les riches travaux sur cette notion de Jean et John Comaroff, *Modernity and Its Malcontents. Ritual and Power in Postcolonial Africa*, Chicago-Londres, The University of Chicago Press, 1993, introduction, p. XI-XXXVII, et « Occult Economies and the Violence of Abstraction : Note from the South African Postcolony », *American Ethnologist*, 26, 2, 1999, p. 279-303. On trouve une discussion intéressante sur la différence entre « conspiration » et « cosmologie occulte » in Harry G. West et Todd Sanders (dir.), *Transparency and Conspiracy. Ethnographies of Suspicion in the New World Order*, Durham-Londres, Duke University Press, 2003, introduction.

CHAPITRE II

L'économie politique de la femme et de la nation

BIENVENUE À BANGALORE

Le 11 novembre 1996, les quatre-vingt-huit candidates à l'assomption de l'*artifice* du monde qu'est l'élection de Miss World débarquaient à l'aéroport de la capitale de l'État régional du Karnataka. En dépit des propos lénifiants répétés à satiété par les Miss aux quelque 500 médias présents pour l'événement : « Oh, j'aime l'Inde, c'est un pays magnifique, fascinant, les gens sont vraiment beaux et gentils et j'aimerais revenir bientôt pour un long séjour avec ma famille », elles vécurent enfermées en Inde dans l'hôtel cinq étoiles Windsor Manor Sheraton Towers – prison dorée. Dans l'intervalle, le stade de cricket où devait se dérouler la cérémonie officielle de remise des trophées avait été transformé en une forteresse assiégée. Les autorités politiques et administratives de l'État régional mirent en place un plan de sécurité à toute épreuve incluant la mobilisation de forces paramilitaires, des gardes de la protection nationale et de la police de la sécurité des frontières. L'événement avait ainsi métamorphosé la « ville jardin », célébrée naguère pour ses charmes et sa tranquillité et aujourd'hui devenue « Silicon Valley », en « zone de guerre » et de couvre-feu, avec un déploiement policier et militaire sans précédent. Pour ce qui s'annonçait comme une fête du *glamour*, du beau et de la « culture », 12 800 policiers étaient en service la nuit de l'élection. De là la boutade amère d'Eric Morley, président de Miss Monde : « Cela n'est pas Miss Monde. C'est un incident, un méfait, une mauvaise histoire, une erreur » (« *This is not "Miss World". This is mis-hap, mis-deed, mis-tale, mis-take* »).

L'arrestation préventive de nombreux activistes n'empêcha pas les recours déposés en Haute Cour, les grèves de la faim, les processions, les manifestations pacifiques, parodiques[1] ou violentes, les boycottages et les saccages, trois attentats à la bombe et l'immolation d'un jeune protestataire dans la ville de Madurai. Les porte-parole des partis marxistes et gandhiens et de la droite nationaliste hindoue, ainsi que les organisations féministes, vilipendaient l'« agression culturelle impérialiste d'un Occident corrompu et permissif ». Ces militants invitaient à bouter hors de l'Inde cette compétition qui propage une image dégradée de la femme réifiée : déshabillée, humiliée, commercialisée, sinon prostituée. Ils condamnaient le triomphe de la vulgarité et de la laideur, de l'obscénité et de ce voyeurisme qui alimente le tourisme sexuel. Ce à quoi l'organisatrice britannique de la célébration, Julia Morley, répondit : « Si c'est un marché de la chair, vous ne trouverez de meilleure chair nulle part ailleurs » (« *If it is a flesh market, you won't find finer flesh anywhere* »).

1. Retenons notamment les élections de « Miss Vulgarity » et de « Mister Cheap » organisées par la National Eve Teasers'Association, les parades de montreurs de singes célébrant les « belles » contre les « bêtes », ou les processions d'actrices déguisées mimant un défilé de démones du *Mahabharata* et du *Ramayana*, dont on sait qu'elles sont capables de se transformer en leurres de femmes divinement belles ; cf. aussi A. Russel, « Miss World Comes to India », *Anthropology Today*, 13, 4, 1997, p. 12-14.

La presse s'accorda à reconnaître que le dispositif de surveillance et le déploiement policier étaient plus importants que ceux mis en œuvre lors du sommet qui avait réuni dans cette même ville les sept pays de la *South Asian Association for Regional Cooperation* (SAARC) en novembre 1986. Comme si la souveraineté de la séduction et la puissance immanente du féminin étaient sans commune mesure avec les manipulations du pouvoir politique et économique (au moins en Inde).

LE CORPS DE LA FEMME : IDENTITÉ, COMMUNAUTÉ, NATION

Un mois avant l'élection de la déesse de beauté, une publicité de l'un des plus grands journaux anglophones, le *Times of India*, affirmait : « Le temps est venu pour le monde de voir ce qu'est la vraie Inde, l'hospitalité indienne, la culture indienne, la beauté indienne, les capacités indiennes. » Sur ce plan, les observateurs n'allaient pas être déçus. L'événement de l'élection de Miss Monde en Inde fut l'occasion d'ouvrir grand l'espace de l'expression idéologique et politique à toutes sortes d'acteurs sociaux. L'apparition dans le pays d'une nouvelle « culture publique », avec le développement des télévisions satellitaires et des technologies informatiques lié à l'ouverture économique de la fin des années 1980, autorisa l'expression d'une grande diversité d'opinions et l'expérimentation de comportements inédits. Ce fut moins, cependant, un phénomène culturel que l'émergence d'un espace public propice aux débats tous azimuts. Les polémiques soulevées attestaient des tensions et des contradictions lorsque sont mis en question les rapports entre localité, nation, mondialisation et processus transnationaux[1]. Ces débats tonitruants furent relayés par les médias locaux, nationaux et internationaux. On assista à une débauche de manifestations et de prises de position, mais également à des campagnes publicitaires révélatrices des groupes de pression à l'œuvre ainsi que de l'imaginaire des mouvements sociaux. C'est dire que l'élection de la reine de beauté à Bangalore donna lieu à une lutte idéologique sans merci entre partisans et adversaires de la célébration du corps féminin – expression de la modernité indienne pour les uns, menace sur l'indianité et souillure de la nation pour les autres. La polémique enfla au point de s'exporter hors de l'Inde par le biais de récits et de cosmologies propres à une multitude d'acteurs et de groupes, de lobbies ou d'associations plus ou moins liés à des partis politiques ou à des organisations de différentes natures et au recrutement militant lors de « forums hybrides » où il fut également question des nouvelles industries culturelles. Chacun discuta de la liberté d'expression et de la censure, mais aussi des régulations concernant la moralité publique et le maintien de l'ordre social. Les militants les plus vindicatifs s'entre-accusèrent de conspiration.

Du côté du gouvernement et des détenteurs indiens de capitaux privés, en particulier dans les secteurs des médias, de la presse et du cinéma, on espérait montrer au monde entier la « vitrine de l'Inde moderne », celle d'un pays acquis au libéralisme économique, politique, culturel et idéologique, désormais ouvert aux forces et flux d'une mondialisation néanmoins contrôlée. Les opposants à cette manifestation ne furent pas en reste : ils transformèrent la vitrine en tribune pour dénoncer les avatars

1. On se reportera à l'ouvrage de Carol A. Breckenridge (dir.), *Consuming Modernity : Public Culture in a South Asian World*, Minneapolis, University of Minnesota Press, 1995.

corrupteurs de la modernité occidentale. Ce front du refus cristallisa un spectre de revendications hétéroclites allant de la condamnation de la mondialisation, synonyme du nouvel impérialisme colonial, jusqu'à la critique du retrait croissant de l'État indien des affaires publiques, en passant par la dénonciation du taux excessif de l'inflation ou la menace que fait peser sur l'intégrité du pays tout ce qui lui est « étranger ». À travers la question emblématique de la femme, ils rappelèrent l'attachement des Indiens à leur terroir, leur région, leur culture, ainsi que leur dévotion envers la nation, y compris lorsqu'il s'agit de définir la beauté « authentique » et « autochtone », c'est-à-dire du cru ou nationale. Ce qui invita à discuter de l'image, du statut et du rôle de la femme en société et des relations qu'entretiennent, ou que devraient entretenir, les individus de sexes opposés à une époque où chacun observe la transformation des mœurs et des modes de vie.

Les rapports entre genres et sexes jouent un rôle décisif dans la production du réel, du symbolique et de l'imaginaire des sociétés. Aussi n'est-il guère étonnant que les choix des Miss Inde ou Monde aient pu servir de chambre d'écho à un débat sur les valeurs, les comportements et les normes du monde indien, en la circonstance conjuguées au féminin ; préoccupation qui inclut la question des relations du citoyen à la nation en termes de communauté, identité, utopie, nostalgie, mais aussi celle des rapports avec l'État comme prestataire de ressource, d'emploi et de dignité. Le corps des femmes est en effet le support émotionnel privilégié au travers duquel les hommes conçoivent et imaginent leur relation à la nation et à l'État – rapport fait d'amour mais aussi de haine à l'occasion. La féminité est un réservoir de symboles puissants pour encoder les valeurs et les normes, évaluer les comportements et leur dévoiement, s'assurer du licite ou de l'illicite, définir le « juste » et l'« injuste » et décider du « bien » et du « mal », du « vrai » ou du « faux ». De là l'importance du contrôle des femmes, avec pour objectif de discipliner leurs émotions et leurs conduites, de surveiller ou d'interdire leurs déplacements, de réduire leur visibilité, d'inculquer les devoirs propres aux filles, épouses et mères, de fixer à toutes les limites à ne pas dépasser de telle manière qu'elles incorporent et exhibent les règles fondamentales de la civilité servile définie par la domination masculine. On comprend donc qu'un concours de beauté sur la scène nationale, largement relayé par les médias internationaux de surcroît, ait pu susciter passion et anxiété, colère et révolte, bref provoquer un « débat de société ».

La célébration de Miss Monde a ainsi permis de rompre (temporairement) le silence autour des représentations de la femme, de l'usage de son corps et de sa sexualité, du rôle qu'elle occupe ou devrait occuper en société[1]. Cette manifestation a également autorisé le débat sur des sujets dits « sensibles » : l'obscénité et la pornographie, le mariage et la violence conjugale ou le viol, la colonisation du corps et sa commercialisation, plus généralement les rapports entre masculin et féminin, mais aussi les questions de la race, des inégalités et de l'émancipation. Tout un chacun a pu alors mesurer la menace que fait peser la sexualité féminine sur les sociétés patriarcales. La question est émotionnelle. L'enjeu est d'importance. En effet, les nations modernes ont été imaginées au travers des métaphores de genre et de sexe, en particulier du corps féminin[2]. Les différents visages de la vierge et de la veuve, de la célibataire

1. Mary E. John et Janaki Nair (dir.), *A Question of Silence ? The Sexual Economies of Modern India*, New Delhi, Kali for Women, 1998.

2. George L. Mosse, *Nationalism and Sexuality : Respectability and Abnormal Sexuality in Modern Europe*, New York, H. Fertig, 1985.

ou de la matrone, de l'épouse et de la mère – langue maternelle, figure protectrice ou guerrière, déesse castratrice ou divinité terre-mère – ont donné lieu à une symbolisation abondante, sinon redondante dans tous les pays. Se représenter la femme de telle ou telle façon, c'est lui assigner un rôle et un statut et fabriquer du même coup une image idéale ou corrompue de la communauté et de la nation. Ces représentations sous-tendent l'idée de cohésion sociale quoiqu'elles suggèrent aussi des images de dislocation ; elles informent donc l'identité collective dans ses formes positives ou négatives. Parce que des significations sentimentales et sexuelles intenses s'attachent au corps féminin, celui-ci alimente l'imagination sociale ou nationale. Parce que les femmes sont les icônes de l'ethnie ou de la caste, de la communauté ou de la région et bien évidemment de la nation, elles symbolisent et véhiculent les revendications d'unification ou d'unité, alors que des idéologies nationalistes fortement masculinisées imprègnent les sociétés dans lesquelles elles vivent et se reproduisent. D'aucuns considèrent d'ailleurs que plus grande est la domination masculine, plus puissante l'idéalisation de la femme.

Il n'en reste pas moins que l'ambivalence de la féminité vaut aux individus une situation instable. Les femmes occupent un statut ambigu dans leurs communautés respectives, du moins du point de vue des hommes. D'un côté, leur nature et leur comportement se révèlent sources de tension ou de danger : ce pour quoi elles incarnent les expressions multiples de l'anomie sociale. De l'autre, elles symbolisent la solidarité interne face à un entourage hétérogène ou étranger : la glorification nationale fut volontiers exprimée au travers d'une femme idéale ou de l'idéal féminin. Mais, à cause de cette représentation ambivalente, sa face sombre sert également à illustrer le déclin ou le délitement de la communauté au vu des risques de contamination, notamment du contact avec les hommes d'une communauté étrangère. Propre à symboliser un passé rêvé évoquant la nostalgie du chez soi ou de la patrie, la femme donne toutefois à voir la corruption ou la décadence par ses conduites immorales, signes de mœurs relâchées.

L'importance de la question du genre sexuel dans les politiques modernes de l'identité, qu'elles soient raciales, fondamentalistes ou nationalistes, a fréquemment été soulignée. Des observateurs ont même constaté une régulation accrue sur la sexualité féminine dans nombre de sociétés, en dépit des différences de culture et indépendamment des régimes politiques ou des organisations sociales. Il est vrai que le contrôle des femmes autorise leur subordination en justifiant la domination masculine, laquelle renforce du même coup l'idée qu'elles incarnent l'« honneur » propre à la communauté : les femmes sont les garantes de la pureté collective. La croyance selon laquelle la famille et la maison sont le foyer naturel (de la religion) suggère que l'autosacrifice des filles, des épouses ou des mères doit être exalté : les femmes sont les dépositaires de l'espace domestique, ce cœur immaculé du lignage et des communautés. La moralité aussi bien que la pureté féminines protègent des pollutions qui infectent la sphère domestique et, de proche en proche, l'espace civique ou public.

Lors des crises de transitions sociales, économiques, politiques ou culturelles, on attribue à la famille une valeur de refuge. On confère aux femmes une dimension protectrice face aux agressions réelles ou imaginaires qui proviennent du monde extérieur ou du danger qui menace l'identité ou la solidarité de la communauté. Régnant dans la sphère domestique, c'est d'elles que dépendent la prolificité du lignage, la prospérité et la bonne fortune de la maisonnée. Dans la mesure où leur sexualité est assimilée à terme à la fonction reproductive, elles assurent l'homogénéité du lignage dans la durée. En tant que porteuses d'enfants, et par conséquent supports des valeurs (de pureté, d'identité et de permanence) du groupe, elles sont les gardiennes et les emblèmes de l'ethnie ou de la race ; raisons pour lesquelles elles doivent rester impeccables. À charge pour elles de maintenir intactes les frontières de la communauté en perpétuant la disjonction entre cohésion interne et différence externe. Non seulement cette séparation aide à construire la figure de l'« autre », mais elle favorise le besoin de protection de la famille et le sentiment de crainte vis-à-vis du voisinage – l'étranger ou l'ennemi –, surtout dans un environnement où une majorité redoute le déclin démographique et la décadence culturelle. Beaucoup imaginent en effet que les membres de l'autre communauté sont plus sexués, les hommes farouchement polygames et les femmes davantage fertiles – qualités attribuées aux musulmans par les hindous au moins depuis le XIXe siècle. La virilité et la fécondité des premiers hypothèquent d'autant plus l'avenir des seconds que ceux-ci auraient parasité sinon épuisé l'État-providence, dans l'intervalle.

La notion d'altérité est liée au genre sexuel d'une autre façon encore. L'« autre », considéré comme primitif ou barbare, est diabolisé en tant que « violeur » actuel ou virtuel ; il est l'individu désigné qui attaque « nos » femmes ! L'argument a fréquemment servi à justifier la confrontation entre membres de communautés distinctes et souvent rivales, au nom d'une revanche ou d'une vengeance légitime assimilée à une réparation, un devoir d'« honneur ». Plus grande est la proximité entre les communautés, plus décisives sont les frontières et abrasives les rumeurs qui se propagent indépendamment des données factuelles. La victime violée, surtout si elle a les seins coupés, ou la mère endeuillée, dont on retarde la mort par la torture, s'avèrent des figures suggestives pour justifier la contre-violence national(ist)e, raciale ou fondamentale. L'agression sexuelle des femmes constitue un trope à forte charge émotionnelle pour rallier et mobiliser les militants à grande échelle. Que la violence et les sévices sexuels soient invoqués pour fortifier la conscience et l'identité de la communauté (qui est d'ailleurs loin d'être toujours unifiée) se vérifie à propos des relations entre hindous et musulmans, ou plutôt des pogromes organisés par les premiers en arguant de la lubricité incontrôlable des seconds. Aussi un simple fait divers, comme l'agression supposée d'un corps féminin, menace-t-il l'homogénéité culturelle. L'image de l'attaque, du rapt ou du viol décuple la passion défensive, comme elle galvanise le patriotisme agressif. Quant à la fièvre des zélotes, elle invite à durcir les formes répressives de l'organisation patriarcale.

Les contextes de voisinage exigent l'entretien des frontières intercommunautaires. Or la proximité (même relative) entre femmes hindoues et hommes musulmans (ou l'inverse) nourrit le trouble, alimente les fantasmes sexuels, accroît la volonté de surveiller les déplacements des femmes et de contrôler leur conduite. L'atmosphère peut à ce titre devenir obsidionale. Discipliner le corps des femmes, confiner leur activité dans la sphère domestique, leur interdire l'accès à l'espace public sont autant de pratiques prophylactiques qui réduisent les possibilités de contact ou de souillure ; soit autant de règles qui permettent de définir l'*hexis* du groupe – lignage, caste, classe, secte, religion, civilisation – et de perpétuer la communauté – ethnie, race ou nation. Ainsi, l'assimilation des femmes hindoues aux Aryennes, dans le courant du XIXe siècle, se transforma en ressource politique pour nourrir le chauvinisme hindou. Des réformateurs conçurent alors des modèles de féminité ou de chasteté plus stricts afin de redéfinir leur rôle et d'élever leur statut. Si certaines d'entre elles s'accommodèrent tant bien que mal à ce durcissement patriarcal dans un cadre conjugal, d'autres adoptèrent des formules religieuses encore plus exigeantes, dites « renonçantes », pour y échapper[1]. Le genre sexuel fut donc central dans l'établissement de l'identité hindoue ou indienne, comme il devint essentiel pour asseoir la virilité et le caractère profondément patriarcal de cette société.

En cas de paniques morales, comme dans la seconde moitié du XIXe siècle ou dans les années 1980 à propos des questions du prestige du groupe ou de la respectabilité de la classe, ce sont chaque fois les représentations sexuées et les normes de comportements féminins qui servirent à symboliser les crises d'anxiété ; surtout lorsque la promotion sociale était réduite à néant et l'intégrité sociale, nationale ou culturelle menacée. Celles-ci furent levées grâce aux mécanismes de la diabolisation ou de l'idéalisation féminines au travers des règles patriarcales du moment. Cette orientation en dit long sur l'angoisse des hommes, y compris envers leur sexualité, ainsi que l'illustrent les personnages masculins du film de Satyajit Ray, *La Déesse*. La rhétorique de l'honneur qui sanctifie la communauté n'emprisonne pas seulement les femmes. Elle révèle simultanément la crise que traversent les hommes en tant que membres d'un groupe social (lignage, caste, secte, classe, profession, association, parti politique), mais surtout en tant que mâles ; l'attestent cette fascination mêlée de crainte envers la sexualité ainsi que la condamnation virulente de l'homosexualité ou des sexualités alternatives. L'illustrent aussi les publicités pour les aphrodisiaques fort populaires au XIXe siècle ou encore la campagne pour l'utilisation des préservatifs (au logo de *Kama-sutra* !) dans

1. Les meilleurs travaux sur ces questions restent ceux de Tanika Sarkar, *Hindu Wife, Hindu Nation. Community, Religion, and Cultural Nationalism*, New Delhi, Permanent Black, 2001.

les années 1990 ; toutes deux perturbèrent les conventions concernant la chasteté, l'hétérosexualité ou le renoncement comme idéaux[1].

Le développement rapide de l'imprimerie au XIXe siècle, comme celui des médias audio ou visuels dans la seconde moitié du suivant, ont favorisé la consommation d'images normatives inédites ou la prescription de nouveaux comportements. La diffusion profuse d'images et de messages à l'échelle nationale, puis planétaire, a transformé les canons de la représentation en activant le fétichisme de la marchandise : l'acte économique de consommer devint à la fois une politique et une esthétique. Mais « fabriquer indien et acheter indien », cela est-il encore possible à l'heure de l'internationalisation des marchés ? De fait, cette situation a provoqué une crise de l'identité et quelque perplexité : sommes-nous hindous ou indiens ? Sommes-nous d'abord indiens ou musulmans ? La conjoncture a suscité des interrogations concernant l'amour du pays, le patriotisme, et l'attachement à la tradition « autochtone », tous deux ressentis comme menacés. Ces passions mobilisatrices ont non seulement accru l'angoisse envers la sexualité féminine assimilée à la nation et appréhendée en tant que manque, mais elles ont conduit à soulever la question des formes de répression sociale et sexuelle adaptées au régime de production de messages et des images propre à l'ère de la reproduction mécanique, puis électronique. Ces nouveaux modes de représentation et de codage des comportements (im)moraux ne tardèrent pas à produire des conflits éthiques tant une majorité de la population expérimentait la corro-

1. Pour le XIXe siècle, on se reportera aux enquêtes de Charu Gupta, *Sexuality, Obscenity, Community. Women, Muslims, and the Hindu Public in Colonial India*, New Delhi, Permanent Black, 2001, et, pour le suivant, à celle de William Mazzarella, *Shoveling Smoke. Advertising and Globalization in Contemporary India*, Durham-Londres, Duke University Press, 2003, chap. 4.

sion des formes antérieures de l'autorité : chacun souhaite désormais faire respecter les conduites conformes à ses idéaux en refusant de s'aligner sur les usages admis *hic et nunc*, leur préférant les postures « archaïque » ou « post-moderne » pour affronter le présent.

C'est un fait qu'une des principales cibles des militants national-hindouistes a été la représentation des femmes dans l'art et la culture. En 1997, des membres du BJP ont refusé de voir la photographie d'un bronze féminin servir à illustrer le calendrier du département du Tourisme et du Transport de la ville de Delhi : il s'agissait d'une déesse nue (*yakshini*) ou peut-être d'une courtisane provenant du célèbre site archéologique de Mohenjo-daro. En 2001, des militants ont attaqué M. F. Hussain pour ses peintures des déesses Sarasvati et Draupadi représentées dans le plus simple appareil : ses œuvres ont été détruites et sa galerie saccagée. Mais l'acmé de l'agitation fut atteinte avec les campagnes orchestrées contre la vulgarité de certains films hindis, comme *Choli ke Pichhe Kya Hai* – littéralement « ce qui est derrière le corsage » –, *Fire* – qui traite de l'homosexualité féminine – et *Ganga* – qui décrit le triste sort des veuves à Bénarès. À chaque fois, les polémiques portèrent sur les questions disputées de l'obscénité et de la chasteté, à grand renfort d'arguments contre une modernité dévoyée face au prestige de la « tradition ».

DES *IMAGOS* MATERNELS : LE MODÈLE « LAKSHMI »

Les Épopées et la littérature classique, ainsi que les sculptures des temples ou l'imagerie mythologique, illustrent le canon du beau féminin indien, lequel a remarquablement perduré. De ces vignettes ou représentations plastiques ressortent deux stéréotypes contradictoires. D'une part, celui de la puissance sexuelle de la déesse, danseuse ou courtisane – toutes des « beautés à faire damner un moine ». De l'autre, celui de la *pativrata*, gardienne du foyer domestique et garante de la pureté du lignage : une épouse idéale dont l'humilité empreinte de soumission envers son mari vénéré tel un dieu la conduit jusqu'au sacrifice suprême lorsqu'elle se transforme en *sati*, c'est-à-dire en veuve s'immolant sur le bûcher de l'époux[1].

Luxuriance et émotion

S'agissant de la puissance sexuelle féminine, qu'il suffise de mentionner les *yakshinis* qui ornent les piliers des temples hindous et des stoupas bouddhistes et jaïns. Ces femmes-génies, liées à la végétation et à l'expression d'une arborescence bourgeonnante, sont des symboles d'abondance et de prospérité associés la plupart du temps aux pouvoirs de reproduction de la nature. Leurs corps sont ployés en « triple flexion » (*tribhanga*), la tête doucement penchée, les hanches légèrement en saillie, les jambes supportant assez inégalement le poids du corps. Ces *yakshinis* sont fréquemment nues, même si quelque chose suggère qu'elles sont revêtues de tissus diaphanes. Les seins ronds et pleins, très rapprochés, sont presque toujours découverts tandis que la taille fort mince, elle

1. Cf. Lina Fruzzetti, *The Gift of a Virgin. Women, Marriage, and Ritual in a Bengali Society*, New Jersey, Rutgers University Press, 1982 ; Susan S. Wadley, « Women and the Hindu Tradition », in D. Jacobson et Susan S. Wadley, *Women in India : Two Perspectives*, New Delhi, Manohar, 1977 ; s'agissant de la *sati*, on se reportera au livre de Catherine Weinberger-Thomas, *Cendres d'immortalité : la crémation des veuves en Inde*, Paris, Seuil, « La librairie du XXe siècle », 1996.

aussi nue, se distingue par un ombilic profond. Si elles portent une ceinture ou une sorte de jupe, celle-ci est fendue de manière suggestive, ou c'est la femme elle-même qui la relève pour révéler sa féminité. Ces jeunes beautés portent souvent à bout de bras le chasse-mouche propre aux courtisanes. Quant à l'expression de leur doux visage en forme de lune, perpétuellement souriant de manière énigmatique, elle invite au partage de la tentation celui (ou celle) qui la regarde. Les yeux, volontiers comparés à des poissons, les sourcils marqués et relevés, les lèvres assez charnues ajoutent à cette séduction sereine[1]. Courbure du corps, poitrine généreuse, taille fine, hanches larges, telle est la silhouette adorée et normalisée de la beauté féminine dans l'art et la pensée de l'Inde ancienne. La norme du beau est un corps plein qui regorge de sève et duquel se dégage une sensualité franche, une image célébrant la vie dans toute son opulence. De telles figures abondent et s'entremêlent avec des hommes et parfois des animaux dans les frises sculptées, clairement pornographiques, du fameux temple de Khajuraho.

On ne peut qu'être saisi par l'hypocrisie de nombre d'historiens indiens qui, tel Coomaraswamy, reconnurent dans ces représentations lourdement sexuées l'expression du spiritualisme ascétique hindou à travers des interprétations néoplatoniciennes contournées, pour ne pas dire patriarcales. Du côté des archéologues ou des collectionneurs coloniaux, la pruderie ne fut pas moindre. Ils

1. C'est bien ce canon qu'a reconduit inlassablement la poésie sur un mode analogique : « La voix si douce de la femme semble venir d'un luth, alors qu'on n'y voit aucune corde ; ses seins ressemblent à deux flacons ronds, mais privés de col ; ses yeux sont deux fleurs de lotus, mais ils ne poussent pourtant pas dans l'eau ; ses cuisses sont des troncs de bananiers, mais sans feuilles ; et elle a pour main des plantes grimpantes dépourvues de branches », cité in B. N. Goswamy, *Rasa, les neuf visages de l'art indien*, Paris, Réunion des musées nationaux, 1986, p. 36.

qualifièrent ces figures sensuelles d'« impudiques » et de « vénéneuses », voire de « monstrueuses » ou de « malignes » : l'art « païen » indien leur parut fondamentalement tératologique. C'est toutefois par leur truchement que ces représentations, initialement cultuelles, devinrent les plus anciens vestiges de la « religion hindoue », labellisée par eux comme « primitive » ou comme « barbare ». Ainsi furent-ils les premiers à leur attribuer une valeur (négative) et à leur conférer une acception artistique (inesthétique). L'archéologie progressant et s'indianisant au fil du temps, ces vestiges devinrent des objets de patrimoine de la « civilisation indienne ». On y reconnut les reliques somptueuses de l'une des plus vieilles cultures du monde, l'hindouisme. Avec l'indépendance de l'Inde, en 1947, ces femmes de pierre ou de bronze acquirent prestige et valeur marchande. Ces représentations se muèrent en symboles de l'Inde elle-même dont la jeune nation émanerait en tant que substance éternelle. C'est d'ailleurs à ce titre que les conservateurs indiens enverront ces icônes nationales hors de l'Inde afin de les présenter lors d'expositions dans des pays étrangers[1].

Que les idées de fertilité, de richesse et de prospérité se trouvent à l'arrière-plan de ce genre d'image ou de sculpture que sont les *yakshinis* ne fait guère de doute. D'autant que le sentiment érotique, le *shringara*, l'une de ces neuf « émotions » (*rasa*) de l'esthétique indienne, est l'essence même de la puissance évocatrice de tout spectacle. Le *rasa*

1. Sur les interprétations successives de ces figures depuis la colonisation britannique jusqu'à nos jours, on lira l'article suggestif de Tapati Guha-Thakruta, « The Endangered Yakshi. Careers of an Ancient Art Object in Modern India », in Partha Chatterjee et Anjan Gosh (dir.), *History and the Present*, New Delhi, Permanent Black, 2002, p. 71-107. À propos de la réception de l'art indien par l'Occident, le meilleur ouvrage reste celui de Partha Mitter, *Much Maligned Monsters. History of European Reaction to Indian Art*, Oxford, Clarendon Press, 1997.

est littéralement un jus, une sève qui exsude, plus largement un fluide, mais aussi, au sens second, l'essence non matérielle d'une chose, sa meilleure partie, la plus fine, à l'instar d'un parfum qu'il n'est pas facile de décrire ou de comprendre. À ce goût, cette odeur, cette saveur qui proviennent de la consommation ou de la manipulation de l'objet matériel ou de ses propriétés immatérielles, répond (et se répand) le plaisir dans la mesure où s'ajoute une acception qui désigne un état de bonheur accentué, au sens de félicité (*ananda*). Mais c'est un genre de béatitude que l'on ne peut connaître que par l'esprit, celle, par exemple, que provoque la connaissance de la réalité ultime – « frère jumeau de la saveur de Brahma », selon la formule d'un poète du XIVe siècle. Hormis cette dernière acception, le beau s'avère donc moins l'expression d'un canon esthétique transcendant que le sentiment qui s'exhale d'une musique, d'un chant, d'une danse, d'une image suscitant une émotion ravissante ou chavirante.

Bufflesse ou courtisane

Nul ne saurait pourtant prétendre que cette expérience esthétique raffinée fut partagée par l'ensemble des Indiens à toutes les époques. Sous l'influence du bouddhisme ou du jaïnisme, disent certains, ou à cause de la domination musulmane et de l'occupation britannique, affirment d'autres, le *Kama-sutra* s'est réfugié progressivement dans les recoins de l'imaginaire privé et mercantile. Il n'affleure plus guère que sur les écrans ou les posters géants de cinéma, alors que la censure veille à ce que la nudité ne s'y affiche pas, ni le baiser.

Quelques travaux d'ethnographie rurale nous présentent une femme indienne fort différente, plus terre à terre. Au village, la femme est fréquemment comparée à une bufflesse[1]. Être belle chez les ruraux, cela signifie la robustesse, la résistance à la tâche et aux mauvais traitements, à l'instar d'une bête de somme qu'« il faut tenir solidement attachée avec la corde pour le bétail » ; paroles d'hommes, évidemment soucieux (de la perpétuation) d'une fidélité servile et sans faille de l'épouse. Mais analogie également reconduite par les femmes elles-mêmes, travaillant de la sorte à leur propre aliénation (comme il est fréquent). Cela se constate à l'époque de la nubilité : « Ça y est ! Marions-la ! Elle est devenue une *pardi*, une génisse, une *tongi*, une grosse bufflesse. » Bien que ces propos puissent aussi être endossés pour contester leur situation d'exploitée en dénonçant leur dignité bafouée.

Être belle sans être robuste suscite, en revanche, l'inquiétude des villageois vis-à-vis de la tentation que de telles créatures, qualifiées par eux de « dangereuses », provoquent. Nombre de récits populaires (démarqués des Épopées) mettent ainsi en scène des courtisanes dont le charme dévoie les plus austères ascètes, y compris les « sages voyants » (*rishi*) d'autrefois[2]. Tandis que les garçons souhaitent évidemment que leurs épouses soient jeunes et jolies, c'est-à-dire pourvues d'un épiderme couleur de blé, de longs cheveux noirs tressés et d'un léger

1. Cf. Martha Kemp, « Wives, Mothers, and Buffaloes. Models of Rural Women », Ann Arbor, University of Michigan, Thesis (Microfilm International), 1986, chap. IV ; Guy Poitevin et Hema Raikar, *Village au féminin. La peine d'exister*, Paris, L'Harmattan, 1985, p. 151, p. 175 ; Jackie Assayag, *La Colère de la déesse décapitée. Traditions, cultes et rituels dans le sud de l'Inde*, Paris, CNRS-Éditions, 1992, 1re partie, chap. IV, et G. G. Raheja et Anne Grodzin Gold, *Listen to the Heron's Worlds. Reimagining Gender and Kinship in North India*, Berkeley, University of California Press, 1994.

2. Pour une interprétation de la séduction indienne, on lira Charles Malamoud, « Lumières indiennes sur la séduction », in Charles Malamoud, *Cuire le monde. Rite et pensée dans l'Inde ancienne*, Paris, La Découverte, 1989, p. 163-177.

embonpoint, les mères, elles, se méfient de la séduction : « Un fils qui a une belle femme fera ce qu'elle lui dit et n'écoutera plus jamais ses parents. » L'idée n'est pas propre aux ruraux. En 1989, à Delhi, on pouvait lire sur un bus le slogan : « Belle femme, vie dangereuse » (*Beautifully wife, danger life* [*sic*]).

Pour une population encore rurale à 72 %, où la tuberculose est endémique et le rachitisme courant, « être gros reste meilleur ». Poids et volume garantissent la santé et symbolisent ces biens désirés que sont l'abondance, la fertilité, le succès, la prospérité, voire le prestige ou le pouvoir – et la beauté. Les puissants sont effectivement plus lourds que leurs compatriotes subalternes[1]. Rares sont ceux qui ont, pour des raisons esthétiques, développé le souci de la minceur si caractéristique aujourd'hui des classes dominantes occidentales. En Inde, seuls les ascètes cherchent à s'amaigrir pour accroître le pouvoir à la fois mental et magique de leurs corps, par conséquent émaciés. C'est justement l'art des gourous que de s'alourdir, d'être « gros » d'une puissance et d'un enseignement dont les finalités sont (normalement) ultra-mondaines quand elles ne servent pas à nourrir leurs disciples.

Dans la vie quotidienne, hommes et femmes n'isolent pas volontiers le beau d'une norme de comportement où dominent la discrétion, l'humilité, la modestie, le dévouement et l'ardeur à la tâche : la beauté de la femme est aussi et peut-être surtout son courage. Une femme s'évalue à la besogne domestique accomplie, même si on la jauge aussi à la correction de sa présentation, la rectitude de sa conduite, la décence des sentiments. La visibilité est immorale. L'exhibition met l'entourage dans l'embarras. La morale se traduit en vertu esthétique, et pas seulement

1. C. L. Cassidi, « The Good Body : When Big is Better », *Medical Anthropology*, 13, 1991, p. 181-213.

lorsqu'il s'agit de choisir une épouse convenable. Le système ethno-esthétique est encastré dans la hiérarchie. Il reste donc lié aux valeurs culturelles et morales afférentes : la beauté est un signe de rang qui dépend du statut social d'origine.

Cette appréciation vaut également pour les membres de la bourgeoisie et de la diaspora indienne, chez lesquels continue de prévaloir le modèle de « Lakshmi », la déesse (couleur or) dont le nom signifie « millionnaire ». D'une bonne maîtresse de maison, on dit toujours qu'elle est « la Lakshmi de la famille », « sa (bonne) fortune », voire « sa lumière » (par contraste avec la déesse « Noire », Dourga, la « Terrible » tueuse du buffle et des démons [*Mahisha Mardini*]). On la célèbre à la nouvelle lune de *Diwali* en allumant mille feux dans les villes et villages de l'Inde. Cette divinité de lumière préside à la beauté et s'avère propice à tous ceux qui la vénèrent. Liée au lotus (blanc/rose) et aux éléphants (blancs), on la surnomme *Shri*[1] tant elle rend ses dévots prospères.

De la déesse à la pin-up

Durant la colonisation et à l'âge de la reproduction technique, le remplacement des représentations traditionnelles des divinités, sous forme de grossières effigies en terre ou en métal, par des images polychromes imprimées concourut à désacraliser leur figure et réduire leur aura. L'acculturation esthétique entre l'Inde et la Grande-Bretagne a métamorphosé Lakhsmi à partir de la seconde moitié du XIXe siècle. La déesse a été hellénisée, elle est devenue victorienne et un tantinet mariale, prenant volon-

1. « Beau », « brillant », « fortuné ». Titre souvent donné à une personne honorable ou à des divinités ; le terme prend alors le sens de « sacré ».

tiers une pose aryenne sur fond de décor italianisant ou de paysages inspirés du peintre préromantique Thomas Gainsborough. Ce style à la fois mimétique et hybride répondait au besoin qu'éprouvaient la nouvelle aristocratie hindoustani et l'élite bourgeoise locale d'être reconnues par le colonisateur. Issu de la « joint-venture » artistique anglo-indienne, ce modèle kitsch fut standardisé et diffusé à grande échelle par les Indiens eux-mêmes. Les chromolithographies et autres oléographies devinrent extraordinairement populaires dans toute l'Asie du Sud, jusqu'à se transformer en objet de consommation de masse[1].

Cette métamorphose esthétique allait dans le sens d'une « aryanisation » physique du panthéon, mais aussi des chairs, des vêtements et des bijoux, des accessoires et, plus généralement, du décor. Ce mouvement stylistique s'accompagna d'une resacralisation – *via* un réalisme diffus et un tropisme préraphaélite – de personnages mythologiques et de thèmes édifiants empruntés au *Mahabharata* et au *Ramayana* : Lakshmi, Yashoda, Parvati, ou le thème de la maternité éblouïe ; Rama et Sita, Nala et Damayanti, Shakuntala et Dushyanta, ou la romance de la conjugalité ou de l'autosacrifice de l'épouse ainsi embellie ; Krishna, ou le motif de l'enfance ravie, etc. Ce changement de paradigme à la fois figuratif et cosmologique, qui mêlait l'imaginaire et le symbolique, le présent et l'antique, le nord de l'Inde au sud (et l'inverse), l'histoire et les mythologies, fut contemporain d'une prise de conscience par les Indiens de leur « indianité », ou plutôt de leur « hindouité ». Hélas, ils placèrent celle-ci dans un passé d'autant

1. Chris Pinney, « An Authentic Indian "Kitsch". The Aesthetics, Discriminations and Hybridity of Popular Hindu Art », *Social Analysis*, 38, 1995, p. 88-105, et Lawrence A. Babb et Susan S. Wadley (dir.), *Media and the Transformation of Religion in South Asia*, Philadelphia, University of California Press, 1995.

plus idéalisé qu'il était fort éloigné. La nostalgie aryenne au cœur de leur projet émancipateur était rétrograde, au sens strict.

Cette conception inédite, doublée par la réception esthétique indigène, revêtit une signification politique. L'identification croissante du pays à la terre – mère et patrie – conduisit les militants nationalistes en résistance contre la perfide Albion à peindre « *Mother India* » sous les apparences d'une femme idéale : soit sous la figure sacrée de la mère féconde et protectrice, soit sous les traits « séculiers » d'une jeune beauté séductrice ou parfois farouche [1]. Ces deux représentations populaires finirent par s'offrir au regard indien en perspective frontale. L'icône féminine « aryanisée » de la nation-Inde oscilla entre la figure de la déesse infléchie en madone, proche, pacifiée et secourable, et la *pin-up* érotisée, inaccessible, parfois redoutée, à l'image de ces héroïnes de pellicule qu'affectionnent tant le cinéma que les affiches de Bollywood[2].

La figuration de la femme dans l'imagerie imprimée ou cinématographique fut périodiquement re-sacralisée au XXe siècle. Mais, selon les flux montants ou descendants du nationalisme antibritannique et de l'hindouisme militant, ainsi qu'en raison des conflits avec le Pakistan ou le Bangladesh, cette sacralisation a pris une allure altière et une posture guerrière. Cette radicalisation n'a toutefois pas effacé la figure de la douce Lakshmi, ni estompé ses couleurs claires et les plus brillantes, propres à la conjugalité bienveillante. Lakshmi reste donc au cœur des hindous

1. Sur la construction et les symbolisations du corps de l'Inde en tant que nation, on pourra se reporter à Jackie Assayag, *L'Inde. Désir de nation*, Paris, Odile Jacob, 2001.

2. Ces analyses s'inspirent du suggestif article de Patricia Uberoi, « Feminine Identity and National Ethos in Indian Calendar Art », *Economic and Political Weekly*, XXV, 18, 1990, WS-41/WS48.

la femme idéale. Pourquoi l'épouser ? Pour sa fécondité, bien sûr, et pour les raisons que nous venons d'indiquer, mais aussi parce qu'elle est blanche de peau.

De la race à l'industrie cosmétique

Longtemps, pourtant, le teint sombre lustré fut considéré comme un signe de beauté. Cela ressort des hymnes religieux adressés à Vishnou, Rama et Krishna, ou de quelques-uns des grands personnages de l'Épopée, telle l'héroïne si désirée du *Mahabharata*, Draupadi, appelée parfois (la femme) « bleu foncée », Krishna[1]. Même la sublime Sarasvati, déesse des savoirs et des arts à la clarté pourtant légendaire, eut des incarnations noires de peau – telles Matangi ou Shyama – laudativement comparées à un « lotus bleu » ou à un « nuage sombre ».

Noir ou blanc

Mais la question de l'euphémisation chromatique taraude les Indiens depuis fort longtemps. On le constate dans le panthéon, avec le divin bouvier Krishna dépeint comme « bleu sombre », ainsi que l'exprime son nom – manière proprement indienne de dire « noir ». Pensons aussi au grand Shiva, terme qui signifie « rouge » mais désigne en réalité un teint pâle et la peau claire. Cependant, c'est durant la colonisation britannique que la « couleur de la race »

1. John Brockington, « Concepts of Race in the *Mahabharata* and *Ramayana* », in Peter Robb (dir.), *The Concept of Race in South Asia*, Delhi, Oxford University Press, 1995, p. 97-108.

devint un enjeu social majeur. Les membres des hautes castes se définirent alors comme « caucasiens (bruns) » et se conçurent comme issus du « stock aryen ». Les orientalistes, ces romantiques admirateurs de l'antique civilisation indienne, reconnurent cette commune origine raciale et s'en félicitèrent d'abord. À mesure de la transformation de l'Inde en empire, les Britanniques répugnèrent toutefois à ce cousinage à leurs yeux polluant. Et ils le refusèrent carrément après la « révolte des cipayes » de 1857. Le préjugé racial crût face aux « noirs » sujets tropicaux dans la seconde moitié du XIXe siècle[1]. Ainsi est-ce au fantaisiste mythe aryen que l'Inde doit le renforcement du préjugé de couleur selon lequel plus claire est la peau, plus haut le statut, et moins sombre le Brahmane, plus grand son prestige : mieux vaut le *pandit* kashmiri, au teint diaphane, que le *pandit* tamoul à l'épiderme sombre.

La définition du beau revêtit dans le même temps une double connotation. L'une est négative parce que associée à des interdits ou des prohibitions que sous-tend cette volonté de ne pas se mélanger, d'éviter le contact et surtout le métissage : de là l'insistance sur l'isogamie, comme si la pureté était synonyme de spécificité, de caste et de clarté ; de fait, on discrimine des degrés de ton chez les membres d'une même caste, y compris chez les Nadar, pourtant tous franchement noirs de peau. L'autre est positive, puisque le blanc est intrinsèquement beau, c'est-à-dire pur, comme l'est le corps de Siva et les cendres dont il se badigeonne, ainsi que son sperme précieux et abondant, ou encore le rayon scintillant de son troisième œil. Mais

1. Sur les avatars de la théorie des races aryennes, cf. Nicholas R. Trautmann, *Aryans and British India*, Berkeley-Los Angeles-Londres, University of California Press, 1997 ; et sur les « invasions » aryennes, cf. Edmund Leach, « Aryan Invasions over Four Millenia », in E. Ohnuki-Tierney (dir.), *Culture through Time. Anthropological Approaches*, Stanford, Stanford University Press, 1992, p. 226-245.

cette blancheur peut varier en clarté : ainsi distingue-t-on le blanc, le blanc tirant légèrement sur le jaune, le blanc plus franchement jaune et le blanc rosâtre. Et on compare alors ces tons à des espèces de fleurs, soit respectivement *kunda*, *ketaki*, *champa* et *kamal*, ou on évoque la distinction entre degrés de blancheur de la peau par analogie avec la glace (*tushar*) ou avec la lune (*indu*)[1].

L'obsession pour la couleur de la peau reste forte, comme la valorisation de la clarté. « La beauté comme pâleur est à l'Asie ce que la minceur est aux États-Unis[2]. » Les épithètes aujourd'hui les plus fréquemment associées aux femmes ayant la peau claire sont « belles », « jolies », « charmantes » ; celles liées aux corps sombres étant au mieux « exotiques » ou « sexy ». Certes, on reconnaît ainsi aux types opposés d'épiderme leurs propres qualités attractives, du moins dans la bourgeoisie cultivée. Mais cela ne va pas sans une hiérarchie que trahit la convoitise emprunte de condescendance des hommes de hautes castes envers les femmes de basses castes ou celles des tribus ; ce que montre l'observation ethnographique des Brahmanes dans l'État de l'Orissa vis-à-vis des prostituées intouchables[3] ; ce qu'illustrent aussi les quatre citadins occidentalisés fascinés par des jeunes filles aborigènes (*adivasis*) dans le film de Satyajit Ray *Des jours et des nuits dans la forêt* (*Aranyer din ratri* [1970]).

Les annonces matrimoniales dans les journaux spécifiant la caste, la profession et la « peau claire » (*fair complexion*) des épouses potentielles (pour des raisons statutaires, mais aussi pour faire monter les enchères et réduire le coût de la

1. Cf. Leela Dube, « Of Black Beauties and Dark Brahmins », *Times of India*, 10 novembre 1996, p. 7.

2. Mark Nichter et Mary Nichter, « Hype and Weight », *Medical Anthropology*, 13, 1991, p. 249-284.

3. James M. Freeman, *Untouchable. An India Life History*, Stanford, Stanford University Press, 1979.

dot) attestent de cette obsession épidermique. Le confirment également les rayonnages de salle de bains encombrés de boîtes de talc ou de pots de crèmes éclaircissantes ou dépigmentantes, du style *Fair and Lovely*, des filles, belles-filles et mères, et pas seulement en ville. Bien que ces crèmes industrielles soient simultanément convoitées et contestées, la femme indienne est en quête du masque de la pâleur ; et les hommes indiens sont, pour leur part, fascinés par ce cache-noirceur. C'est la raison pour laquelle, dans le sous-continent, les photographes professionnels de mariage retouchent les négatifs avec de l'encre rouge afin de rendre les chairs plus claires lorsque le cliché est tiré sur papier. Combien de fois l'ethnologue (au Karnataka) n'a-t-il pas entendu les parents ou les enfants eux-mêmes se dire trop laids pour trouver époux ou épouse ? Entendons : trop noirs de peau. Sachant, qui plus est (notamment au Tamil Nadu) que la femme se doit d'être plus claire de peau que son époux… sinon, elle est condamnée à ne jamais trouver de partenaire quels que soient ses qualités, ses talents ou sa séduction[1].

Que la couleur de la peau l'emporte sur toute autre considération est démontré par ceux-là mêmes qui le nient. Ainsi des propos de Pholan Devi, dite « reine des bandits » et devenue un temps députée au Bihar, qui défendit la tenue de Miss Monde en Inde de la manière que voici (en puisant dans le *Webster Dictionary*) : « Qu'y a-t-il de mal à présenter la beauté de belle manière avec le style et la touche indiens ? La beauté n'est pas que la surface de la peau : elle est dans les yeux de celui qui la contemple. La beauté est plus une combinaison de personnalité, de compassion, d'humanité et de comportement qu'un visage, un épiderme ou une morphologie » (« *What's wrong if the beauty is pre-*

1. Margaret Trawick, *Notes on Love in a Tamil Family*, Berkeley-Los Angeles-Londres, University of California Press, 1998, p. 31.

sented beautifully with Indian touch and style ? Beauty is not just skin deep : it lies in the eyes of the beholder. Beauty is more a combination of character, compassion, humanity and attitude than mere face, skin or structure »).

Cette recherche de transparence vaut *a fortiori* pour les mannequins indigènes. Tous évitent soigneusement de bronzer – une peau sombre est un indicateur de bas statut. Les photographies sont d'ailleurs toujours retouchées, la peau mordorée édulcorée en blancheur. Des logiciels informatiques permettent aujourd'hui de décomposer les images en quatre bases chromatiques : cyan (bleu sombre), magenta, jaune et noir. Ces couleurs sont ensuite modulées sur la base de pourcentages contrastés, noir et cyan respectivement à 4 et 9 % tandis que magenta et jaune sont rehaussés à 62 et 76 %. Même les modèles employés pour les publicités de shampooing se doivent d'avoir la peau claire. « C'est comme si le concept de beauté était tout entier associé avec la peau claire » (« *It is as if the entire concept of beauty is associated with fair skin* »), confirme Nilakshi Sengupta, directrice du service des films d'une agence de publicité, *Ambience Advertising*.

Si autrefois beaucoup trouvaient les Européens trop blancs, et donc pas beaux, le tropisme envers le blanc s'accentue avec la montée en puissance des classes moyennes désormais câblées sur les bouquets télévisuels anglophones, ces usines à rêve perpétuant les vieux préjugés sous des habits neufs. Dans le même temps, les médias promeuvent le nouveau canon de l'image du corps idéal ; par exemple en diffusant sur les écrans de plusieurs dizaines de pays la cérémonie de Miss Monde en Inde, organisée par l'*Amitabh Bacchan Corporation Limited*[1]. Cette entreprise a produit pour l'occasion le film à grand spectacle *Fenêtres*

1. C'est la première entreprise de divertissement et de spectacle en Inde, dirigée par la star des stars du cinéma indien du même nom.

de l'Inde (*Windows of India*), programmé avant le concours de beauté. Cette superproduction de presque trois heures célèbre le patrimoine incomparable de cette « sublime civilisation millénaire » sous les espèces de ses fleuves et de ses mers, de ses paysages et de son architecture, de ses multiples types de danses régionales exécutées à l'intérieur de temples, dans l'Himalaya, face à la mer et au coucher du soleil sur la plage de Goa. Cela explique pourquoi certains nationalistes se joignirent au chœur pour célébrer la beauté des Miss indiennes, « autochtones ».

Le marché du beau

Compte tenu de l'ampleur de la population, le beau est en Inde un marché prometteur. Les dépenses par habitant en cosmétiques y sont faibles (0,68 dollars), comparées, par exemple, à la Corée (36,65 dollars). La consommation des femmes indiennes en shampooing est de 24 grammes par habitant et pour les soins de peau de 18 grammes, soit 10 fois moins que dans des pays comme la Thaïlande et l'Indonésie. De fait, après l'ajustement structurel de 1991, ce pays est devenu une nouvelle priorité pour les géants de l'industrie cosmétique, comme en témoigne l'arrivée de Procter & Gamble (États-Unis), L'Oréal (France), Unilever (Pays-Bas), Shiseido (Japon), Colgate-Palmolive (États-Unis), Avon (États-Unis), Wella-Benckiser (Allemagne)[1]. Sous la pression du Fonds monétaire international, l'État indien a dû en effet abaisser ses lourdes barrières douanières, ouvrir ses entreprises nationales aux joint-ventures à hauteur de 51 %, supprimer les quotas

1. L'ordre d'énumération correspond à l'importance de leur vente dans le monde (Joan Seager, *Atlas des femmes dans le monde. Émancipation ou oppression : un paysage contrasté*, Paris, Autrement, « Atlas/Monde », 1998, p. 50).

d'importation, démanteler son système d'autorisations administratives – le *License Raj* – par lequel il régulait l'augmentation et la diversification de la capacité des entreprises privées.

La première salve a été dirigée vers « les femmes qui aspirent à devenir internationales ». Pour véhiculer ce sentiment du « global », Revlon a utilisé ses top models internationaux Cindy Crawford et Claudia Schiffer. Pour sa part, la firme Lakmé a décidé de rester indienne en choisissant Miss World Aishwarya Rai, militant ainsi pour une indianité éclairée. Même si, selon K. Premani, directeur général de *Bond Street Perfumes and Cosmetics*, la licence de Yardley à Londres, « la véritable bataille est contre les valeurs culturelles du pays qui font obstacle à l'usage généralisé des cosmétiques. Les temps changent » (« *The real battle is with the country's cultural values which prevent widespread use of cosmetics. Times they are changing* »). Le taux de pénétration pour les shampoings (inconnus sous cette forme il y a trente ans) dans les grandes métropoles est passé de 57 % en 1992 à 74 % en 1996. Les taux de croissance de profit des firmes cosmétiques dépassent désormais les 15 %. Sous la pression des géants industriels s'installe peu à peu dans le pays cette « culture de la beauté » qui invite à toutes les tyrannies sur le corps. Tandis que se développe le marché de la consommation des cosmétiques et des médicaments coupe-faim, les concours de beauté se multiplient, ainsi que les « *fitness clubs* », les magasins de sport ou les salles de musculation. De leur côté, les médecins attirent l'attention sur les effets pathologiques provoqués par l'idéal du corps anorexique ou sur l'équation biomédicale indue entre apparence (*look*) et santé. Et ils dénoncent régulièrement la prolifération des cliniques de chirurgie esthétique où exercent parfois des apprentis docteurs Moreau indiens. Mais sans beaucoup de succès.

La « culture de la beauté »

Petites ou grandes villes, toutes ont désormais leurs « Miss » locales ou régionales. À Bombay, chaque quartier ou presque a sa royale icône de beauté, de Miss Thane à Miss Dombivili en passant par Miss Borivali. Il y a même des « reines de la mousson ». Quant à la ville de Pune, au Maharashtra, on y a organisé un « Miss Pune Contest » à destination des « femmes mariées séduisantes ». À Surat, plus de 1 000 candidates se sont présentées au titre de « Miss Goujarati » – elle étaient moins d'une vingtaine, il y a quelques années.

Signe des temps, les « salons de beauté » (*beauty parlours*) sont maintenant aussi nombreux que les traditionnels petits marchands locaux de feuilles de bétel (*panwallah*). On en dénombre 1 pour 10 bâtiments à Bombay, Jammu en a plus d'une centaine, Surat plus de 500, Chandigarh près de 200, Madras (Chennai) en a au moins 200. Il s'en ouvre presque un par jour à Delhi, la capitale. Dans ce pays aussi, la jeunesse n'a dorénavant plus d'âge. Et, dans le même temps, la femme indienne sort progressivement de l'invisibilité du foyer domestique pour rentoiler la publicité sur un mode sensuel, voire sexuel. La beauté est en train de passer de la maternité à la féminité, du moins dans l'imaginaire des classes moyennes.

La « plus grande démocratie dans le monde » participe désormais pleinement au mirage de la société du spectacle, y compris sous ses avatars médiatiques séducteurs. La *cover-girl* a définitivement remplacé au cinéma l'héroïne d'hier, à l'allure plutôt paysanne. Nombre d'Indiens considèrent d'ailleurs cette « évolution comme inévitable », notamment au sein des classes moyennes – évaluées aujourd'hui à quelque 250 millions d'individus. Leurs membres se reconnaissent dans la célébration de ces modernes déesses régionales couchées sur papier glacé. Cette imagerie industrielle internationale parachève la mondialisation dans le champ des représentations collectives et dans le domaine des habitudes de consommation.

L'idée de la tenue de Miss Monde en Inde est à chercher dans la succession à quelques mois d'intervalle, en 1994, des victoires de Sushmita Sen, décrochant le titre de Miss Univers, et d'Aishwarya Rai, déclarée Miss Monde (qui a refusé de devenir une *James Bond girl* par pudeur). Ces femmes claires de peau, toutes nées dans la région d'Hyderabad, ont ainsi installé l'Inde sur la scène internationale de la beauté. Dans le sous-continent, elles sont devenues des icônes nationales, symboles plastiques de la fierté d'être Indien. Du moins est-ce le message de nombre de publicités destinées à favoriser la consommation locale de biens manufacturés. En hommage à cette « belle rencontre de l'Est et de l'Ouest » qu'incarne la Miss Monde Aishwarya Rai, Julia Morley, elle-même vêtue d'un somptueux *sari* bleu cobalt, organisa une *party* à Londres dans l'atelier de Ritu Kumar, la pionnière de la mode du vêtement « ethnique » chic. En Inde, c'est l'entreprise Vijayalaksmi qui prêta aux candidates des *saris* prêts-à-porter. Le vêtement dit « traditionnel » comportait des pinces, une fermeture éclair et une ceinture élastique afin d'éviter toute catastrophe – « presque aussi confortables qu'un jean », répondit à la presse Miss Australie.

C'est toute l'équipe du magazine populaire *Femina* – éditeur, photographe, dermatologue, maquilleur, diététicien, coiffeur, docteur, chorégraphe – qui prépara durant plusieurs années la candidate Diana Hayden au concours de Miss Monde. En raflant, en 1997, les trophées de « Miss Maillot de bain » et de « Miss Photogénie », en plus de la récompense suprême, cette Cendrillon indienne polyglotte a couronné la mutation sans précédent de la société. Depuis l'indépendance, en effet, le développement culturel de l'Inde, y compris sur le plan esthétique, s'était voulu indifférent ou critique vis-à-vis de l'Occident (du moins dans les discours).

DES POUPÉES NATIONALISTES : LE MODÈLE AMÉRICAIN « BARBIE »

Est-il besoin de souligner que l'esthétique des femmes qui concourent pour Miss Monde ne correspond que de fort loin au canon indien ancien (évoqué au début de ce chapitre) ? Un mètre quatre-vingt pour quelque soixante kilos évoque moins l'*imago* maternel fécond et l'épouse dévouée qu'un élitiste modèle esthétique cosmopolite en voie de mondialisation sous la pression médiatique[1]. Certes, l'acculturation coloniale avait déjà redessiné la silhouette de la beauté *hindustani* sur un patron occidental. Mais l'esthétique locale ne s'est réapproprié l'image du beau féminin qu'à la faveur du développement « consumériste » des formes de la culture populaire.

Fort avisés, les « concepteurs » de Miss Monde en Inde avaient parié sur la « complémentarité des cultures ». Par exemple, en vêtant les candidates de *saris*, en leur apposant un point (*tilaka*) sur le front, en leur faisant porter de multiples bracelets de couleur, en leur apprenant à saluer les mains jointes (*namaste*). Mais également en choisissant comme logo de la manifestation de Miss Monde une reproduction d'une « nymphe céleste » (*apsara*) découverte dans l'une des grottes bouddhiques d'Ajanta, la livrée ocellée

1. B. Silverstein, B. L. Perdue, B. Peterseon et E. Kelly, « The Role of the Mass Media in Promoting a Thin Standard of Bodily Attractiveness for Women », *Sex Roles*, 14, 1986, p. 519-532.

d'un paon servant de fond pour symboliser la nation. Évidemment, il s'agit moins d'une « acculturation intégrée » que d'un télescopage culturel à finalité mercantile[1].

Le ministre en chef du Karnataka, Deve Gowda, responsable du bon déroulement de l'opération, prit part à la campagne de promotion. Il prodigua ses conseils aux jeunes filles d'un collège, leur suggérant « de participer à la compétition parce qu'elles sont belles », avant d'ajouter que « si les femmes veulent se montrer nues, pourquoi les en empêcher et l'interdire à ceux qui veulent les voir ? Cela aussi c'est de la culture ». De tels propos ne contribuèrent guère à calmer les esprits enfiévrés. D'autant qu'il reprocha aux opposants à Miss Monde « leur manque inculte de sens esthétique » (*uncultured lack of aesthetic sense*). Pis, dans le même temps, son ministre de la Culture déclara : « Quand vous voyez une jolie fleur ou une charmante femme, vous regardez au moins à deux reprises, c'est naturel. » La réaction des opposants fut immédiate. Ils adressèrent une saisine à la Haute Cour de l'État régional qui statua : « Si la loi du pays est violée, ou si les participants sont soupçonnés d'obscénité et de nudité, les cas seront enregistrés conformément à la loi. »

Ces débats n'ont pas empêché la diffusion massive des poupées Barbie dans le sous-continent, y compris sous une forme indianisée, c'est-à-dire pourvues d'une chevelure brune et vêtues de *saris*. Juste retour, en somme, puisque ce jouet célèbre est presque entièrement *made in Asia*, du moins selon le modèle étonnant de ce qu'on appelle la « désintégration verticale » du processus de fabrication. La matière première, le plastique et les cheveux viennent de Taïwan et du Japon ; l'assemblage est fait aux Philippines avant de se déplacer vers des zones de salaires plus

1. On emprunte la notion à un article de Georges Devereux, « Acculturation antagoniste », *op. cit.*

bas, l'Indonésie ou la Chine. Seuls les moules proviennent des États-Unis, tout comme la dernière touche de peinture avant la vente, partout dans le monde.

Le beau modeste

L'ampleur du scandale provoqué par l'événement étonne. Ce rituel d'élection démocratique de la reine de beauté, mais aux allures de monarchie constitutionnelle, relève en réalité du conformisme moral. Malgré leur esthétique remarquable, une apparence inaccessible, une substance presque divine, chez les candidates le beau n'est jamais sublime, ni bizarre, ni *a fortiori* convulsif. Sous des dehors séduisants, cette beauté se conforme à un *sex-appeal* qui le cède peu à la démesure ou la provocation. Certes, elles forment un panthéon à usage laïc et elles sont censées être des médiatrices entre le ciel et la terre, les « avatars » de la beauté au sens qu'a le mot sanscrit de « descentes divines incarnées ». Pour n'être pas banale, leur beauté est toutefois conventionnelle : chacune participe à la vie quotidienne des mortels et toutes sont finalement des « filles formidables », des « femmes du tonnerre », comme le répète à l'envi le service de presse de *Miss World Corporation*.

Même lorsqu'elles invitent au culte, l'admiration prend le pas sur la vénération : elles sont plus émouvantes que sublimes, en somme. Ce que confirment leurs propos. Ainsi Miss Inde déclare-t-elle : « C'est ma mère qui m'a le plus influencée dans ma vie », et Miss Venezuela de renchérir : « Je lui dois tout ! » De son côté, Miss Grèce affirme que « l'important pour une fille, une épouse, une mère, c'est d'avoir de l'ambition ». Résolument « modernes », ces jeunes femmes diffusent une sensualité mate qui les rend proches de nous – « assimilables » par le commun des mortels. *A contrario* de la star ou de la *cover-girl*, dont le corps n'est le corps de personne mais une forme pure, idéale, leur présence hyper-réelle en fait des modèles esthétiques plus conformes aux rapports qu'entretiennent réel et imaginaire dans le monde contemporain[1].

Deux qualités sont les conditions premières de la grâce des candidates au titre de Miss Monde : la jeunesse éclatante et la beauté modeste. Elles sont supposées parler plusieurs langues et adorer les voyages. De fait, elles tendent à se ressembler toutes, voire à être interchangeables en dépit de leurs origines culturelles variées. Sous l'apparence de la vamp internationale se profile en réalité la jeune fille sage, pour ne pas dire la vierge. Ainsi les lauréates suggèrent-elles un érotisme d'autant plus équivoque qu'il semble lié à une pureté mariale. Toutes ont apparemment l'âme pure, mais aussi, comme le conformisme l'exige, « un amoureux qui les attend dans leur pays ». D'origine généralement humble, elles sont mesurées dans leurs ambitions : à Bangalore, seules quatorze d'entre elles étaient des « modèles », les autres étant encore au collège ou à l'université mais pour y suivre des études de type professionnel. Même si elles ont évidemment dépassé le stade des majorettes, elles sont restées des « jeunes filles toutes simples[2] ».

Le beau généreux

Mieux, parce qu'elles ont une bonté native et le cœur généreux, beauté physique et beauté morale chez elles se confondent. Ce corps idéal révèle une belle âme. Au dire de

1. On comparera avec les riches analyses pionnières d'Edgar Morin, *Les Stars*, Paris, Seuil, « Points-Essais », 1972 (1re éd. 1957).

2. C'est le titre de la monographie ethnographique de Sébastien Darbon sur les majorettes de Limoges, *Des jeunes filles toutes simples. Ethnographie des majorettes en France*, Paris, Jean-Michel Place, 1995.

Julia Morley – maîtresse des cérémonies des Miss Monde depuis quatre décennies : « Elles doivent avoir l'autorité du cœur et de l'esprit. » De là cette spiritualisation (chrétienne) des lauréates, qui font montre en public de préoccupations morales élevées, tel le devoir de charité envers les déshérités de la terre. De là aussi le slogan répété *ad nauseam* à Bangalore : « La beauté avec un projet » (*Beauty with a purpose*) ; il avait été concocté en Afrique du Sud pour y justifier la tenue de la célébration au temps de l'*apartheid*. Comme si la notion de « beau » souffrait d'incomplétude sans le « *charity business* ». De fait, les Miss sont encouragées à mettre leur beauté, leur corps et leur esprit au service de la levée de fonds pour les enfants dans le monde entier, telles des mères Teresa aux allures de Cindy Crawford. Ainsi Miss Aishwarya Rai a-t-elle pu aider les enfants qui travaillent sous terre dans les mines de Colombie, les petits mutilés victimes des conflits au Sri Lanka, les enfants privés d'école à la suite de la guerre en Bosnie. Quant à la célébration de Miss Monde à Bangalore, elle a aussi servi à doter une institution vouée aux enfants handicapés moteurs, la *Karnataka Spastic Society*[1]. Mais d'aucuns prétendent que les fonds n'ont jamais été versés…

L'observateur évalue d'abord cette « personnalité généreuse » dans l'ostentation des apparences : élégance, toilettes, maquillage, accessoires, postures corporelles, etc. Mieux : chevelure, visage, poitrine, hanches, fessier, jambes en sont les signes les plus éloquents ; il ne semble pas qu'il y ait chez elles de distinction claire entre surface et profondeur, entre authenticité et artifice. Cela explique que la séduction puisse jouer pleinement, en dépit de la simplicité

1. L'estimation officielle des dons de l'organisation Miss Monde est de 150 millions de dollars depuis sa création en 1951. L'entrepreneur de spectacles Phyneas Taylor Barnum en est à l'origine aux États-Unis. En réponse à cette donation s'organisa une manifestation d'enfants handicapés arborant des placards où l'on pouvait lire : « Mon enfant aussi est beau ! » ou « Toutes les mères sont belles ! »

de leurs manières et de leur timidité avérée ou affichée. Le principe de cette parade du beau féminin est, par définition, théâtre et mascarade, une transubstantiation du sexe dans les signes d'une séduction savamment contrôlée et presque balsamique au regard de la souffrance du monde.

Les concours de beauté internationaux ne se contentent pas de prospecter de juvéniles beautés « naturelles » au service de l'Humanité affligée. Ces femmes pleines de compassion ne sont ni des archétypes esthétiques ni les émanations d'un canon universel. Elles incarnent le patron indigène idéal que veulent afficher les nations sur la scène du beau international ; « ambassadrices de charme », répète-t-on à l'envi. Chacune est présélectionnée comme *la* représentante d'un pays – icône nationale ou drapeau, comme le fut et le reste Marianne dans l'histoire de France[1]. Chaque Miss est le « modèle » d'*une* culture à destination de la consommation de masse d'un beau standardisé à prétention cosmopolite mais, pour une majorité de pays, en réalité hybride. Le défilé de cette société des nations donne à voir la gamme des types esthético-ethnico-érotiques possibles, encore qu'arasés par une « éloquence de la face » – définition du maquillage, selon Baudelaire – et un moulage du corps conçus par l'Occident. L'Europe, l'Afrique, l'Océanie, l'Amérique, l'Asie exposent ainsi annuellement leurs Barbies comme autant de fétiches nationalistes sexy[2]. Afin de souligner leur caractère « authentique », ces clairs

1. Maurice Agulhon, *Marianne. Les visages de la République*, Paris, Gallimard, « Découvertes », n° 146, 1992. En 1998, la sélection d'une jeune Française au physique tahitien pour représenter la France au concours de Miss Monde a donné lieu à de vives polémiques.

2. Barbie, sans doute la plus populaire poupée au monde, rapporte environ 450 millions de dollars à son fabricant (Mark Nichter et Mary Nichter, « Hype and Weight », *op. cit.*, p. 260). À l'origine (1951) caricature anticonformiste allemande répondant au nom de Lilli – Lilith (de la Bible) ? – dans le journal *Bild Zeitung*, cette *doll* – ou *eidôlon* à l'instar des Grecs ? – fut réappropriée et

ou sombres échantillons d'une « ethnicité nationale » arborent souvent quelques accessoires *ad hoc*. Tout leur être est ainsi le produit d'une préparation et d'une négociation préalable entre jurés du pays d'origine sur les critères qui caractérisent la beauté locale, c'est-à-dire cette distinction digne d'être exportable pour être internationalement reconnue.

Presque une centaine de pays conspirent de la sorte dans ce culte démocratique d'idoles royalement élues, en rivalisant sur le marché mondial du beau corporel en expansion continue. C'est l'occasion pour nombre de nations (en marge, bien souvent, du commerce mondial) d'occuper le devant de la scène d'un forum international. Mais cette manifestation à grande échelle sert d'abord la diffusion de l'industrie cosmétique capitaliste en pleine restructuration : Miss Monde en Inde fut largement sponsorisée par Godrej. La présidente de cette entreprise nationale expliqua benoîtement à la presse que cette décision fut prise à la suite de sa nouvelle stratégie d'alliance avec Procter et Gamble, la première firme de cosmétiques dans le monde[1].

La foire capitaliste aux vanités

Pour nombre d'observateurs ou de praticiens des sciences sociales, les manifestations entourant la « foire aux vanités » qu'est Miss Monde ainsi que l'élection de Sa

---

normalisée par les Américains (en 1959) à partir de la Californie. On trouve depuis environ huit ans des Barbie en Inde, blondes et brunes, avec la morphologie standard de chimère qui a fait son succès ; seuls les vêtements et les accessoires sont indianisés, d'ailleurs avec chic.

1. *Times of India*, 22 novembre 1996 ; Godrej finance également Miss Cinthol, top model à Bombay.

Majesté pour l'année frisent l'insignifiance et la niaiserie. Mais, au regard de la place qu'occupe le marché du beau dans nos sociétés, ce serait inconséquent de refuser de traiter sérieusement d'une telle « futilité ». D'abord parce qu'il s'agit d'un rituel séculier à plusieurs dimensions. Un rituel concernant l'initiation d'une classe d'âge féminine par les hommes ; un rituel d'inversion symbolique sous la forme d'une compétition démocratique pour le titre de reine ; un rituel de représentation comme synecdoque des relations entre genres sexuels et métaphore des États-nations. Ensuite parce que ce concours de femmes, dont le corps est le support d'une gigantesque entreprise « managériale » de séduction, met en compétition des candidates de plusieurs dizaines de nations sur une scène internationale largement médiatisée. Enfin, parce qu'un tel « pygmalionalisme » industriel perpétue une forme culturelle de l'enchantement particulièrement propice à la mondialisation dans les pays du Sud ; et ce, alors que ce type de manifestation décline dans les sociétés occidentales où règne le paradigme du « top model » – figure de réenchantement de l'inaccessible, mais aujourd'hui en voie de banalisation.

Soulignons que naissent simultanément sous nos yeux les nouvelles « *call-girls* » indiennes, c'est-à-dire des jeunes filles corvéables à merci qui, notamment à Bangalore, la ville dite du « Silicon plateau », sont embauchées pour répondre au téléphone dans les centres d'appels « délocalisés » des banques, des assurances, des agences de voyage britanniques, américaines, allemandes et aussi françaises. Ces jeunes femmes sont formées à répondre sans accent, elles y apprennent la géographie, la météo, et les us anglais, américains, allemands ou français, afin de pouvoir converser avec leurs interlocuteurs *at home*, qui croient s'en enquérir auprès de leurs compatriotes. Une vie financière, de loisir ou de culture surgit ainsi d'une Inde virtuelle vue de nulle part, tel le génie d'Aladin, mais pour des intérêts éminemment matériels.

L'événement singulier mais fort émotionnel qui a vu l'Inde accueillir Miss Monde en 1996, non sans turbulence, est devenu *un* événement planétaire. Les organisateurs, dans ce pays, étaient loin d'imaginer le scandale qu'allait provoquer cette parade du beau féminin, dont ils attendaient avant tout des retombées touristiques et économiques. Pourtant, les polémiques qu'avaient provoquées antérieurement Miss Monde en Angleterre et aux États-Unis, et plus récemment en Afrique du Sud ou aux Philippines, voire l'élection au Nigéria d'une Miss Monde très noire de peau en 2001, montrent la permanence du débat sur les reconfigurations régionales, nationales et internationales des représentations du beau assimilé à la femme, sujet hautement polémique au Nord comme au Sud[1]. Occasion pour l'observateur d'étudier le processus de « glocalisation » de cette forme érotisée du beau, c'est-à-dire les rapports qu'entretient le type de représentations locales avec le cosmopolitisme transnational à l'âge du capitalisme électronique qualifié de « postmoderne »[2].

1. Pour un panorama des concours de beauté dans des communautés variées au Guatemala, au Nicaragua, en Andalousie, à Moscou, dans le Minnesota rural et au Texas, de même que s'agissant des compétitions internationales tenues en Thaïlande, à Belize, dans les îles Vierges britanniques, à Tonga et même au Tibet, en passant par un concours de transsexuels aux Philippines (en milieu musulman), on se reportera à l'ouvrage de Colleen B. Cohen, Richard Wilk et Berverly Stoeltje (dir.), *Beauty Queens on the Global Stage. Gender, Contests and Power*, Londres, Routledge, 1996.

2. Pour une discussion de cette catégorie, on se permettra de renvoyer à Jackie Assayag, « La culture comme fait social global ? Anthropologie et (post)modernité », *op. cit.*, y compris à propos de celle de « *glocalization* » élaborée par Roland Robertson, « Glocalization. Time-Space and Homogenity-Heterogeneity », in Michael Feartherstone, Stephen Lash et Roland Robertson (dir.), *Global Modernities*, Londres, Sage, 1995, p. 25-44.

Cosmologie, consommation et classes moyennes

Divers facteurs économiques, politiques et culturels ont contribué à transformer Miss Monde en icône de la mondialisation dans l'Inde contemporaine. Ces transformations remontent aux années 1970, durant lesquelles s'esquissa une politique de libéralisation économique qui se compose de trois volets : la promotion d'un commerce sans entraves, la libre circulation des capitaux, les investissements directs étrangers. Ces décisions ont préparé ladite mondialisation des années 1990. Aussi arbitraire que soit la distinction entre « libéralisation » et « mondialisation », cette nouvelle orientation attestait d'une volonté (au demeurant prudente) de transformer l'Inde en terre d'accueil pour les investisseurs étrangers, phénomène par ailleurs lié à un formidable mouvement de pénétration (clandestine) sur le territoire de biens fabriqués en dehors du pays. De ce point de vue, les années 1990 signent la transformation d'une politique initialement tournée vers les investissements des infrastructures et où l'accent était mis sur la consommation de biens durables. Impulsée sous le mandat d'Indira Gandhi, Premier ministre, cette politique s'accéléra sous celui de son fils, Rajiv, dans les années 1980. Le jeune pilote d'avion fut porté au pouvoir en arguant d'une modernisation du pays fondée sur les hautes technologies et le développement corrélatif des classes moyennes. Il ne semblait pas faire de doute à l'époque que l'Inde serait une nation moderne – « une terre d'opportunité », selon l'expression alors en usage – lorsque ses citoyens aisés auraient adopté un mode de vie fondé sur l'accumulation d'un nombre toujours plus grand de biens de consommation toujours plus sophistiqués.

Cette conjoncture modernisatrice fut contemporaine de l'installation des multinationales, du développement des médias et de la publicité, par exemple de la création de magazines et de périodiques à la fois en anglais et dans les langues vernaculaires. Cette recomposition inaugurait le renouvellement de l'environnement visuel et idéologique quotidien de tous les Indiens, de la base au sommet. Les images et les récits auxquels ces mutations étaient liées aidèrent à cumuler un surplus d'aura par la représentation des valeurs et des biens qu'il fallait désirer. Sur ce plan, la femme de beauté fut une cible d'élection, tant son corps ne manque pas d'évoquer l'image séductrice et protectrice de la *Mère Inde* – titre du plus célèbre film de l'histoire du cinéma indien. Ces changements coïncidèrent avec une reconfiguration politique radicale : l'exposition de la nation aux pressions de l'économie internationale, qui a imposé la diminution des ressources consacrées au développement autocentré, pour ne rien dire du retrait de l'État dirigiste et de la fragmentation du champ idéologico-politique ou de l'approfondissement des inégalités sociales ou régionales.

La télévision et les médias structurèrent cette évolution : de la réception des seules trois chaînes d'État, et uniquement dans les mégapoles, en 1987, on est passé à une quarantaine de chaînes à la fois régionales, satellitaires et internationales, telles CNN, BBC, Zee et Star TV. Le cinéma commercial hindi a fourni le cadre esthétique à ce qu'on pourrait appeler un « réalisme capitaliste », c'est-à-dire un régime d'images et de narrations renvoyant à une expérience polyglotte de la mode, du *glamour* de la mobilité sociale et spatiale centrée sur la vie de héros et d'héroïnes de la vie moderne menant une existence confortable. Cette prolifération médiatique a transformé le paysage sémiotique en donnant naissance à un monde indien neuf : « Vibrant. Actif. Vivant », selon un slogan de l'époque. On assista à un déroulé d'images en continu à l'échelle planétaire ; les marques locales furent remplacées par des logos ou labels transnationaux et les annonces publicitaires pour Citybank et Levi-Strauss, Coca-Cola et Pepsico, Pizza Hut et McDonald's. Les bénéfices de l'adoption de ce nouveau régime furent vantés par les stars de cinéma et autres mannequins au style « ethno-chic » ou « ethnic-choc ». Dans la foulée, les mères de famille furent « relookées » conformément au canon esthétique indo-occidental, c'est-à-dire tel un hybride « glocalisé » accompagnant « l'Inde en mouvement », selon le slogan.

Ces nouvelles balises du paysage télévisuel et urbain illuminaient les signes clairs d'une économie en voie de s'ouvrir à la prose marchande du monde[1]. On se plut à rêver d'un sous-continent habité par une population inspirée et aspirée par cette idéologie marchande néolibérale avec laquelle se confondaient des classes moyennes en expansion continue. Leurs membres allaient s'épanouir dans l'adulation du marché et de la consommation en se délivrant progressivement de leurs attaches traditionnelles. À la fin des années 1980, la transparence de ces classes moyennes (parfois qualifiée de « bourgeoises ») se brouilla avec la montée dramatique de revendications ethnico-religieuses de type revivaliste. La fièvre de consommation semblait déboucher sur une volonté de restauration invitant au repli frileux sur les traditions (plutôt hindoues qu'indiennes).

1. Sur les transformations produites par le nouvel environnement télévisuel mondialisé, on lira Purnima Mankekar, *Screening Culture, Viewing Politics : An Ethnography of Television, Womanhood, and Nation in Postcolonial India*, Durham-Londres, Duke University Press, 1999 ; Arvind Rajagopal, « Thinking about the New Indian Middle Class : Gender, Advertising and Politics in an Age of Economic Reform », in Rajeshwari Sunder Rajan (dir.), *Signposts, Gender Issues in Post-Independence India*, New Delhi, Kali for Women, 1999, p. 57-100.

Avec le développement de l'industrie culturelle et le battage publicitaire de masse, les femmes « traditionnelles » parurent de plus en plus inélégantes et « vieux jeu », du moins aux yeux des populations plutôt urbanisées, même si le phénomène a progressivement gagné les zones rurales. Ces femmes découvraient enfin qu'elles pourraient aussi être « belles » grâce à l'onction que confère l'emploi des produits *ad hoc* tant vantés par les publicités et destinés à remplacer les cosmétiques traditionnels. Jeunes ou moins jeunes, elles se recrutent dans les couches inférieures des classes moyennes et ont rapidement compris que les produits les plus onéreux sont les plus efficaces ; enseignement conforme à la logique marchande. Mais, la guerre des prix faisant rage, elles ont aussi appris à faire jouer la concurrence en ajoutant de la valeur aux marques et en remythifiant du même coup l'efficacité magique des marchandises. Elles savent bien qu'une fois l'image de marque créée naît simultanément son consommateur emblématique que les entreprises cherchent à « fidéliser ». La femme est d'autant plus devenue la cible des publicitaires qu'elle est à la fois corps de beauté, femme mariée, épouse dévote, belle-fille attentive, mère attentionnée, surtout maîtresse de maison à plein temps, icône en somme d'un univers domestique idéalisé par les médias et parfois « glamourisée » au cinéma. Non seulement les messages commerciaux ou de fiction reconduisent les stéréotypes, mais ils renforcent la norme conjugale ou matrimoniale (moderne, avec deux enfants) ainsi que l'organisation patriarcale, y compris envers les membres de la famille élargie ou de la communauté.

Ce modèle est désormais en voie de transition. L'épouse contrôle toujours plus le savoir de l'ensemble des biens utiles au fonctionnement optimal de la maisonnée. L'ancien pouvoir sur les relations familiales – garder la femme à domicile en la subordonnant à sa « belle-mère » – s'avère de plus en plus contesté et conflictuel. En outre, l'épouse acquiert une puissance accrue grâce à son expertise s'agissant de l'achat et la gestion des produits manufacturés disponibles sur le marché. L'acte de consommer produit de nouvelles subjectivités, davantage tournées vers le souci de soi et du paraître. Il valorise le libre choix, favorise l'individualisme, engendre une conception moins unilatérale de l'autorité. La diversité des produits et la diversification de l'offre « segmentent » goûts, passions et intérêts en produisant des modes spécifiques de consommer. Cette spécialisation multiplie les rôles et les manières de concevoir la famille et de participer à l'unité domestique. Certes, les membres de la famille des classes moyennes communient dans la consommation. Mais les différences internes créées par le marché singularisent les relations au sein de la parentèle et influent simultanément sur l'identité commune. En fonction des contraintes économiques, ainsi que des choix de consommation effectués sur la base d'un répertoire d'images et de discours mélioratifs ou dépréciatifs, les rôles se redistribuent selon des manières d'être ou de ne pas être : enfant ou adulte, homme ou femme, jeune ou vieux, hindou ou indien, cadre moderne ou employé néo-traditionaliste, régionalisme affiché, mesuré ou négligé, affirmation cosmopolite ou occidentalisée, posture vernaculaire ou « branchée », non sans possibilité de chevauchements ou de mélanges variés entre ces composantes.

Bien que le ménage moderne tende vers un modèle maximisant la consommation en fonction du budget, la diversité des produits et des pratiques aussi bien que la multiplicité des narrations ou des figurations qui en vantent les qualités ou en dénoncent les défauts créent des lignes de partage entre membres de la famille selon la classe d'âge, le genre sexuel, la profession et le salaire, la répartition budgétaire au sein du foyer. Le marché oriente également les consommateurs en tirant l'identification vers des modes de vie ou des *habitus* divergents : la « vernacularisation » ou l'appartenance subrégionale, la culture nationale séculière ou national-hindouiste, la « safranisation » douce ou dure, le tropisme international ou strictement localisé, la tentation de l'occidentalisation, voire l'« asiatisation ». Dans les faits, tout un répertoire d'hybridations se repère en fonction des contextes, des modes et des conjonctures locales ou plus globales.

Cette diversité rappelle que la catégorie de « classe moyenne » est trompeuse : elle ne constitue pas une entité homogène. Une enquête sur les inégalités sociales en Inde, dont les résultats ont été publiés en 1994, distinguait quatre catégories : « ceux qui ont beaucoup » (*super-haves*), « ceux qui ont » (*have-somes*), « ceux qui sont sur le point d'avoir » (*near-haves*) et « ceux qui n'ont rien » (*have-nots*). La seconde catégorie y était considérée comme la « vraie » classe moyenne en termes de valeur, d'aspiration et de style de vie. Cela concernerait quelque 4 millions de maisonnées, soit 25 millions de personnes. Cette estimation (basse) est manifestement inférieure au nombre de personnes qui ont l'impression (à tort ou à raison) d'en être. Si donc les classes moyennes sont bien en expansion, il faut rappeler que l'appartenance à ce groupe est une forme d'identification de soi, c'est-à-dire une autoreprésentation sociale à ranger parmi d'autres pour définir aussi bien l'ipséité que l'altérité. En principe, ne devraient être inclus dans ce groupe que les consommateurs qui s'en réclament ou s'y reconnaissent. Or, du fait des valeurs positives qui lui sont actuellement attachées, ceux qui proclament en être sont toujours plus nombreux et tendent à se penser en phase d'ascension sociale. Autant dire que l'idée de « classes moyennes » autorise l'expression des aspirations des couches ou des castes qui la composent parce qu'elle est hiérarchiquement structurée.

La montée en puissance des classes moyennes suggère donc des formes de représentation et de pouvoir plus complexes. La morphologie de ces couches sociales apparaît plus diffuse à cause d'une dynamique qui alterne entre unification et fragmentation. Deux constats sociologiques le rappellent. D'une part, l'appartenance aux classes moyennes est invoquée par des porte-parole se recrutant parmi une élite qui dénie volontiers sa fortune et son pouvoir pour mieux les protéger ; d'autre part, elle est revendiquée par des classes sociales plutôt basses dont les membres inclinent à exagérer les leurs. De là cette question essentielle pour la dynamique du champ politique : quelle sorte d'action les classes moyennes sont-elles susceptibles de mener en leur nom propre ? La réponse est manifestement : aucune, ou plutôt une variété disparate en vue d'objectifs divers, sinon contradictoires. En laissant accroire qu'elle est *une* classe, les observateurs lui accordent un rôle décisif qu'elle n'a manifestement pas, en dépit de la puissance économique, idéologique ou politique des couches qui la composent.

CHAPITRE III

En quête de classe moyenne

« Il y a bien longtemps, nous prîmes rendez-vous avec le destin. » Ainsi s'exprimait Jawaharlal Nehru le 14 août 1947 à minuit dans la ville de New Delhi. Ce discours, inspiré et transparent, fut prononcé dans le Parlement construit par les Britanniques. Il annonçait avec éloquence l'accession de l'Inde à l'indépendance après presque deux siècles de colonisation. Le propos s'adressait bien sûr aux Indiens. Mais il signalait également aux peuples du monde le retour de l'Inde aux commandes de son destin ; ce que symbolisa la mise en berne de l'Union Jack, remplacé par le drapeau national tricolore (ocre, blanc et vert) solennellement hissé sur le Fort rouge de Delhi, l'ancienne capitale de la dynastie des Moghols. Ce jour-là, le *Pandit* Nehru s'exprima en anglais, la langue du colonisateur qu'ignoraient 99 % des Indiens. De là, cette question : pourquoi celui qui avait consacré sa vie à lutter contre les Britanniques en devenant le symbole du mouvement d'émancipation nationale choisit-il de s'exprimer dans la langue des ennemis ?

La question n'est nullement anecdotique. Au contraire. Elle montre de manière spectaculaire combien l'édification de l'État-nation indien resta le monopole d'une élite autochtone anglicisée, dont les antécédents coloniaux sont à chercher dans les milieux marchands et le personnel administratif moghol formé aux écritures persanes. Ces couches sociales incluaient nombre de Brahmanes. C'est principalement au sein de cette caste de haut statut, dont les membres éduqués s'ouvrirent au monde au cours du XIXe siècle, qu'on recruta en partie lesdites « classes moyennes » indiennes. La collaboration des élites indigènes avec l'administration coloniale britannique par le truchement de l'anglais – langue de l'empire – fut le passeport de la réussite sociale, presque assurée lorsqu'elle s'accompagnait d'un pedigree casté. La hiérarchie sociale et le clivage historique entre l'anglais, comme instrument de commandement, et les nombreuses langues vernaculaires favorisèrent une tradition d'isolement des élites privilégiées. Leur situation fut à ce titre paradoxale : leur hégémonie dépendait de l'assujettissement (colonial). L'abandon des idiomes régionaux et des usages locaux, l'ignorance ou le mépris des particularismes, la mise à distance des croyances et des comportements du plus grand nombre, le manque de commerce avec les populations subalternes reléguèrent au second plan la culture populaire, c'est-à-dire l'ensemble plus ou moins articulé de pratique et de cosmologies propres aux basses castes et aux intouchables. À cause de la segmentation en castes et de la diversité régionale, les classes moyennes éduquées n'ont pas entraîné d'élan démocratique ni joué ce rôle moteur qui eût pu élargir l'espace public aux classes intermédiaires, comme ce fut le cas en Europe.

Aujourd'hui, il paraît certain que ces classes privilégiées ont détourné à leur profit politique, économique, social et culturel les fruits de la croissance (d'ailleurs très relative) du pays depuis la fin du XIXe siècle. Quel que fût l'attachement de ces élites à leur terroir, la plupart d'entre elles restèrent indifférentes aux besoins fondamentaux de la majorité d'une population réduite à une situation de grande pauvreté, voire contrainte de vivre dans l'abjection pour une large part. Rappelons quelques données : l'Asie du Sud héberge de nos jours plus de 500 millions de personnes qui vivent dans la pauvreté. La péninsule abrite 43 % des pauvres de la planète alors qu'elle compte 29 % de la population mondiale (selon les chiffres de l'ONU de 1999). En 1992-1993, le PIB par habitant était inférieur à 270 dollars en Inde. Il y a aujourd'hui 390 millions d'Indiens vivant en dessous du seuil de pauvreté (soit moins d'un dollar par jour) ; un quart de la population souffre de malnutrition chronique et la moitié de la population (72 % des femmes) est illettrée.

On peut expliquer de multiples façons la genèse de ce résultat à bien des égards désespérant. L'argument le plus courant est d'incriminer le « système des castes ». On sait en effet que cette morphologie sociale hiérarchise ou exclut des groupes en fonction de la pureté ou de la profession, des règles d'endogamie, de commensalité et d'évitement que les individus s'imposent dans leurs relations avec les membres des autres castes. Mais l'histoire de l'Inde nous apprend que cette stratification n'a nullement pétrifié la société ni bloqué à jamais le développement et la croissance ou empêché les transformations sociales. Contrairement à ce que laisse accroire une sociologie indifférente à l'histoire et férue de l'opposition entre « tradition » et « modernité », les castes n'ont jamais formé « système », sauf à reconduire le préjugé orientaliste et lettré selon lequel la quadripartition des Brahmanes (« prêtres »), des Kshatriyas (« guerriers »), des Vayshia (« commerçants ») et des Shudras (« serviteurs ») est la « structure » de cette société de l'Antiquité jusqu'à nos jours[1].

1. Ce que montre bien la somme de Susan Bayly, *Caste, Society and Politics in India from the Eighteenth Century to the Modern Age*, Cambridge, Cambridge University Press, 1999 ; cf. Jackie Assayag, « La caste entre histoire et anthropologie. Le "grand jeu" interprétatif », *Annales HSS*, 2003, 4,

Qui veut comprendre la stratification de cette société doit procéder autrement. Par exemple en étudiant la dynamique de ces « classes moyennes » (dans leur relation aux castes) qui ont réussi à fabriquer la plus grande inégalité démocratique dans le monde. Ce dont atteste leur soutien indéfectible à la « libéralisation économique », impulsée par le Premier ministre Rajiv Gandhi (1984-1989), ainsi que leur adhésion à l'« ajustement structurel » imposé par le Fonds monétaire international en 1991. Si ces mesures ont certes favorisé l'ouverture (modérée) du pays au marché mondial, elles ont aussi approfondi la polarisation sociale entre riches et pauvres et accru les différenciations économiques régionales. En toute bonne conscience, les membres de ces classes moyennes continuent d'afficher leur indifférence vis-à-vis de cette pauvreté de masse. Ils s'en accommodent d'autant mieux qu'ils ont contribué à la créer en maintenant sciemment les pauvres dans le sous-développement au fil des ans. En sorte que ladite « grande classe moyenne indienne » ne peut être ainsi caractérisée que par euphémisme : c'est en réalité une minorité, dont la conduite semble marquée au coin du machiavélisme au terme de cinquante ans d'une indépendance célébrée avec faste en 1997[1]. Non seulement les classes moyennes ont

p. 815-830. Il s'agit du livre de Louis Dumont devenu la référence en France. Pour un inventaire des nombreuses critiques adressées à l'ouvrage « structural-orientaliste » de Louis Dumont, *Homo hierarchicus. Le système des castes et ses implications*, Paris, Gallimard, 1966, et une reconstitution de la trajectoire de cet auteur, on se permet de renvoyer aux articles de Jackie Assayag, « *Homo hierarchicus, homo symbolicus* ? Approche structurale ou herméneutique en anthropologie sociale (de l'Inde) », *Annales HSS*, 1, 1994, p. 133-149 ; « La construction de l'*objet* en anthropologie. L'indianisme et le comparatisme de Louis Dumont », *L'Homme*, 146, 1998, p. 165-189.

1. Pavan K. Varma, *The Great Indian Middle Class*, New Delhi, Viking-Penguin Books India, 1998. On peut soupçonner cette classe moyenne homogène et soudée dans le machiavélisme d'être construite tout exprès pour l'expliquer.

joué un rôle de pivot dans la fabrique sociale, culturelle et politique de l'Inde moderne, mais la majorité de ceux qui la composent s'identifie aux objectifs et aux idéaux de cette mondialisation néolibérale en l'accompagnant fréquemment d'une revendication nationaliste volontiers xénophobe.

Une classe moyenne dans l'histoire

S'étonner que les classes moyennes aient été le point aveugle des études de sciences sociales sur l'Asie du Sud souligne l'importance que revêtent les classifications au sein de cette vaste région. On peut d'autant plus regretter que celle-ci ait été laissée en déshérence qu'elle s'avère liée au codage de la pauvreté et à un imaginaire capable d'en infléchir la réalité[1].

La classe est par nature une entité élusive et, de fait, les classes moyennes sont une notion problématique en Inde. De plus, ces dernières n'ont pas émergé des conséquences d'une révolution industrielle qui a affaibli l'ordre social traditionnel, comme en Europe. Les classes moyennes indiennes sont apparues sur la scène plus tardivement. Elles furent créées artificiellement durant la colonisation afin de répondre aux besoins administratifs de l'Empire britannique : elles sont un produit de l'empire des Indes, le *British Raj*

1. S'agissant de l'Europe, on renvoie aux analyses magistrales des débats sur la pauvreté, en rapport avec la construction des outils statistiques de Alain Desrosières, *La Politique des grands nombres. Histoire de la raison statistique*, Paris, La Découverte, « Textes à l'appui », 1993, chap. 8. Un article de Jackie Assayag, « La politique du nombre. État, statistiques et minorités en Inde (Karnataka) », *Espace, populations, sociétés*, 2/3, 1997, p. 279-288, a tenté d'exporter cette veine en Inde à partir du problème de la construction des minorités.

(même si lui-même recruta au sein des élites au service des Moghols). Du fait de cette origine, une fraction importante de ses membres fut recrutée dans les hautes castes relevant de la tradition lettrée. Un semblable *ethos* intellectuel explique sans doute le mépris que ses membres ont continûment exprimé envers les déshérités en affectant le mode de la dénégation paternaliste. Ces Indiens surent ainsi se montrer les dignes héritiers de leurs anciens maîtres arrogants.

Faire retour à l'époque coloniale révèle le façonnage – *in statu nascendi* – de ces classes par l'idéologie impériale de la Grande-Bretagne. C'est en effet sur le modèle d'« une identité qui n'en est pas une » (*not quite sameness*) que les Britanniques forgèrent à leur image cette minorité de « maîtres bronzés » (*brown sahib*), ou petits bureaucrates zélés parlant l'indo-anglais (*baboo*), dont ils avaient besoin pour administrer le *Raj*. Mais, à l'instar de tous leurs noirs sujets tropicaux, ils les méprisaient : « Admirez-nous ; imitez-nous ; devenez comme nous, mais vous ne serez jamais l'un des nôtres » (« *Admire us ; emulate us ; become like us, but you can never be one of us* »). Et, pendant longtemps, les Indiens ne réussirent pas à opposer un « idiome culturel authentique » qui aurait pu effacer le sentiment d'infériorité raciale que les hommes blancs de peau avaient créé chez leurs colonisés.

Le recrutement des classes moyennes, principalement composé de marchands, d'industriels, de propriétaires terriens et de lettrés, s'est élargi après l'accession du pays à l'indépendance. Cette expansion fut liée à la montée de l'« espérance égalitaire » propre aux années 1960, que nourrirent diverses couches sociales (y compris les plus basses) à la faveur du consensus établi par le Premier ministre, Jawaharlal Nehru, et de l'autorité morale dont jouit par-delà la tombe Mohandas Karamchand Gandhi. Mais cette espérance resta *flatus voci* pour deux raisons.

D'une part à cause de l'instauration d'une démocratie purement formelle fondée sur le principe westminstérien, c'est-à-dire un Parlement bicaMériste ; d'autre part en raison de la mise en place d'une économie autoproclamée socialiste, mais en réalité au service d'industriels, d'hommes d'affaires et de hauts fonctionnaires du service public, très souvent liés au parti du Congrès – organisation nationale dont presque tous les partis politiques furent issus jusque dans les années 1970. C'est en effet au travers du système dit *License Raj*, c'est-à-dire l'encadrement strict des activités privées par le contrôle des investissements, soumis à autorisation de l'administration, et celui des prix et du crédit par les limites posées à la concurrence intérieure et extérieure et par le jeu croisé de multiples strates de subventions, que prospéra le capitalisme bureaucratique d'État indien depuis les années 1960.

En sorte qu'au terme de la décennie suivante, les classes moyennes expérimentèrent la « fin de l'innocence ». Grande fut alors la désillusion et non moins inéluctable la corrosion de leurs espérances. Les élites avaient abandonné les principes idéologiques ou l'éthique de la vie publique au seul profit de la carrière et de la course au pouvoir, qu'il s'agisse du devoir envers les plus déshérités, imposé jusqu'alors par la figure de la « grande âme », Gandhi, ou de la collusion entre politiciens et affairistes qu'avait démonétisée par avance le *Pandit* Nehru ; le patricien avait pourtant pris soin de reconduire le « cadre de fer » (*steel frame*) de la bureaucratie (britannique), dévolu au seul service de l'État. Mais l'atmosphère avait changé : la scène s'ouvrait désormais à de nouveaux dirigeants au profil de « realpoliticiens » auxquels les pragmatistes sans scrupule qu'ont été Indira Gandhi, puis Rajiv, son fils, servirent de modèles.

Dans les années 1970, la corruption gangrenait déjà l'appareil d'État, du sommet à la base, et la société civile tout entière : l'économie clandestine du pays était alors estimée à 50 % de l'économie officielle[1]. De son côté, la nouvelle classe des paysans enrichis appartenant aux castes intermédiaires, dont les membres aspiraient au pouvoir politique, a contourné la réforme agraire (hormis dans les États communistes du Kerala et du Bengale). Pis, elle a détourné à son profit l'ensemble des subsides que l'État destinait à l'agriculture. Il est significatif que cette classe moyenne élargie et socialement composite ait soutenu sans vergogne la mise entre parenthèses de la démocratie par Indira Gandhi durant la période dite d'« urgence » de 1975-1977. Même sans se laisser abuser par la connotation de conformisme social associée aux classes moyennes, ces dernières furent bel et bien le suppôt du pouvoir existant.

Pendant qu'Indira Gandhi jetait les opposants en prison, son plus jeune fils, Sanjay, mettait en œuvre une campagne de stérilisation forcée au sein des populations des bidonvilles. Il est vrai qu'Indira courtisait alors les pauvres par le moyen d'une rhétorique populiste : la « Mère » promettait l'« éradication de la misère » (*garibi hatao*). Cette promesse ne fut évidemment pas suivie d'effet. En revanche, un tel discours contribua à redéfinir la démocratie indienne en termes de « majorité » et de « minorités (religieuses) », pour le plus grand bénéfice du national-hindouisme et aux dépens des musulmans et des chrétiens, de plus en plus menacés. Ils sont aujourd'hui

1. Arun Kumar (« The Black Economy. Missing Dimension of Macro Policy-Making in India », *Economic and Political Weekly*, XXXIV, 12, 1999, p. 681-695) propose une approche quantifiée de cette « économie noire », qu'il considère comme le problème macroéconomique majeur de l'Inde dans les années 1970-1980, en plaidant pour sa prise en compte dans l'analyse à court terme de l'économie nationale ; cf. également Dilip K. Bhattacharyya et Susmita Ghose, « Corruption in India and the Hidden Economy », *Economic and Political Weekly*, XXXIII, 44, 1998, p. 2795-2805.

carrément pourchassés dans certaines régions de la péninsule[1]. Selon l'opposition politique marxiste indienne, la fascination de la petite et de la grande bourgeoisie envers une autocratie de nature fascisante rappelle l'attitude qu'adopta une large fraction de la population allemande à la fin de la République de Weimar[2].

Les classes moyennes sont enclines à soutenir passivement la stabilité de l'ordre social existant. Mais elles sont aussi capables de se mobiliser avec détermination contre le pouvoir central. Ce qui advint dans les années 1990 contre le Premier ministre V. P. Singh. Le monopole de ces classes sur le système éducatif semblait menacé par la décision de ce dernier d'appliquer les recommandations de la commission dite Mandal, du nom de son président[3]. Alors que pendant cinquante ans castes et classes avaient revendiqué un haut statut afin de tirer parti de leur situation, leurs dirigeants opposèrent alors le « mérite » et l'« efficacité » du système éducatif à la « trahison démocratique » que représenterait l'augmentation du nombre de postes réservés aux castes et aux groupes sociaux défavorisés.

1. Pour un développement de cette question, cf. Jackie Assayag, « Spectral Secularism. Religion, Politics and Democracy in India », *Archives européennes de sociologie*, XLIV, 3, 2003, p. 35-67.

2. On manque d'une étude en profondeur des mouvements fascistes qui ont accompagné la construction du nationalisme en Asie du Sud, en dépit des travaux de Tapan Basu, Pradip Datta, Sumit Sarkar, Tanika Sarkar et Sambuddha Sen (dir.), *Khaki Shorts and Saffron Flags. A Critique of the Hindu Right*, Bombay, Orient Longman, 1994 ; Prabhat Paitnaik, « The Fascism of Our Times », *Social Scientist*, 21, 3/4, 1993, p. 69-77 ; Sumit Sarkar, « The Fascists of the Sangh Parivar », *Economic and Political Weekly*, XXVIII, 5, 1993, p. 163-167 ; et Achin Vanaik, « Situating the Threat of Hindu Nationalism : Problems With the Fascist Paradigm », in Achin Vanaik, *The Furies of Indian Communalism. Religion, Modernity and Secularization*, Londres-New York, Verso, 1994, p. 237-295.

3. Pour une présentation en français de la gamme des réactions à cette commission, on lira l'article de Nicholas B. Dirks, « Différence et discrimination. La politique des castes dans l'Inde postcoloniale », *Annales HSS*, 3, 1997, p. 593-619.

L'application de cette décision signifiait également le déclassement du « gratin » (*creamy layers*) des classes moyennes, cette élite en phase d'élévation sociale grâce au système des compensations discriminatoires. Le dispositif de l'*affirmative action* indienne a en effet transformé la nature, les fonctions et l'étalonnage des castes depuis l'indépendance. Au point que nombre de groupes sociaux se proclament aujourd'hui de bas statut afin de bénéficier des protections économiques et des opportunités dans le système éducatif ou la sphère de l'emploi (alors qu'elles avaient antérieurement utilisé le système pour améliorer leur statut)[1].

Les classes moyennes s'épanouissent aujourd'hui dans un consumérisme enfiévré et une corruption généralisée que favorisent chaque jour davantage la libéralisation économique et l'ouverture du pays à la mondialisation. On pourrait même dire que les classes moyennes en sont le produit, dans la mesure où les univers sociaux et mentaux distincts de ses composantes marchandes, industrielles, rurales et lettrées sont entrés en fusion pour constituer une communauté imaginée au travers du développement des médias de l'image : cinéma, publicité, télévision[2].

L'année de l'ajustement structurel imposé par le FMI couronne d'ailleurs la fin de la situation exceptionnelle de l'Inde. C'est en 1991 que les autorités politiques ont décidé de rompre avec le développement autocentré et le non-alignement (bien que le processus d'ouverture au capital étranger ait été impulsé par Indira Gandhi dès 1981).

1. On se reportera au livre magistral sur le sujet de Marc Galanter, *Competing Inequalities. Law and the Backward Classes in India*, Delhi, Oxford University Press, 1994.

2. Cf. Arvind Rajagopal, *Politics after Television. Religious Nationalism and the Reshaping of the Indian Public*, Cambridge, Cambridge University Press, 2001.

Cette trajectoire socio-économique et politique a conduit nombre d'observateurs à porter un diagnostic négatif sur l'évolution de l'Inde, surtout si l'on rappelle ses idéaux affichés : démocratie, égalité, socialisme, sécularisme, croissance et développement, suppression de la pauvreté et enfin non-alignement. Pour arrêter ce déclin, ceux-ci préconisent des réformes « salutaires ». Ainsi Pavan K. Varma, universitaire et grand commis de l'État en Inde et à l'étranger, souhaite-t-il une « révolution pragmatique ». Dans ce dessein, il en appelle à la généreuse bonne volonté des puissants industriels du monde indien. Au regard du rôle qu'ont joué ces derniers depuis la formation du mouvement du Congrès en 1885, un tel sermon paulinien apparaît dérisoire : « Riches, portez le fardeau du pauvre », déclamait déjà en son temps de grande misère paysanne l'« Aigle de Meaux », Bossuet.

EN QUÊTE DE LA CLASSE MOYENNE

Les « régimes intermédiaires »

L'historiographie de l'Inde contemporaine est aujourd'hui dominée par une histoire plus culturelle que sociale, entre l'étude (devenue hégémonique) des « subalternes », c'est-à-dire des paysans, des ouvriers, des tribaux, des femmes et, plus généralement, des « sans-voix » et celle (anciennement dominante) des élites du pays, à savoir les interlocuteurs immédiats des Britanniques dans la sphère de l'État. Après un siècle de travaux, il subsiste donc une zone en friche dans le champ des sciences sociales étudiant l'Asie du Sud. Cet espace vacant est celui des classes moyennes, dites aussi « intermédiaires », qui assurent la médiation entre l'État et la société agraire[1]. Autrement dit, l'ensemble de ceux qui, aux limites inférieures des couches possédantes et éduquées, s'affirment entre les deux extrêmes de la société. Leurs membres disposent non seulement de l'indépendance économique (relative), mais aussi d'attributs spécifiques, comme la profession, ainsi que de certaines qualités propres : un mode de vie à la fois traditionnel et moderne, la mobilité sociale, le conservatisme politique, un temps pour le loisir et un tropisme vers la consommation. Le régime singulier de ces classes doit être placé au centre de l'analyse pour quatre raisons : elles ont des racines profondes dans l'histoire de l'Inde coloniale et postcoloniale ; la fluidité inhérente à leur expansion interdit de penser que les couches qui la composent préexistent aux dynamiques économiques, sociales ou politiques qu'elles contribuent à créer ; leur structure pose des questions cru-

1. Le constat est établi par Richard G. Fox, « Urban Class and Communal Consciousness in Colonial Punjab : The Genesis of India's Intermediate Regime », *Modern Asian Studies*, 18, 3, 1984, p. 459-489, Burton Stein, « Towards an Indian Petty Bourgeoisie. Outline of an Approach », *Economic and Political Weekly*, XXVI, 4, 1981, p. PE-9-PE-20, qui tous deux discutent la catégorie de « régime intermédiaire » proposée et élaborée par Michael Kalecki (« Social and Economic Aspects of "Intermediate Regimes" », in Michael Kalecki, *Selected Essays on the Economic Growth of the Socialist and Mixed Economy*, Cambridge, Cambridge University Press, 1972) et appliquée à l'Inde coloniale par K. N. Raj (« The Politics and Economics of "Intermediate Regimes" », *Economic and Political Weekly*, VIII, 27, 1973, p. 1189-1198), A. Subrat Kumar Mitra (« Room to Maneuver in the Middle. Local Elites, Political Action, and the State in India », *World Politics*, 43, 3, 1999, p. 390-413) et P. S. Jha (*India : A Political Economy of Stagnation*, Bombay, Oxford University Press, 1980). Cf. également l'analyse plus récente de Terence J. Byres, *The State and Development Planning in India*, Delhi, Oxford University Press, 1994, p. 31-37. Pour une vue générale sur ces questions, soulignant le caractère indigène et fort ancien du capitalisme en Inde aussi bien que sa dimension de test pour la réfutation des théories du « système monde » eurocentrées (I. Wallerstein, F. Braudel, P. Anderson, J. Roberts), on lira l'article bilan de David A. Washbrook, « Progress and Problems : South Asian Economic and Social History c. 1720-1860 », *Modern Asian Studies*, 22, 1, 1988, p. 57-96.

ciales sur la nature de l'État et de l'ordre social, du mouvement des réformes et du régime de conflits – ces forces majeures de la modernité politique ; enfin, ses acteurs incarnent et animent les transformations contemporaines en accommodant les modes de vie transculturels et la fascination pour les cultures locales.

C'est d'ailleurs parce que les classes moyennes ne sont ni « castes » ni « classes » qu'elles furent négligées par les études concernant le sous-continent[1]. D'un côté, les anthropologues privilégièrent l'étude de la « caste » en tant que lignage, groupe segmenté, voire « système » ou « structure ». Et s'ils se sont intéressés à son organisation, ses fonctions, sa dynamique, c'est en imposant l'idée que la caste était l'« objet » par excellence de la recherche « indianiste », voire la réalité fondamentale de cette « aire culturelle ». De l'autre, les sociologues proposèrent des généralisations sur le passage de la « caste » à la « classe » en présupposant qu'il s'agissait de deux entités clairement définies, de manière à ce qu'elles jouent leur rôle attendu dans un scénario prévu d'avance. En s'attelant à la problématique de la « transition », sur la base de la définition marxiste des classes (en termes de rapports de production), ils les ont réduites à des « groupes d'intérêt ». De surcroît, la prédominance accordée à l'étude des systèmes de revenus fonciers, de l'élite agraire et du travail servile d'une part, et la focalisation sur les élites lettrées ou politiques, de l'autre, ont fait perdre de vue lesdites « classes moyennes » (en terme d'autoreprésentation). Certes, cette appellation s'avère incontrôlée dans la nomenclature

1. Il faut citer les ouvrages de l'historien compilateur B. B. Misra, *The Indian Middle Class. Their Growth in Modern Times*, Londres-New York-Bombay, Oxford University Press, 1961, et de l'économiste généraliste Angus Maddison, *Class Structure and Economic Growth. India and Pakistan since the Moghuls*, Londres, George Allen et Unwin Ltd., 1971.

tentations ou ces comportements par le truchement d'articles ou de discours en langue vernaculaire. Bref, l'historien fait voir le spectre des réactions réelles ou imaginaires à la colonisation des représentants de ces classes moyennes inférieures oscillant entre la fascination pour l'ouverture au monde étranger et le repli sur les traditions indigènes ou la crispation identitaire[1]. Les nouveaux engagements de ce groupe composite, dans le cadre de l'entrée dans une modernité incomparable à celle de l'Europe, montre que les classes moyennes hindoues négocièrent dans une position à la fois de subordination et de maîtrise, *via* les réformateurs sociaux. En période de dislocation et d'opportunités multiples, cette impulsion favorisa la recomposition des normes hiérarchiques ou patriarcales, des rapports entre masculin et féminin ou des relations entre campagne et ville ; bref, l'ensemble des régulations sociales était touché.

Adoptant un point de vue surplombant et comparatif, Aijaz Ahmad utilise également les notions de classes ou couches « intermédiaires » ou « auxiliaires »[2]. Mais le sociologue veut souligner la spécificité des rapports entre

1. Rappeler que ces tensions et contradictions sont à l'œuvre dans tous les processus historiques permet à Sumit Sarkar de laminer l'école historiographique dite « subalterniste », aussi bien dans sa version initiale populo-marxiste que dans son infléchissement ultérieur en postmodernisme « anti-Lumières ». Initialement membre du groupe des historiens « subalternistes », Sarkar critique l'évolution de la série impulsée par l'historien indien Ranajit Guha et qui compte aujourd'hui onze volumes ; cf. la présentation par Jacques Pouchepadass, critique mais nuancée, des travaux de ce qui est un réseau plus qu'une école, « Les *Subaltern Studies* ou la critique postcoloniale de la modernité », *L'Homme*, 156, 2000, p. 161-186, ainsi que le volume de Mamadou Diouf, *L'Historiographie indienne en débat. Colonialisme, nationalisme et sociétés postcoloniales*, Paris, Karthala-Sephis, 1999.

2. Aijaz Ahmad, « Class, Nation, and State : Intermediate Classes in Peripheral Societies », in *Lineages of the Present. Political Essays*, New Delhi, Tulika, 1996, p. 44-72, et « In the Eye of the Storm : The Left Chooses », *Economic and Political Weekly*, XXXI, 22, 1996, p. 1329-1343.

classes, nation et État dans un vaste ensemble de formations sociales de l'Asie du Sud (Inde, Bangladesh, Pakistan, Afghanistan) et du Moyen-Orient au sens large (Algérie, Égypte, Iran, Irak, Arabie Saoudite, Turquie). S'inspirant du concept gramscien d'« hégémonie », il lie la genèse et l'organisation de ces classes intermédiaires aux expériences de la colonisation et de l'impérialisme des puissances occidentales qu'ont subies ces zones capitalistes dites « périphériques ». Selon lui, ces classes intermédiaires se sont formées antérieurement à l'émergence des bourgeoisies industrielles et financières, mais indépendamment des couches ouvrières et paysannes dans l'ensemble de ces régions. L'antériorité explique que ces classes aient occupé une position stratégique dans les sphères économique et politique. Cette situation leur a permis d'acquérir des pouvoirs et de prendre des initiatives face à d'autres groupes sociaux, que ce soit pour installer des politiques conservatrices ou radicales, voire révolutionnaires. C'est en monopolisant les rouages de l'appareil de l'État, le principal agent des transformations sociales dans une période de transition prolongée, que cette hégémonie se forgea au travers du loyalisme d'acteurs à la poursuite de leur seul intérêt.

Ce qui caractérise les « zones périphériques » (de l'Asie du Sud et du Moyen-Orient) est donc la subordination structurale de classes polarisées : paysanne et ouvrière, bourgeoise ou capitaliste (et donc du secteur privé) à un État (et un secteur public) surdéveloppé(s) et monopolisé(s) par un large spectre de « couches intermédiaires ». En sorte qu'elles ont assis leur domination sur la société civile. Dans une phase qu'Ahmad qualifie de « transitoire », la constitution de ces couches sociales a été la condition d'insertion du système capitaliste dans des sociétés qui ne l'étaient pas. Ce sont leurs membres (issus des propriétaires agraires et de la bureaucratie) qui organisèrent les relations entre les différentes classes possédantes ; ce sont eux encore qui servirent d'intermédiaires aux bourgeoisies (coloniales) métropolitaines en raison de leur occupation professionnelle, lettrée ou mercantile. Les représentants de ces classes intermédiaires constituèrent la « caste gouvernante », pour reprendre l'expression de Karl Marx. Détenteur d'un pouvoir exorbitant, ce groupe fit main basse sur un État fétichisé et hautement interventionniste que confortèrent (à dose variable selon les pays en situation postcoloniale) le soutien actif d'une élite militaire et la diffusion sans relâche d'une idéologie nationaliste. La catégorie de « nation » fut particulièrement attractive pour ces classes intermédiaires tant la plasticité de cette notion put servir à des légitimations multiples et équivoques : idéologie émancipatrice, instrument de sacralisation, opérateur de souveraineté, modèle hégémonique en vue de renforcer l'État.

Tandis que C. A. Bayly et Sumit Sarkar mettent en relief les recompositions et reformulations périodiques des relations entre pouvoir, culture et économie dans un champ de forces irradiant tous les aspects de la vie individuelle et collective, Aijaz Ahmad reconduit une conception classique de l'histoire sociale selon laquelle un groupe social développe la conscience qu'il a de lui-même par une mobilisation sporadique ou continue en phase de transition. Mais cette dernière conception de l'émergence des classes intermédiaires s'avère mécanique et téléologique : elle ne varie à aucun moment le jeu des échelles dans les analyses. Reste cependant la limite que constitue la période étudiée par les trois historiens : nous en savons plus sur la nature et le comportement de ces intermédiaires cruciaux entre le paysan cultivateur et l'État percevant l'impôt au mitan du XIXe siècle qu'au milieu du suivant.

Concept et méthodologie

Aux antipodes de ces perspectives historiographiques fouillées et de la volonté systématique du sociologue, la singularité de l'ouvrage sur la « grande classe moyenne indienne » de Pavan K. Varma réside dans la fermeté vindicative du propos : une catilinaire contre l'absence de probité et de générosité de ses membres, occupés par l'accumulation du capital et préoccupés par l'amélioration continue de leur bien-être. Ce groupe social reste sourd à la plainte qui monte des classes défavorisées. Il n'anticipe même pas les risques d'instabilité politique et les menaces économiques, y compris pour la prospérité à venir, que fait peser cette misère largement répandue et sans cesse croissante. De fait, le livre oscille entre l'enquête sociologique intuitive et le pamphlet en forme d'alarme et d'appel au redressement moral des élites indiennes. Difficile de ne pas y souscrire lorsqu'on vit et travaille en Inde. Mais ces salves moralisatrices créent la confusion des genres. Elles altèrent aussi bien les descriptions (au demeurant suggestives) que les données quantitatives (souvent vertigineuses) ; bref, le blâme déporte le propos bien au-delà de l'observation et d'une démarche instruite avec rigueur. Là réside du même coup la faiblesse méthodologique du propos.

L'ouvrage souffre en effet d'un déficit conceptuel majeur concernant la définition de la classe moyenne, qu'elle soit « haute » (*upper*) ou « basse » (*lower*), alors même que c'est là l'« objet » central de l'étude. L'auteur présuppose la continuité de cette classe avec l'élite formée par les Britanniques et sa perpétuation tout au long du XXe siècle, avant et après 1947. Or une telle entité n'existe évidemment pas. Deux portraits et une brève analyse historique le montrent. Premièrement, qu'y a-t-il de commun entre cet « Indien par la couleur et le sang mais anglais par les goûts, les opinions, les mœurs et l'intellect » dont rêvait l'administrateur Thomas Babington Macaulay (en 1835), et ce récent Premier ministre de l'Inde, Haradanahalli Devegowda, qui ne parle que la langue *kannada* et qui s'adressa à la nation en un hindi (« appris » pour l'occasion) depuis le Fort rouge de Delhi, le 15 août 1996, lors du rituel discours annuel d'État inventé quarante-neuf ans plus tôt par le *Pandit* Nehru ? Pourtant, Devegowda est l'un des représentants de cette classe moyenne issu des « basses castes » : il se présente comme le « fils d'un humble fermier » de l'État du Karnataka.

Deuxièmement, à cause du passé colonial, ni une bourgeoisie indigène ni un prolétariat ne se sont développés en Inde. Lesdits « régimes intermédiaires » se sont confondus avec les classes « moyennes-basses » alors prééminentes et en congruence avec les castes urbaines éduquées, au point de ne former bientôt qu'un seul groupe. Cette superposition entre classes et castes nourrit le mouvement d'émancipation sous le *Raj* ; sa cristallisation joua un rôle décisif dans la formation de la nation. Après l'indépendance, la position de ce groupe était telle qu'il réussit à limiter la pénétration du capital étranger tout en régulant le capital indigène. Cet interventionnisme lui permit de préserver sa domination sur la bourgeoisie indienne et étrangère. En raison du développement du vaste « secteur public », sous contrôle gouvernemental, et du « secteur privé », dynamique mais en partie géré par des franchises et supervisé par la bureaucratie, cet amalgame de castes dans une classe moyenne bénéficia d'opportunités d'emplois dans l'appareil d'État et de privilèges dans les nombreux secteurs d'activités qui y étaient liés ; de là des retombées financières frauduleuses. Ainsi, l'alliance entre bureaucrates, politiciens, entrepreneurs, commerçants, juristes et autres professionnels favorisa une corruption à petite et à grande échelle. Ce régime de relation patrons/clients fut orchestré par une alliance de groupes hétérogènes qui formaient équipe pour détourner de manière anarchique les ressources publiques[1].

Au plan cette fois de la méthode, l'oscillation de la « classe » entre une détermination économique, le rapport de production, et une perception idéologique, la représentation de soi, a toujours rendu problématique le statut de cette notion ; et ce au moins depuis l'analyse des luttes de classes en France par Karl Marx dans *Le 18 Brumaire de Napoléon Bonaparte* (1852), où il distinguait sept classes (mais trois dans *Le Capital* et deux dans *Le Manifeste du Parti communiste*). Le problème posé par cette nomenclature savante est d'ailleurs moins celui de son existence – de quelle science souveraine le sociologue pourrait-il s'autoriser pour contester la réalité d'un principe d'identité dans lequel se reconnaissent les agents sociaux ? – que la difficulté à l'appréhender en des termes conceptuels qui préserveraient sa qualité d'ensemble flou ; d'autant que cet ensemble contient l'idée de pouvoir normatif. Non seulement le terme de « classes moyennes » trouve son origine dans une conception à la fois spatiale et structurelle de l'organisation sociale, mais il comprend l'idée de milieu, de mesure, et s'identifie à la valeur de progrès.

On manque en réalité d'une analyse de l'évolution des catégories du débat social en Inde – incluant la notion de classes moyennes –, dont il est clair qu'elles définissent des univers sociaux, culturels et politiques fort différents. Si le représentant de la classe moyenne est le salarié stable, instruit, urbain, vêtu à l'occidentale, alors seuls

1. Cette transformation sociologique sur la longue durée est explicitée par Richard G. Fox, « Urban Class and Communal Consciousness in Colonial Punjab », *op. cit.*, qui s'appuie notamment sur l'économiste Pranab Bardhan, *The Political Economy of Development in India*, Oxford, Basil Blackwell, 1984.

10 % de la population y correspondent ; sur les 350 millions d'actifs, 27 millions d'individus seulement appartiennent au secteur dit « organisé ».

La difficulté que pose cet agrégat nécessite de restituer la genèse sociale de groupes intermédiaires parce que ceux-ci se situent au croisement du prestige, du revenu et du pouvoir. Or ces propriétés à la fois symboliques, économiques, politiques, sociales et psychologiques nourrissent la relation que ces classes entretiennent avec la personne collective que ses membres ont façonnée et qui les a façonnés en retour. Seule la connaissance de la recomposition continue de ces classes formées de castes peut fournir la clef de cette singulière transformation ; elle seule peut expliquer les comportements apparemment les plus irréalistes de leurs membres. À vouloir reconnaître à toute force des classes moyennes au cours des décennies précédant l'indépendance, l'anachronique menace. De fait, la permanence d'un tel groupe semble douteuse. Si on conçoit ce dernier comme une entité dont l'identité se fonde sur le partage d'une idéologie (à la fois libérale et conservatrice), d'aspirations (la mobilité sociale) et d'un mode de vie (la consommation) liés à des types d'occupations, un niveau de revenus, un critère d'éducation, alors il est clair que ces traits caractérisent une catégorie sociologique actuelle : celle des « nouveaux riches ». Cette couche dite « entrepreneuriale » et présumée en voie de mondialisation recouvre des styles de vie et de consommation qui font rêver les décideurs de firmes transnationales en quête de marchés à conquérir pour écouler leurs produits.

La quête de la classe moyenne invite donc à la rétroprojection. C'est à partir du présent, béni ou honni, qu'on reconstitue généralement la morphologie sociale du passé national depuis plus d'un siècle. Mais quel sociologue accepterait d'assimiler les membres de l'aristocratie « persianisée » du Nord et les petits fonctionnaires anglicisés bengalis de la fin du XIXe siècle ? Qui accepterait d'identifier les uns ou les autres avec la grande bourgeoisie industrielle et affairiste du milieu des années 1950 ? Voire de les confondre avec ces castes paysannes intermédiaires qui s'enrichirent en profitant de la « révolution verte » dans les années 1960 ? De tels amalgames empêchent de voir l'ambiguïté et la diversité des rapports qu'entretinrent colonisés et colonisateurs[1] en confondant (dans un même opprobre) l'élite indienne anglicisée et urbanisée – la classe supérieure (*upper class*) – et les classes moyennes. Surtout, l'indifférence aux transformations socio-politiques et aux évolutions nationales occulte la question de savoir comment et depuis quand les Indiens en sont venus à croire qu'ils vivaient dans une société centrée sur les classes moyennes. Soulignons toutefois que l'échec conceptuel traduit moins l'incapacité à catégoriser que la résistance du matériau à la catégorisation. Il y a en effet une continuelle tension entre les forces de division et celles de cohésion au sein de classes moyennes en formation continue. Dans la mesure où ces classes se recomposent à date périodique, leur identité se redéfinit au cours de la lutte que mènent ceux qui s'en réclament ou s'en distinguent pour s'imposer en tant que tels.

Ces exemples montrent la faiblesse du recours à la causalité simpliste selon laquelle les classes moyennes supérieures, dominante dans la société civile, utilisent ou « instrumentalisent » l'État en vue de servir leurs seuls intérêts. Non seulement ce type d'interprétation invite au récit « diabolisant », mais le biais exagérément éthique et psychologique de cette approche suggère l'idée d'une conspiration de

1. Rapports étudiés sur le cas de l'Inde par Ashis Nandy, *The Intimate Enemy : Loss and Recovery of Self Under Colonialism*, Delhi, Oxford University Press, 1983, mais on retiendra surtout l'ouvrage magistral de C. A. Bayly, *Empire and Information. Intelligence Gathering and Social Communication in India, 1780-1870*, Cambridge, Cambridge University Press, 1997.

classe : celle des riches envers les pauvres ou celle des pauvres contre les classes moyennes. Certes, le choix de se représenter comme une minorité en danger – entre insécurité, pour les couches les plus basses, et ressentiment, pour les couches élevées – caractérise le discours des classes moyennes. Mais qui ne voit la pauvreté explicative de l'idée du complot, ce modèle qui hante nombre de théories des systèmes sociaux (mais aussi mondiaux) dès lors que celles-ci recourent à l'entéléchie étatiste (ou impérialiste) ?

De plus, l'attaque frontale contre les « privilégiés » imbus de leurs prérogatives alimente la nostalgie envers la période des dirigeants politiques de haute volée que furent le *Mahatma* Gandhi et le *Pandit* Nehru, puissances morales au service de l'établissement du régime démocratique. Certes, les figures charismatiques de la « grande âme » et du « fin lettré » imposèrent un cadre éthique rigoureux aux comportements sociaux volontiers déviants d'une majorité d'Indiens. Mais l'invocation répétée de l'« ère du consensus Nehru-Gandhi » s'avère une idéalisation rétrospective. C'est un produit de la nostalgie en forme de contre-type face au déclin et à la dégradation morale supposée caractériser cet « âge mauvais » ou *kaliyuga*, autrement dit le présent. Ainsi l'interprétation catastrophique est-elle régulièrement actualisée par certaines catégories d'acteurs pour donner sens aux « crises » que traverse le pays ; souvenons-nous de la tentation apocalyptique des intellectuels bengalis de la classe moyenne « basse » à la fin du XIXe siècle, si bien décrite par Sumit Sarkar. Soulignons surtout que la nostalgie fait litière de trois faits politiques majeurs. La stratégie de la « non-violence » et l'utopie de l'ashram[1] de Gandhi ont désarmé la société civile, et notamment ses acteurs les plus déshérités, en favorisant au bout du compte les intérêts des oligarchies

1. Pour une présentation de ces questions sur la longue durée en Inde, cf. Jackie Assayag, *L'Inde. Désir de nation*, *op. cit.*, chap. 6.

financières et la volonté de puissance des détenteurs du pouvoir aux différents échelons de l'État. L'action politique de Nehru a pour sa part forgé une classe moyenne privilégiée à travers l'organisation du secteur public par l'industrialisation et l'urbanisation. Quelle que fût la lucidité intellectuelle de Nehru, notamment à propos du recrutement de caste (brahmane) et de classe (en termes de « grande bourgeoisie ») du parti du Congrès et de la démocratie indienne, son action politique ne déboucha jamais sur les réformes minimales qui eussent pu améliorer le sort de la grande masse des pauvres. Enfin, la commune idéalisation de l'histoire hindoue par ces deux dirigeants, sous la forme d'un passé identifié à l'âge d'or de la culture indienne pré-islamique, conforta (sans qu'ils le veuillent, bien au contraire) la fabrication de cet hindouisme agressif et chauvin qui a pris l'allure d'un fascisme rampant depuis les années 1980. En dépit de l'aura du gourou renonçant incarné par Gandhi et des idéaux « fabianistes » du libéral-césariste que représenta Nehru, l'immobilisme social s'imposa parce que tous deux étaient soucieux de construire d'abord l'unité de la nation. De fait, les intérêts d'une élite qui ne remit jamais en cause son droit légitime à gouverner et à administrer la machinerie de l'État moderne ne furent à aucun moment menacés. Pour cette raison, les opposants de gauche qualifièrent l'ère « Nehru-Gandhi » de « révolution passive ». La formule, forgée par Antonio Gramsci, désigne le réformisme de nouveaux détenteurs politiques n'ayant ni la volonté ni la force sociale de lancer un assaut décisif contre les classes dominantes.

Histoire et ethos

Divers facteurs expliquent la difficulté d'appréhender cette morphologie sociale singulière. Le premier, déjà évoqué, est le recouvrement historique fréquent entre classe moyenne et castes. Après l'indépendance, par exemple, l'*upper middle class* s'est confondue avec les castes de haut statut – Khatris du Penjab, Pandits du Cachemire et Brahmanes sud-indiens –, puis avec les castes professionnelles traditionnelles ayant un tropisme urbain, comme les Nagars du Goujarat, les Chitpavans, les Chandrasenya Kayastha Prabhus du Maharashtra et les Kayasthas du Nord de l'Inde. Le deuxième facteur tient au double langage utilisé par les classes moyennes en fonction des contextes. Ses membres critiquent avec virulence la corruption tout en bénéficiant largement de ses retombées ; ils louent l'idéal ascétique, mais accumulent les biens et la richesse ; ils vantent les bienfaits de la modernité, mais perpétuent les vues et les pratiques traditionalistes dans la sphère privée. Le troisième facteur relève du « paradoxe éducatif » : l'Inde envoie six fois plus d'étudiants dans les universités et les grandes écoles qu'en Chine alors que la moitié de sa population est illettrée (contre 20 % pour la Chine) ; et, bien qu'elle ait le plus large réservoir mondial de main-d'œuvre qualifiée, elle compte le plus grand nombre d'enfants non scolarisés. La politique de discrimination compensatoire fondée par et pour les classes moyennes, dont une fraction a bel et bien profité, entretient la « valeur de rareté » qu'est l'éducation[1].

Faisant fi de ces paradoxes, des observateurs ont proposé d'étudier la recomposition des classes moyennes en liaison avec leurs seules sources de revenu – de 1 200 à 12 000 roupies[2] par an après l'indépendance[3]. L'objectif

1. Ces arguments sont empruntés à Amartya Sen, respectivement in Jean Drèze et Amartya Sen, *Indian Development. Selected Regional Perspectives*, Delhi, Oxford University Press, 1997, introduction et chap. 7, et dans « Indian Development : Lessons and Non-Lessons », *Daedalus*, 118, 4, 1989, p. 369-392.

2. Le taux de la roupie est approximativement de 2,4 centimes d'euro en 2000.

3. Pour une discussion sur la pertinence de ces seuils, et des problèmes que pose la définition sociologique de la classe moyenne en Inde, cf. S. L. Rao,

était de fixer une typologie des consommateurs pour la période contemporaine : 150 millions qui ont les moyens d'acquérir une majorité de biens durables, 275 millions qui sont en voie d'assimilation lente aux précédents, 50 millions qui y aspirent. Une telle approche définit un groupe social homogène dans ses visées, mais segmenté en termes économiques et sociaux du fait du pouvoir d'achat, qui se situe entre les 6 millions de « très riches » et les 500 millions de « très pauvres ». Ces résultats attestent que les classes moyennes indiennes sont bien les classes moyennes d'un pays pauvre, placées loin derrière celles de la Chine, des pays d'Asie du Sud-Est et des « dragons », aussi bien que de celles de ses cousins lointains du Brésil ou du Mexique. Dès lors, on comprend mieux la désillusion des investisseurs internationaux qui, à la faveur de l'« ouverture économique » imposée par le Fonds monétaire international en 1991, avaient fondu sur le marché indien en se fiant à une consommation estimée en chiffres démographiques absolus de la population abstraction faite de ses composantes sociologiques.

Il faut souligner que, en raison des apories de l'interprétation marxiste des classes en Inde, l'approche courante consiste aujourd'hui à les appréhender par l'indicateur de la consommation plutôt que par la position qu'elles occupent dans les rapports de production. Il est vrai que la généralisation du travail des femmes a rendu difficile une typologie des foyers en termes de classe : le seul critère pertinent de distinction devient alors le niveau de revenu. Cette approche s'avère évidemment liée au récent développement du marché domestique indien et se conforme à celle qui prévaut depuis longtemps en Europe. Nul ne conteste d'ailleurs l'importance croissante que revêt le

« Consumer Markets : Myth and Reality », *Economic and Political Weekly*, XXXIII, 44, 1998, p. 2778-2781.

phénomène de consommation, et l'hétérogénéité de ses expressions dans un monde dont la culture, dite « globale », tend à se confondre avec les biens matériels. De fait, l'expansion des classes moyennes est corroborée par diverses enquêtes récentes[1].

Une autre difficulté provient de l'importance numérique de la paysannerie. Les trois quarts de la population vit en effet des revenus réels ruraux. Or ceux-ci ont augmenté moins vite que ceux des citadins. Le nombre de ménages pauvres (définis comme disposant d'un revenu annuel officiel et parallèle inférieur à 50 000 roupies [environ 1 067 euros]) est resté stable. Sur ces 131 millions de foyers, ceux qui sont assimilables à la classe moyenne selon les normes indiennes (revenu compris entre 1 067 euros et 2 286 euros) ont augmenté de 27,4 % pour toucher 28 millions de foyers. Les 5,9 millions de ménages dont le revenu annuel est supérieur à 2 286 euros a progressé de 62,3 %. Le nombre des ménages les plus riches (plus de 10 823 euros de revenus annuels) s'est accru de 33,8 %. Mieux, les ménages les plus pauvres veulent aussi se procurer des biens durables (bicyclette, montre, fer à repasser électrique, etc.). Leur consommation tend à se rapprocher lentement de celle des citadins, même si cette demande ne peut être satisfaite, par manque de ressources.

Bien que le scepticisme s'accroisse vis-à-vis des explications générales sur les relations entre comportement économique et religion ou valeur éthique, on retiendra un facteur sociologique décisif. Contrairement à l'argument de Louis Dumont (d'inspiration wébérienne) selon lequel la société indienne serait fondamentalement « holiste », ce qui caracté-

1. Cf. *ibid.*, et l'exploitation des données de l'enquête sur la « *middle class in India* » réalisée au Centre for the Studies of Developing Societies (CSDS, Delhi) par D. L. Seth, « Secularization of Caste and Making of New Middle Class », *Economic and Political Weekly*, XXXIV, 34/35, 1999, p. 2502-2510.

rise dorénavant l'hindouisme – la religion de la majorité des classes moyennes – est son individualisme forcené. L'*ethos* égoïste hindou, focalisé sur le soi conçu comme instrument de salut, a fait perdre aux Indiens tout sens de la communauté (contrairement aux fidèles des religions du Livre, soucieux de maintenir les sodalités et les solidarités altruistes). L'hindouisme tend à supprimer tout lien social étranger au prolongement de l'en soi que sont le lignage, la famille et la caste. L'absence d'un livre faisant unanimement autorité, le manque d'organisation ecclésiale et de centre éthique ou de code moral univoque – hormis l'idée que la rectitude du comportement est à la fois pour soi et en soi – confortent l'individualisme. Le relativisme moral règne dorénavant dans le sous-continent. Cet individualisme anarchique explique pourquoi les classes moyennes s'affairent aujourd'hui à poursuivre Lakshmi[1], déesse de la prospérité et de la Fortune. De surcroît, le sport national (plus pratiqué que le cricket) est la fraude fiscale : sur les 150 millions de membres des classes moyennes, seuls 4 millions paieraient des impôts, 2 % des citadins s'en acquittent et 70 % des 150 entreprises les plus importantes du pays ne paient aucune taxe. Quant à la paysannerie, elle est exonérée de l'imposition, tandis que la classe des gros producteurs aisés reçoit des aides sous forme de subventions diverses et d'un contrôle des prix tant à l'achat qu'à la vente.

Ces constats expliquent que l'Union et les États régionaux ne parviennent pas à maîtriser les dépenses courantes ni à améliorer les infrastructures urbaines (sacrifiées par l'investissement public). Que les fractions privilégiées des classes moyennes, bénéficiaires plus que toute autre catégorie, n'aient pas à supporter les conséquences négatives

1. C'est le titre de l'ouvrage de L. I. Rudolph et S. Hoeber Rudolph (*In Pursuit of Lakshmi. The Political Economy of the Indian State*, Bombay, Orient Longman, 1987).

d'un système économique et social peu efficace permet de comprendre leur adhésion à celui-ci, ainsi que leur hostilité à toute réforme. De fait, c'est à l'influence croissante de ces classes qu'est attribué l'échec des tentatives de réduire l'injustice sociale. Le projet de réforme du système des subventions aux administrations afin d'en faire bénéficier les plus pauvres (auxquels elles étaient initialement destinées) n'a jamais abouti ; il avait été impulsé dans les années 1990 par le ministre des Finances. Pis, les classes moyennes exaltent désormais l'*ethos* égocentrique hindou en faisant leur miel du national-hindouisme qui approfondit la tension entre classes sociales ou communautés religieuses.

Classe moyenne et national-hindouisme

C'est désormais une thèse largement partagée en Inde – mais peu d'enquêtes empiriques l'étayent : le discours xénophobe et les pratiques stigmatisantes de l'hindouité se sont développés au sein des classes moyennes à la faveur de leur expansion et de leur enrichissement continu. Si leur soutien est devenu indispensable pour gagner les élections, la radicalisation de ses membres crée des turbulences en menaçant à terme la démocratie. Autre paradoxe : c'est dans un environnement plutôt urbain, bien doté en termes éducatifs et associatifs, que le courant national-hindouiste a trouvé son audience la plus enthousiaste et la plus constante depuis vingt ans. Mieux, depuis 1998, l'influence du parti nationaliste BJP s'est étendue à de nouvelles communautés comme les « autres castes répertoriées » (OBC)[1],

1. Le syntagme (anglais) en usage est *other backward classes*, qu'au sens strict on doit traduire par « autres classes arriérées » ou « retardées ». Mais l'expression est péjorative, alors même que la catégorie a été conçue pour désigner

les « castes répertoriées » et même les « tribus répertoriées » (ST). Les membres de ces dernières sont devenus la cible de campagnes d'éducation afin « d'empêcher les conversions aux religions monothéistes », expliquent les militants. Bref, l'hindouité semble contaminer des fractions de population toujours plus larges[1].

Un régime politique inédit

L'engouement croissant pour le national-hindouisme fragilise les fondations de la démocratie. Encore que cette idéologie a bel et bien ourlé la destinée démocratique plus que cinquantenaire de l'Asie du Sud. C'est dire combien cet imaginaire politique a nourri les pratiques publiques des classes sociales (pas seulement moyennes) du pays. Le modèle de la « révolution démocratique », élaboré par Alexis de Tocqueville (et réinterprété par Claude Lefort), jette quelque lumière sur la dynamique idéologico-politique propre aux classes moyennes[2]. Il faut en effet penser cette réaction nationaliste diffuse mais insistante au sein des classes moyennes dans le cadre de la dissolution graduelle des marques de certitude et d'autorité qui a affecté la solidité des institutions, la crédibilité des dogmes et la

---

des classes handicapées – encore péjoratif ? – socialement à cause du manque d'éducation, de leur pauvreté, occupation professionnelle ou appartenance de caste. On les appelle donc souvent « répertoriées », expression plus neutre, parce que c'est en tant que OBC qu'on les considère et qu'on leur concède des compensations antidiscriminatoires.

1. Oliver Heath, « Anatomy of BJP's Rise to Power. Social, Regional and Political Expansion », *Economic and Political Weekly*, XXXIV, 34/35, 1999, p. 2511-2519.

2. Une tentative est faite dans cette direction par le livre de Thomas Blom Hansen, *The Saffron Wave. Democracy and Hindu Nationalism in Modern India*, Princeton, Princeton University Press, 1999.

naturalité d'un ordre social hiérarchique, le fameux « système des castes » ; cette érosion a connu son acmé dans les années 1970. Avec l'effacement ou la disparition des critères normatifs qui avaient codifié les relations entre groupes sociaux, une nouvelle économie politique des castes est née. Celle-ci donne à voir une stratification sociale à caractère ethnique et concurrentielle dont l'enjeu principal est le partage de ressources limitées[1]. Cette transformation de fond a favorisé les expressions populistes et les mobilisations politiques agressives, sinon xénophobes, inquiétantes aux yeux des démocrates.

On assista dans le même temps à l'émergence d'un personnel politique enté sur le modèle « entrepreneurial amoral » et à l'apparition de dirigeants généralement issus de milieux modestes. Tous recourent à un langage et à des modes d'action aux antipodes de l'idiome utilisé par les chefs historiques de l'Inde sous l'égide du parti du Congrès ; pensons, par exemple, à l'« expérimentation de vérité » (*satyagraha*) en vue de la pacification du soi, de la société et du monde qu'incarnait la « grande âme » Gandhi ; ou encore à l'engagement militant de Nehru, agnostique, progressiste et « sécularisté » convaincu qui voua sa vie au développement social et économique du pays. Il faut néanmoins rappeler que nombre de dirigeants du Congrès utilisaient pour leur part le double langage : slogans non communautaires (en langues véhiculaires) et idiome hindou affiché (dans les langues vernaculaires) ; bref, ils réglaient

1. Pour des développements, on lira Mysore M. N. Srinivas (dir.), *Caste. Its Twentieth Century Avatars*, Delhi, Viking-Penguin Books, 1996 ; C. J. Fuller (dir.), *Caste Today*, Delhi, Oxford University Press ; cf. également les synthèses proposées par Jackie Assayag, « De la caste au "castéisme" ? », in Christophe Jaffrelot (dir.), *L'Inde contemporaine de 1950 à nos jours*, Paris, Fayard, 1996, p. 372-392, et « Caste, démocratie et nationalisme. Les avatars du "castéisme" dans l'Inde contemporaine », *Pouvoirs*, 90, 1999, p. 55-66.

leurs discours en fonction des situations et du moment. L'émergence des nouveaux roturiers démagogues, souvent d'origine paysanne, signa la fin de l'appel vertueux au service de l'État, celui que l'élite politique avait revendiqué avant et juste après l'indépendance (en invoquant parfois le modèle d'« Oxbridge »). Selon leurs porte-parole, généralement issus, eux, des hautes castes, il ne faisait pas de doute que les idéaux traditionnels respectueux des hiérarchies, du devoir et de la pureté, allaient pénétrer l'espace public et le monde des affaires, aussi bien que les couches sociales subalternes, de telle sorte qu'advienne le citoyen national idéal. Mais ce projet de démocratie élitiste, emprunt de paternalisme et aux relents de mission civilisatrice interne au pays, a fait long feu. Un mode à la fois pragmatique et technocratique de gouvernement s'est aujourd'hui imposé par le truchement de collectivités assimilées à des « communautés » ou considérées comme des « groupes de pression ». Cette « plébéisation » progressive du personnel politique a par ailleurs accru le népotisme et la prévarication.

À partir des années 1970, il apparut clairement que l'espace public était contaminé, comme l'était l'ensemble de la bureaucratie et des catégories sociales, de l'éboueur au ministre[1]. Les membres des sections éduquées de la classe moyenne urbaine, ainsi que ceux des hautes castes, ne furent pas les derniers à dénoncer cette corruption généralisée. C'était oublier qu'ils en avaient abondamment

1. Tandis que les journaux se font largement l'écho des « affaires » mettant en cause les politiciens, on sait moins, hors de l'Inde, que les travailleurs du secteur public doivent acheter leurs emplois, y compris les plus vils ; il en coûte ainsi 2 000 roupies à Bombay (en 1999) pour accéder à la fonction d'éboueur. Pour une analyse « par le bas » de la corruption dans le discours villageois, on lira Akhil Gupta, « Blurred Boundaries : the Discourse of Corruption, the Culture of Politics, and the Imagined State », *American Ethnologist*, 22, 2, 1995, p. 375-402.

profité. De là cette méfiance grandissante de la population à l'égard du personnel politique et la crainte subséquente de l'effritement de la légitimité et du pouvoir de l'État. De proche en proche, la suspicion affecte les principes de la démocratie et du sécularisme, ces valeurs sur lesquels repose pourtant la fabrique sociale indienne[1].

Pendant des décennies, la démocratie et le « sécularisme » furent synonymes de protection et d'extension des privilèges sociaux aux segments défavorisés des classes moyennes hindoues, elles-mêmes condescendantes ou méprisantes envers les basses castes et les membres des minorités (chrétienne et musulmane). Mais la prise de conscience du fait que les hindous constituaient l'écrasante majorité de la population les a conduits à penser qu'ils étaient maltraités ou marginalisés par tous ceux qui se refusaient à mettre au premier plan la « communauté » hindoue en tant qu'ethnie, religion ou culture nationale. La fierté d'être hindou, conjuguée avec une haine de plus en plus affichée envers les non-hindous, s'est diffusée dans ces classes moyennes urbaines et éduquées. Il n'y a pas si longtemps, elles étaient considérées comme les piliers de la démocratie et le ferment « sécularíste » de la nation. C'est dans ce contexte réactif que le national-hindouisme est devenu une force essentielle dans le champ politique des années 1980 : son nationalisme intransigeant déversant en continu une rhétorique à la fois populiste, conservatrice et réactionnaire devint la *doxa*. Cette effervescence idéologico-

1. On se reportera au dossier, en forme de bilan, de cette crise que traversent et la démocratie et le sécularisme en Inde : Kausik Basu et Sanjay Subrahmanyam (dir.), *Unravelling the Nation. Sectarian Conflict and India's Secular Identity*, New Delhi, Penguin Books India, 1996 ; cf. également Jackie Assayag, « Spectral Secularism. Religion, Politics and Democracy in India », *op. cit.*

politique se propagea bien au-delà des organisations hindouistes radicales. Le parti du Congrès y avait déjà succombé sous l'impulsion d'Indira puis de Rajiv Gandhi, notamment lors des élections. Le national-hindouisme n'attira pas seulement les couches sociales privilégiées ou les classes moyennes. Il atteignit progressivement les groupes qui se sentaient socialement menacés, telles les franges de populations subalternes en situation de mobilité sociale ou en attente de reconnaissance. Cet ensemble social composite, sinon hétéroclite, communiait dans la rhétorique de l'hindouité que nourrissaient et le ressentiment et la nostalgie ; de là cette revitalisation de l'appellation *Bharatiya* – l'« Indien » en sanscrit. Le sentiment électif d'incarner un peuple à l'origine d'un ordre social transhistorique et idéal acquit force nationale et pouvoir régénérant, en dépit de la diversité sociale du recrutement de ses zélotes. Ainsi, le discours culturel du nationaliste hindou – un imaginaire aux confins de l'ethnie, la religion ou la race – a exprimé une politisation simultanément « par le bas », grâce au travail social dans les quartiers, et « par le haut », à la faveur de la conquête du pouvoir central et de la culture publique indienne.

Comment expliquer qu'un tel discours ait pu traverser le spectre politique : des commerçants aux travailleurs et des rentiers aux tenanciers, des basses classes moyennes à l'élite éduquée ? Comment rendre intelligible le fait que les hautes castes, les classes moyennes et la plèbe se soient reconnues dans un même discours ? Aussi longtemps qu'on en reste à une « logique de classe », il est impossible de répondre à cette question. Seules des formes de « patriotisme » ou certains thèmes et types d'organisations fort anciens comme l'attachement à la terre et la menace de l'étranger, la foi jurée envers des divinités ou des individus d'exception, mais aussi un code éthico-politique et des réseaux de communication sociale[1], ont pu faire se rejoindre différentes sections de la population par-delà ou en deçà des clivages entre classes. La passion chauvine couplée aux intérêts des « néotraditionalistes » a restructuré pour un temps l'opinion et les choix politiques, dorénavant moins liés aux déterminants de classe. Si les communautés sociales et économiques s'étayent sur des forces matérielles, les représentations collectives à l'interface des constructions nationales les gouvernent fréquemment.

La dénommée « révolution des biens de consommation » liée au développement de la publicité et à la multiplication des satellites de télévision provoque, comme chacun sait, le désir. Mais elle entretient aussi la crainte au sein des hautes castes, des classes moyennes et de la plèbe. Car derrière ce désir de consommer se profile la crainte de la pénétration en masse des marchandises du capitalisme exogène et international ; peur qu'exprime l'image du viol de la « Mère Inde » par les étrangers. Alors que ce mode de production, de consommation et de représentation invite au consumérisme enfiévré, nombre d'Indiens considèrent que les normes idéologiques qu'un tel système véhicule sont aux antipodes des valeurs autochtones (renoncement, sagesse, piété, etc.), en somme contraires à l'héritage hindou hissé au rang d'éthique « civilisationnelle ». Quant à l'insertion croissante du pays dans les flux économiques et culturels globaux, elle soulève la question douloureuse de la place

1. Cf. les analyses de C. A. Bayly, *Origin of Nationality in South Asia. Patriotism and Ethical Government in the Making of Modern India*, Delhi, Oxford University Press (1998, chap. 1, 2, 3, 4), concernant le « vieux patriotisme » du XVIIIe siècle qui n'est ni « protonationalisme » – catégorie téléologique – ni « tradition inventée » – notion anachronique –, mais dont le retour périodique s'enracine dans une mémoire à la fois régionale et de la nationalité irréductible à l'importation du modèle occidental ; sur les dimensions interprétatives du nationalisme culturel au cours des XIXe et XXe siècles, cf. Jackie Assayag, *L'Inde. Désir de nation*, *op. cit.*

qu'occupe l'Inde dans le nouvel ordre mondial. Bien que les classes moyennes urbaines soient ravies par le « fétichisme de la marchandise », leurs membres découvrent dans le même temps, non sans frustration, le retard technologique de l'agriculture, de l'industrie, des services, des infrastructures, de ses modes de consommation et de ses styles de vie par simple comparaison (ne serait-ce que sur un écran de télévision) avec les modèles des pays occidentaux ou de leurs plus proches voisins asiatiques : Chine, Asie du Sud-Est, Japon et autres « dragons ». L'enthousiasme que suscite la modernisation du « modèle indien » se mêle d'inquiétudes et de peurs. Cela explique le trouble d'identité que symbolise l'hindouité.

Une nouvelle économie politique

L'économie politique de l'Inde s'est complètement transformée depuis les années 1980. La volonté de ses gouvernements successifs d'insérer le pays dans les échanges mondiaux par l'abaissement des frontières douanières et la modernisation de l'appareil de production a changé la donne. Mais les stratégies dérégulatrices de l'État qui ouvrent sur le monde ont entraîné des turbulences économiques en chaîne. Celles-ci ont manifestement provoqué une « crise de gouvernementalité[1] ». L'une de ses expressions la plus spectaculaire est la montée de l'autoritarisme des élites locales et du pouvoir central. Une autre est le succès croissant du national-hindouisme auprès des classes moyennes, et bien au-delà. La situation apparaît cependant paradoxale : le culturalisme indigéniste revendicatif en appelle volontiers à l'héritage hindou néo-gandhien.

1. Cf. Atul Kohli, *Democracy and Discontent : India Growing Crisis of Governability*, Delhi, Cambridge University Press, 1991.

L'« embourgeoisement » des classes possédantes indiennes[1] a élargi la base sociale des classes moyennes en renforçant leur position sociale. D'une part en milieu rural, grâce à la commercialisation accrue de l'agriculture et à la forme toujours plus capitalistique de la production. D'autre part, dans le secteur secondaire qui a parasité l'État depuis l'indépendance puisque le principal objectif était d'accélérer la croissance et la diversification de l'industrie. L'alliance, déjà scellée dans les années 1920 par le *Mahatma* Gandhi, entre la haute bourgeoisie possédante et les grands propriétaires terriens s'est renouvelée après l'indépendance. Mais ce pacte fut rompu autour des années 1970 pour se dissoudre dans les classes moyennes, à l'idiome et à l'*ethos* plus rustiques. Davantage tournées vers la culture vernaculaire et dispersées dans un plus grand nombre de villes de taille moyenne, ces classes restent segmentées dans leur composition, conflictuelles par nature. Mais elles constituent néanmoins un ensemble (composite) d'individus et de groupes qui accèdent à la consommation de biens et de services plus abondants, diversifiés et de meilleure qualité, y compris au sein des ménages ruraux. Certaines couches éduquées de ces classes sociales réclament d'ailleurs la restructuration des dépenses publiques en faveur de l'éducation, de la santé et des infrastructures, facteurs essentiels pour la promotion de leur style de vie. Bref, les classes moyennes ont redistribué les cartes sociales et politiques dans un sous-continent dont le PIB par habitant est passé à 400 dollars en 1998-1999, pour atteindre 736 dollars en 2005 avec un taux de croissance de 4,4 % en 2003-2004 et de 6 % en 2005.

Cette nouvelle formation sociale résulte de restructura-

1. Cf. Robert W. Stern, *Changing India : Bourgeois Revolution on the Subcontinent*, Cambridge, Cambridge University Press, 1993.

tions économiques successives. Du secteur industriel, dans les années 1955 à 1965, avec un haut niveau d'investissements et de protection de la production nationale de la part du gouvernement central ; du secteur agricole, à partir du milieu des années 1960, pour un temps moteur de la croissance du pays ; de l'énergie et des secteurs pétroliers, dans les années 1970, dont les taux de croissance devinrent vertigineux ; des importations massives au cours des années 1980 (avec Rajiv Gandhi), à la source de résultats industriels impressionnants, notamment dans les secteurs de l'électronique ou de l'automobile. Les biens de consommation (plus ou moins durables) ont accéléré le développement du marché domestique.

Ces phases se sont accompagnées d'un processus de démocratisation (relative). D'une part à cause de l'émergence d'entrepreneurs industriels provinciaux liés à de nouveaux acteurs comme les « Indiens non résidents (NRI) » – fréquemment brocardés comme *not real Indians* par les ultranationalistes – et pouvant servir de relais pour l'implantation de firmes multinationales étrangères. D'autre part sous la pression des groupes de fermiers prospères – appelés « capitalistes à chars à bœufs » – qui ont engrangé les dividendes de la « Révolution verte » et des privilèges et bénéfices issus de la politique des réservations compensatoires ; une même famille a pu participer à l'une et à l'autre de ces dynamiques sociales grâce à son réseau de caste ou de relations et à l'opportunisme « entrepreneurial » de ses membres. Une fois enrichis et devenus propriétaires terriens, nombre d'anciens tenanciers ont investi d'autres secteurs d'activités, notamment les industries de taille moyenne, la construction immobilière de logements, mais aussi de bâtiments comme les hôpitaux ou des écoles que leurs enfants ou cousins gèrent et administrent.

La recomposition de la classe moyenne et de la bourgeoisie indiennes, parfois qualifiée de « proliférante[1] », a favorisé la multiplication des partis régionaux ou l'implantation d'antennes régionales d'un parti ayant une audience nationale. Ce développement fut rendu possible par l'affaissement du parti du Congrès qui fut longtemps presque partout hégémonique. Ces nouveaux partis ont servi de caisse de résonance à l'expression des intérêts locaux propres aux classes moyennes, et aussi de plate-forme à leurs récriminations envers les « hautes castes », la « classe occidentalisée », la « bureaucratie », voire le « centre » ou l'État – ce dernier étant accusé de brader la nation parce qu'il se soumet aux ukases des organismes internationaux ou des puissances étrangères depuis les années 1980. Mais, dès le XIXe siècle, les élites régionales avaient su organiser des canaux de communication efficaces pour faire remonter certaines formes de protestation vers les niveaux supérieurs de bureaucrates ou de politiciens influents. Ces pratiques contribuèrent à donner une nouvelle légitimité à l'État[2]. C'est au diapason de cette capitalisation accélérée du pays que se développa le double lien paradoxal qui caractérise l'idéologie de la modernité. D'une part avec la diffusion d'une vision agreste célébrant l'originelle et harmonieuse rusticité de la Mère Inde (*Bharat*). D'autre part à cause de la fascination d'un nombre toujours plus grand d'Indiens pour le paradis consumériste que rendent emblématique la réus-

1. Cette notion est empruntée à l'article de Prabhat Paitnak, C. P Chandrasekar et Amartya Sen, « The Proliferation of the Bourgeoisie and Economic Policy », in T. V. Sathyamurthy (dir.), *Class Formation and Political Transformation in Post-colonial India*, Delhi, Oxford University Press, 1996, p. 55-79, dans lequel on trouvera des développements sur ces différentes phases de développements économique et démocratique (relatifs).

2. Cf. l'article de Subrat Kumar Mitra, « Room to Maneuver in the Middle. Local Elites, Political Action, and the State in India », *World Politics*, 43, 3, 1991, p. 390-413 ; pour le XIXe siècle, cf. le livre de C. A. Bayly, *Local Roots of Indian Politics : Allahabad, 1880-1920*, Oxford, Oxford University Press, 1975.

site économique des pays asiatiques voisins ou la prospérité insolente des nations occidentales.

L'idéologie et la politique de l'hindouité ont finalement réussi à contrer les anciennes structures locales de l'hégémonie, verticalement liées par le parti du Congrès, qui avait présidé à la transition postcoloniale. Ce succès s'obtint au travers de mobilisations répétées sur des bases locales, régionales ou nationales, mais toujours orchestrées sur une partition hindouiste. Il revient en effet au national-hindouisme d'avoir structuré et réfracté l'imaginaire d'une société de masse propre à un capitalisme en voie de reconfiguration. Ce nationalisme culturel fut alternativement représenté de manière « douce » ou « dure » par divers dirigeants, partis ou organisations politiques, variablement structurés et officialisés. Le mouvement « safran » s'avère donc à la fois l'expression de la mondialisation et la résistance à celle-ci de la part des classes moyennes, la manifestation d'un « principe espérance » indigéniste, dit *swaraj*, qui traverse des couches sociales composites ; ce terme cher à Gandhi, qui signifie « autocontrôle », « indépendance » et « autonomie », a pris depuis les années 1980 une acception fortement national-hindouiste (sur laquelle on reviendra dans le chapitre V).

Comme nombre de nationalismes, ce « principe espérance » s'alimente des bribes d'une tradition réinventée : celle de l'hindouisme propre à l'ancienne hégémonie culturelle d'un groupe autoproclamé dominant, les Brahmanes. Depuis haute époque, cette caste s'est dite dépositaire d'une identité confondue avec une race, une culture, une ethnie, une tradition religieuse et une filiation spirituelle présumée continue. Du moins est-ce l'interprétation d'Indiens qui se reconnaissent aujourd'hui sous l'appellation de *dalits*, terme dont la traduction littérale est « écrasés » (socialement). Comme nombre de nationalismes, ce « principe espérance » procède du sentiment d'une appartenance imaginaire à une société ou à une culture faite de traditions périodiquement revues et corrigées sur fond de contextes mouvants et d'altérité radicale[1]. Car ces hommes et ces femmes savent qu'ils appartiennent à *cette* communauté en définissant les *autres*, c'est-à-dire tous ceux qui n'en sont pas – autrement dit par la xénophobie.

Il reste cependant un paradoxe au cœur de l'entreprise de conversion au national-hindouisme : pour faire majorité, sinon masse, il faut élargir l'acception de l'hindouité et donc ouvrir le recrutement à d'autres castes, y compris basses ou intouchables, ou à d'autres communautés : sikhs ou parsis, voire musulmans ou chrétiens ; bref, agréger ceux qui sont (à divers titres) moins indiens parce que moins hindous que les autres ; ou encore convertir ceux qui ne sont ni l'un ni l'autre. De là ces définitions équivoques de l'hindouité dans les manifestes ou les plates-formes politiques, puisque la catégorie peut dorénavant subsumer les anciens non-hindous, par exemple, afin de forger une coalition ou d'élargir une base électorale. De là aussi les tensions internes entre les nouveaux élus « hindous », d'autant que l'opportunisme et les intérêts partisans invitent aux luttes pour la reconnaissance et à la compétition entre partis politiques, non sans risque de violence.

À terme, la localisation, le contexte et la période infléchissent d'autant plus fréquemment les pratiques que les discours de l'hindouité conquérante font alterner une stratégie double : d'une part, en cherchant à constituer une identité panindienne rassemblant le plus grand nombre (y compris dans les classes moyennes) par le plus petit dénominateur d'intérêt commun, du village à la ville et aux mégapoles ; d'autre part, en succombant à la tentation

1. Benedict R. Anderson, *Imagined Communities*, *op. cit.* ; cf. aussi Eric Hobsbawm et Terence Ranger (dir.), *The Invention of Tradition*, Cambridge, Cambridge University Press, 1983.

autoritaire par le truchement d'appels à la mobilisation et du recours à la violence contre tel ou tel bouc émissaire défini selon les priorités du moment (y compris parmi les classes moyennes). Bref, on n'est guère éloigné du constat établi par Eric Hobsbawm : « Lorsque toutes les autres relations humaines et les valeurs sont en crise [...] la xénophobie semble devenir l'idéologie de masse de cette fin du XXe siècle[1]. »

ÉCHEC OU PARADOXE DE L'INDE ?

Le diagnostic du relatif échec social et économique, éducatif et sanitaire du sous-continent ressort pleinement de l'observation du récent développement rapide de deux « Indes » : l'une aspirant à la mondialisation, constituée d'un dixième de sa population, et l'autre en voie de marginalisation sans retour, soit quelque 45 % selon certaines estimations[2]. Quant au débat en cours sur la libéralisation économique, il a principalement (eu) pour but d'occulter, au moins aux yeux de ses adversaires, la question agraire dans un pays où les trois quarts de la population vit *de*, *dans* et *par* le secteur agricole. Cette réalité terre à terre fut négligée au long de l'histoire contemporaine du sous-continent, en

1. Eric Hobsbawm, « Whose Fault-Line Is It Anyway ? », *New Stateman & Society*, 24 avril 1992, p. 26.

2. Sur les effets de cette « globalisation » sur la société et la nation en Inde, ainsi que sur la situation de l'Inde dans le monde, on se reportera à la série d'articles de Rajni Kothari, « Globalization and Revival of Tradition : Dual Attack on Model of Nation Building », *Economic and Political Weekly*, XXX, 12, 1995, p. 625-633 ; « Under Globalization : Will the Nation State Hold ? », *Economic and Political Weekly*, XXX, 26, 1995, p. 1593-1603 ; « Globalization and the "New World Order" : What Future for the United Nation ? », *Economic and Political Weekly*, XXX, 40, 1995, p. 2513-2517.

dépit des déclarations de bonnes intentions et des promesses répétées.

Mais il faut rappeler qu'un quart des Indiens vivent dans des villes, soit 250 millions de personnes. On estime qu'en 2010 cette population dépassera les 400 millions d'individus, ce qui en fera l'une des plus nombreuses populations urbaines dans le monde. Soulignons l'importance que revêt, dans l'histoire, la « rurbanité » en Inde pour la formation des classes moyennes, y compris de nos jours avec ces 200 nouvelles villes de taille moyenne (de plus de 100 000 habitants) dans lesquelles les membres de ces nouvelles classes sociales revendiquent une culture vernaculaire et un goût pour la politique[1].

L'État indien n'eut jamais de stratégie efficace de développement, hormis celle d'une industrialisation planifiée par une fraction de l'intelligentsia capitaliste urbaine (à partir du *Bombay Plan* en 1944, parrainé par huit industriels, puis relayé par le modèle Nehru-Mahalanobis[2]). Quant à la libéralisation sans projet social national que connaît le pays depuis les années 1980, elle a produit des effets bouleversants[3]. D'abord parce que l'agriculture est également concernée par la « globalisation » (comme on le verra dans le chapitre IV). L'industrialisation et la trans-

1. Cf. Sunil Khilnani, *The Idea of India*, Londres, Hamish Hamilton, 1997, p. 144-147.

2. La littérature sur le sujet est considérable, mais on retiendra l'ouvrage de référence de Sukhamoy Chakravarty, *Development Planning : The Indian Experience*, Delhi, Oxford University Press, 1987, le volume coordonné par Terence J. Byres, *The State and Development Planning in India*, *op. cit.*, et la récente synthèse de Jayati Gosh, « Development Strategy in India : A Political Economy Perspective », in Sugata Bose et Ayesha Jalal (dir.), *Nationalism, Democracy and Development. State and Politics in India*, Delhi, Oxford University Press, 1996, p. 165-183.

3. On pourra s'en faire une idée, chiffrée, à la lecture de l'article de Sumit Roy, « Globalization, Structural Change and Poverty. Some Conceptual and Policy Issues », *Economic and Political Weekly*, XXXII, 33/34, 1997, p. 2117-2135.

formation agroalimentaire de ses produits, sous la pression des firmes multinationales étrangères, se déploient avec la bénédiction des États fédéraux et du centre, indifférents aux réglementations concernant la biosécurité ; cette collusion pose à terme la question de la réduction drastique du nombre de paysans dans un pays où pourtant, répétons-le, ils constituent plus de la moitié de la population. Ensuite parce que la croissance (modérée) augmente les inégalités de trois façons : par le décalage entre les opportunités sociales offertes aux riches et aux pauvres ; par la division entre « Indes », rurale et urbaine ; par les différences de développement entre les régions – déjà fort marquées –, avec le risque d'exacerber les particularismes ethniques ou religieux. Cette évolution sur une ou deux décennies fait une nouvelle fois craindre que ne soit remise en question l'idée d'une identité indienne partagée.

Finalement, l'état des lieux est le résultat d'un paradoxe lié à l'adoption de la charte politique scellée par Jawaharlal Nehru dès juillet 1947 : « De toute évidence, notre objectif est la démocratie et rien d'autre que la démocratie[1]. » Comme si le respect des procédures démocratiques constitutionnelles avait empêché que soient prises les mesures vigoureuses qui s'imposaient pour réduire la pauvreté, l'analphabétisme, les inégalités sociales et entre les sexes, et pour améliorer les conditions sanitaires. Certains ont rétorqué qu'il s'agissait plus de respecter la légitimité du régime politique que de ne pas rompre l'équilibre fragile entre la performance économique et la stabilité sociale. Le paradoxe exprime une volonté politique conservatrice :

1. Extrait des débats à l'Assemblée constituante cité in Christophe Jaffrelot, *La Démocratie en Inde. Religion, caste et politique*, Paris, Fayard, « L'espace du politique », 1998, p. 69 ; sur la question de savoir si l'Inde est devenue « plus » démocratique aujourd'hui, on lira l'article d'Ashutosh Varshney, « Is India Becoming More Democratic ? », *Journal of Asian Studies*, 59, 1, 2000, p. 3-25.

concilier l'accumulation primitive avec la légitimation de l'organisation sociale existante[1].

Un tel dilemme avait été parfaitement vu dès 1949 par le dirigeant des intouchables, le docteur Bhimrao Ramji Ambedkar, qui avait lui-même participé à la rédaction de la Constitution. Selon lui, la viabilité de la démocratie constitutionnelle et parlementaire dépend en réalité de l'exclusion de la communauté politique d'une grande partie de la population, espèces de « métèques » ou d'esclaves. D'où l'idée développée aujourd'hui par les historiens intouchables (dits *dalit*) : l'Inde est une « nation sans nationalisme[2] ». Ce qui pose la question, exprimée de manière contrefactuelle : que serait-il arrivé au régime démocratique s'il avait absorbé la masse des pauvres et des exclus dans la communauté politique ? Certes, la mobilisation créée par la compétition démocratique depuis les années 1970 a permis d'agréger une partie de classes défavorisées (*backward* et *other backward classes*, *scheduled castes* et *other scheduled castes*), qui se sont transformées en groupes de pression dans l'espace public sous la forme d'organisations régionales ou de partis politiques.

Pourtant, depuis les années 1990, la misère s'est accrue. Le niveau de la pauvreté rurale est passé de 35,55 % en 1991 à 42,06 % en 1992 et à 48,6 % dans les années suivantes. Cette croissance de la pauvreté résulte de la forte augmentation des prix alimentaires qui, à la fin de l'année

1. Pour un développement de cette idée, on se reportera à Partha Chatterjee, « Development Planning and the Indian State », in Terence Byres (dir.), *The State and Development Planning in India*, *op. cit.*, qui montre que la planification économique du pays s'est efforcée d'éviter les rigueurs sociales inhérentes à la phase de transition industrielle et qu'elle fut conçue comme un instrument pour résoudre les conflits.

2. C'est la thèse et le titre, inspirés par les travaux d'Ernest Gellner, d'un récent ouvrage de G. Aloysius, *Nation without Nationalism in South Asia*, Delhi, Oxford University Press, 1998.

1995, étaient de 60 % supérieurs à ce qu'ils avaient été en 1991. Certes, les défenseurs des réformes libérales soutiennent que 550 millions d'Indiens viendront se joindre à la classe moyenne en 2025, grâce à un taux de croissance soutenu de 6 à 7 %[1], et qu'au cours d'une même génération on sera ainsi passé de 18 % à 50 % de la population. Mais il ne reste pas moins de 750 millions de personnes qui seront « absolument » pauvres, quel que soit le critère retenu[2].

Ces constats alarmistes sont souvent scotomisés par ceux qui appartiennent aux classes moyennes (ou s'en réclament), lesquelles ont été qualifiées de « néocoloniales ». Non seulement du fait de leur trajectoire historique plus que centenaire, mais également parce que leurs dizaines de millions d'yeux louchent désormais vers les traits caricaturaux de la consommation de masse occidentale. Le plus curieux, vu d'ailleurs, c'est qu'elles s'y appliquent en nourrissant le national-hindouisme – chauvin et xénophobe. Le cocktail safran qui enivre les classes moyennes empoisonne simultanément le corps de l'Inde.

Cette conclusion crépusculaire invite toutefois à la pétition de principe. Elle conforte le consensus sur le rôle décisif que les classes moyennes auraient joué avant et après le rendez-vous que le peuple a eu avec le destin, pour reprendre la formule de Nehru. Mais cela revient à passer outre le manque de données empiriques permettant de mesurer sa grandeur et ses phases de recomposition. Force est pourtant de constater que nul ne peut se dérober, sur ce plan, au jugement éthique. L'Inde fut bel et bien le théâtre d'une éclipse de la démocratie et de la justice,

1. Le « taux de croissance hindou » a été d'environ 3 % par an depuis l'indépendance jusqu'à 1990-1991.

2. L'argument est développé dans l'enquête et l'étude conduite en 1991-1992 par Tendulkar et Jain (non publiée), p. 192-193.

encore récemment entre 1998 et 2004. Puissent donc ces réflexions inscrites dans le courant critique « contre la vie mutilée », auquel la pensée sociale doit son pessimisme théorique et son optimisme de la volonté, susciter des enquêtes afin d'évaluer *de facto* la forfaiture des classes moyennes. *Minima moralia*[1].

1. La première expression est le sous-titre de l'ouvrage de Theodor W. Adorno *Minima moralia. Réflexions sur la vie mutilée*, Paris, Payot, « Critique de la politique », 1980 (1re éd. all. 1951), la seconde une formule célèbre d'Antonio Gramsci.

CHAPITRE IV

Agriculture : les semences de la colère

INDE DU SUD

Vous êtes dans le village de Siddeshvara, dans le sud de l'Inde, en 1997. L'agglomération compte quelque 600 foyers et abrite approximativement 4 000 habitants. Ses maisons serrées, faites d'un mélange de chaumes, de pierres et de mortier, sont reliées entre elles par des ruelles qui, en période de mousson, se remplissent d'eau, de déchets, d'*excreta* et de bouses de vache. Le temple de Siddeshvara surplombe les habitations. Une nouvelle effigie en pied du dieu Basava, récemment installée par les membres de la caste dominante des Lingayats-Virashaivas, marque l'entrée du village. Le climat est sec, il n'y a que peu ou pas d'irrigation, les récoltes sont décevantes, le gouvernement local inefficace et l'appareil d'État semble indifférent.

Shivaraj Mainalle vivait à Siddeshvara, dans l'État du Karnataka. C'était un homme d'une quarantaine d'années, le père de cinq enfants dont le plus jeune était en sixième. Il possédait 1,28 hectare de terre et cultivait en faire-valoir indirect 3,6 hectares. Les deux dernières années, il perdit toutes ses récoltes à cause de vers parasites et des fluctuations météorologiques. À la fin de 1997, sa dette envers la coopérative bancaire locale s'élevait à 24 000 roupies et il en devait 80 000 à un prêteur d'argent privé résidant au village. Le seul achat de pesticides lui avait coûté plus de 20 000 roupies. Malgré cette période de détresse, son usurier lui réclama son dû. Shivaraj Mainalle se suicida en décembre 1997. Il but une variété bien connue de pesticide – *endosulphina*, d'ailleurs interdite dans les pays occidentaux – dont le refrain publicitaire est celui-ci : « Ami des amis, ennemi des ennemis » ! Entre 1996 et 2000, on a recensé plus de 2 000 suicides de ce type pour le seul État du Karnataka[1].

PARIS, L'EUROPE ET LE MONDE

Vous êtes au pied de la tour Eiffel, à Paris, le 5 juin 1999 au matin. Cinq cents membres d'organisations paysannes, la plupart venus des États régionaux indiens du Karnataka et de l'Uttar Pradesh, manifestent au sein de la

1. Sur cette question des suicides, on renvoie aux articles de Shameen Parthasarathy, « Suicides of Cotton Farmers in Andhra Pradesh : An Exploratory Story », *Economic and Political Weekly*, XXXIII, 13, 26 mars 1998, p. 720-726 ; Muzaffar Assadi, « Farmers'Suicides : Signs of Detress in Rural Economy », *Economic and Political Weekly*, XXXIII, 14, 4 avril 1998, p. 747-748 ; E. Revathi, « Farmers'Suicides : Missing Issues », *Economic and Political Weekly*, XXXIII, 20, 16 mai 1998, p. 1207 ; Shambu C. Prasad, « Suicides Deaths and Quality of Indian Cotton. Perspective from History and Khadi Movement », *Economic and Political Weekly*, XXXIV, 30, 5 janvier 1999, p. PE-12-PE-29 ; A. R. Vasavi, « Agrairian Distress in Bidar. Market, State and Suicides », *Economic and Political Weekly*, XXXIV, 32, 7 août 1999, p. 2263-2268 ; Parvathi Menon, « A Farm Crisis and Suicides », *Frontline*, 27 avril 2001, p. 21-24 ; R. S. Deshpande, « Suicide by Farmers in Karnataka. Agrarian Distress and Possible Alleviatory Steps », *Economic and Political Weekly*, XXXVII, 26, 29 juin 2002, p. 2601-2610 ; Shiv Visvanathan et Chandrika Parmar, « A Biotechnology Story. Notes from India », *Economic and Political Weekly*, XXXVII, 27, 6 juillet 2002, p. 2714-2724.

« Caravane intercontinentale » contre les cultures génétiquement modifiées (ou OGM) et l'un des types de semences hybrides dites « *terminators* » parce que stériles[1]. Il s'agit de dénoncer également l'impérialisme américain et l'agriculture productiviste, l'endettement des pays du Sud et le système financier international ; en bref : la mondialisation. Durant ce week-end encadré par les militants des puissances agricoles invitantes, les agriculteurs conduisent la protestation, étendue cette fois à la question du droit des brevets, à Cologne, devant le G8. La manifestation poursuivra sa route jusqu'à Genève, contre l'Organisation mondiale du commerce (OMC) et devant les bureaux des firmes transnationales Novartis et Nestlé, ainsi que le siège de la Banque suisse. En France – à Rennes, Montpellier, Aix-en-Provence, Lyon, Chaumont, Besançon –, le rallye est organisé au premier chef par la Confédération paysanne, dont le dirigeant est le néoruraliste José Bové. Cette Caravane intercontinentale fut constituée en réaction à l'Accord général sur les tarifs et le commerce (GATT) conclu lors de l'*Uruguay Round*, en 1994. Durant cette réunion, l'OMC fut créée sous la houlette du G7. L'Inde prit alors l'engagement d'ouvrir ses frontières au marché alimentaire mondial avant 2003.

Souvent moquée au titre de « *World Tyrannic Organisation* » (WTO), l'OMC est aujourd'hui rendue responsable en Inde de la crise agricole. Et beaucoup considèrent que les milliers de suicides d'agriculteurs sont la conséquence de la mondialisation ; ils en illustrent le « coût » ou les « ratés ». Une majorité de médias, tant nationaux

1. En mars 1998, le département de l'Agriculture des États-Unis et l'entreprise Delta and Pine Land annoncèrent et brevetèrent une nouvelle biotechnologie euphémiquement appelée « Control of Plant Gene Expression ». Le nouveau brevet permettait à ses propriétaires de créer des semences stériles par la programmation sélective de l'ADN des plantes afin d'éliminer leurs propres embryons.

qu'étrangers, relaient d'ailleurs le diagnostic. Or, au vu du caractère structurel des inégalités agraires de caste, de classe, de faction, de région et entre sexes dans le sous-continent, cette affirmation ne tient pas. Et ce alors que l'ouverture au marché mondial (depuis 1980) et l'installation du « programme d'ajustement structurel » (en 1991) ont bien entraîné une restructuration supposée mettre fin au développement « statocentré » et « dirigiste » imposé au pays par Jawarhalal Nehru depuis les années 1950.

La mondialisation est devenue un cliché de l'époque – le *Zeitgeist* –, en Asie du Sud comme partout ailleurs (et le faire remarquer est également devenu un cliché). La notion, confuse et expansive, n'a pourtant pas le pouvoir explicatif qu'on lui prête. Son emploi est pléthorique et, la plupart du temps, métaphorique. Cette catégorie est d'autant plus mal définie qu'on l'appréhende d'emblée, on l'a vu, comme « fait social total ». La mondialisation invite effectivement à la bulle spéculative. Il importe donc à l'anthropologue de la faire exploser et à l'anthropologie d'adopter une stratégie désinflationniste à son égard. C'est à cette fin que s'emploie cette enquête, conduite au Karnataka de 1999 à 2001. L'investigation ne prétend toutefois pas approfondir la question agraire et la condition paysanne au sens strict. Elle cherche plutôt à étudier les représentations sociales des biotechnologies, ainsi que leur circulation à travers les pratiques : comment la mondialisation de l'agrochimie est-elle perçue, consommée, débattue et combattue par une multiplicité d'acteurs sociaux dans le sous-continent et bien au-delà ? En s'attachant aux dimensions culturelles, sociales, politico-économiques mais aussi sociodramatiques de la mondialisation, la démarche veut éclaircir trois questions : la transformation des cosmologies paysannes ; la nature des turbulences qui affectent aussi bien l'espace public que la société civile ; la crise d'autorité que traverse l'État-nation en régime démocratique. L'objectif est d'éclairer le travail de l'imagination sociale à partir d'une Inde désormais largement ouverte (mais qui ne fut d'ailleurs jamais isolat ni civilisation).

L'approche, inscrite dans une multiplicité de lieux – Asie du Sud, Europe, États-Unis –, se veut à la fois événementielle, réticulaire et multiscalaire. Événementielle, parce que les instruments des sciences sociales s'appliquent au monde contemporain indien à travers des faits discordants récents et des processus émergents appréhendés « par le haut » ou « par le bas », mais aussi de côté ou à rebrousse-poil. Réticulaire, dans la mesure où la dynamique des « réseaux » l'emporte sur la logique d'une culture indûment assimilée à un îlot ou un « ghetto ». Multiscalaire, enfin, parce que l'emploi d'échelles variées (pour l'étude de la « globalisation », du « globalisme », de la « globalité » ou du « glocalisé »[1]) fait découvrir un large spectre de pratiques et de discours, une palette d'émotions politiques allant de l'anxiété à la peur et du désir à l'utopie, puisque les représentations collectives prennent l'allure d'une guerre entre fictions, visions ou cosmologies. Parce qu'il y a une intrication étroite, voire inextricable, de l'idéologie et des circonstances, ce jeu d'échelles éclaire la fabrique du consensus et de la dissension, les effets de l'acculturation et de l'hybridation, ainsi que les dispositifs de collaboration ou de résistance, voire du malentendu et

1. Ces distinctions sont posées par Ulrich Beck, *What is Globalization ?*, Cambridge-Oxford, Polity Press, 2000, p. 9-11. Le « globalisme » est l'idéologie libérale du marché mondial et de sa domination sur les sphères politique, sociale et culturelle ; la « globalité » siginifie que nous vivons depuis longtemps dans une société mondiale, mais qu'elle ne connaît plus aujourd'hui les cloisonnements spatiaux tant elle est dépourvue de principe d'unité ou de cohésion ; la « globalisation », enfin, est un processus qui voit les États-nations souverains minés dans leurs prérogatives, ignorés et traversés par des organisations multinationales poursuivant des stratégies propres à partir d'identités spécifiques.

de l'indifférence. Passer outre l'opposition entre « local » et « global » en chaussant des lunettes à plusieurs focales évite d'araser les niveaux d'interprétation et de signification qui forment un *continuum* entre ces deux pôles.

L'AGRICULTURE DANS LE SOUS-CONTINENT

L'agriculture est une composante essentielle de l'économie indienne, pour deux raisons : elle représente plus du quart du produit intérieur brut (PIB) ; elle emploie presque les deux tiers de la population active, soit 600 millions de personnes (un exploitant sur quatre dans le monde est Indien). C'est le secteur qui emploie la plus grande force de travail, plus que l'industrie ou les services. Soulignons toutefois que plus de 80 % des terres consistent en de petites propriétés (de moins de deux hectares) : l'Inde compte plus de 100 millions d'exploitations agricoles…

Brossons le portrait de l'agriculteur indien moyen. Celui-ci possède entre 1,5 et 2,6 hectares de terre et chaque demi-hectare lui rapporte environ 5 000 roupies annuellement, voire 10 000 s'il s'agit vraiment d'une bonne année. Même lorsqu'on adopte le chiffre le plus haut, on constate que le moindre vendeur d'échoppe, sinon le mendiant de Bombay gagne davantage d'argent (mais, en fait, la différence est moins forte à cause du coût de la vie dans la mégapole). Lorsque les riches hommes d'affaires et les décideurs politiques rappellent le besoin pressant de taxer les revenus agricoles, on doit garder à l'esprit le fait qu'en réalité très peu d'exploitants gagnent suffisamment pour entrer dans les catégories imposables. S'il y a effectivement beaucoup de subventions concernant les engrais chimiques, l'électricité et l'eau pour l'irrigation, nombre de zones rurales manquent de ressources électriques et hydrauliques. Et près de 40 % des villages sont directement raccordés au réseau routier. Pour être sommaire, l'état des lieux donne cependant une idée de l'ampleur du chantier.

La « révolution verte » des années 1970, avec l'emploi coordonné de semences à haut rendement, d'engrais chimiques, de pesticides et de l'irrigation, a transformé l'Inde de plus grand importateur de grains alimentaires en pays d'autosuffisance céréalière, certaines vastes régions devenant de véritables zones d'industrie agricole (notamment en blé et en riz ou « or blanc »). Reste toutefois un paradoxe : tandis que 500 millions de personnes sont mal nourries et un nombre encore plus grand vulnérables à l'insécurité alimentaire, 63 millions de tonnes de grains (en septembre 2001) dorment dans les silos du gouvernement. Ces stocks sont suffisants pour procurer 70 kilos par personne – soit la moitié des besoins annuels de céréales pour un individu – à plus de 600 millions d'habitants.

Sous l'égide du Fonds monétaire international (FMI) et de la Banque mondiale (BM), le gouvernement indien a impulsé, en 1991, une « politique d'ajustement structurel ». L'objectif général était l'ouverture de l'économie, jusqu'alors protectionniste, au marché mondial[1]. Son dossier agricole comporte plusieurs volets : le démantèlement du système étatique de fixation des prix ; la suppression

1. On retiendra, parmi une bibliographie immense, les deux ouvrages collectifs en français présentant un bilan (provisoire) ; le premier coordonné par Frédéric Landy, « La libéralisation économique en Inde : Inflexion ou rupture ? », *Revue Tiers Monde*, 165, 2001 ; le second par Frédéric Landy et Basudeb Chaudury (dir.), *De la mondialisation au développement local en Inde. Question d'échelles*, Paris, CNRS Éditions, 2002. Cf. également Pamela Shumer-Smith, *India. Globalization and Change*, Londres, Arnold-Oxford University Press, 2000.

des subventions sur les intrants ; la libéralisation du commerce des produits de base ; l'abolition du système de gestion alimentaire et l'assèchement des coûts correspondants ; enfin, l'application du système public de distribution de produits alimentaires subventionnés aux seuls pauvres. Toutes ces mesures devaient accroître les échanges avec l'étranger et ceux-ci sont désormais régulés par le niveau des tarifs douaniers.

Les agriculteurs ont été plus ou moins affectés par les changements des règles domestiques imposées par l'OMC, notamment la libéralisation des prix des produits agricoles et des intrants. D'autant que ce fut sur fond d'accroissement des coûts et des risques, à proportion de la réduction des soutiens publics. Certes, la *Food Corporation of India* (FCI) augmente régulièrement les prix agricoles planchers. Mais ces dernières années, avec l'ouverture du secteur au commerce international, la FCI fut peu motivée pour acheter des céréales. En bref, l'incertitude augmente. Les agriculteurs étant peu accoutumés aux variations des prix sur les marchés mondiaux et s'accommodant assez mal des nouveaux aléas, ceux qui tirent leur épingle du jeu ne sont pas légion. Et beaucoup sont incapables d'honorer les obligations contractées durant les « belles années » lorsque les prix étaient au plus haut. Pour bon nombre d'observateurs locaux, c'est plutôt dans la stagnation des investissements publics et l'accent mis sur les mécanismes de prix visant à satisfaire les intérêts de puissants lobbies agricoles qu'il faut chercher l'origine de cette crise ; la négligence de l'État indien envers la majorité de ses agriculteurs explique plus sûrement la permanence de la pauvreté rurale en Inde.

La cosmologie agrocapitaliste des semences

Monsanto ou « Mon Satan » ?

« Se préoccuper de la famine qui guette les futures générations ne les nourrira pas. Les aliments biotechnologiques, eux, le feront. La population mondiale croît rapidement, ajoutant au globe l'équivalent d'une Chine tous les dix ans. Pour nourrir ces milliards de bouches supplémentaires, nous essayons d'étendre nos cultures ou d'intensifier la production des récoltes à partir des cultures existantes. Avec le doublement de la population de la planète en 2030, cette dépendance à la terre va devenir encore plus forte. L'érosion du sol et la diminution des minéraux vont épuiser les terres. Les régions forestières seront transformées en cultures. Les engrais, les insecticides et les herbicides vont globalement augmenter. À Monsanto, nous pensons maintenant que l'alimentation biotechnologique est la meilleure solution. »

Telle est la profession de foi extraite d'une campagne publicitaire qui a coûté quelque 1,6 milliard de dollars au géant semencier Monsanto. Au moyen de sa technologie de cultures génétiquement modifiées (GM), l'entreprise transnationale prétend travailler à la satisfaction de l'intérêt de « tous les agriculteurs sur tous les continents »[1]. Acquisition, « joint-ventures » et fusions en ont fait « la firme de

1. Sur la stratégie de cette firme, on lira Brian Tokar, « Monsanto : l'arrogance d'une transnationale », in Edward Goldsmith et Jerry Mander (dir.), *Le Procès de la mondialisation*, Paris, Fayard, 2002, p. 165-187 ; Agnès Sinaï, « Comment Monsanto vend les OGM », *Le Monde diplomatique*, juillet 2001, p. 14-15 ; J.-P. Berlan et Richard Lewontin, « La menace du complexe génético-industriel », *Le Monde diplomatique*, décembre 1998, p. 15-16 ; V. Shiva *et al.*, « Globalization and Threat to Seed Security. Case of Trangenic Cotton Trials in India », *Economic and Political Weekly*, XXXIV, 4 mars 1999, p. 601-613.

semences mondiale », sachant que ces cultures nouvelles ne prospèrent qu'avec l'emploi simultané des engrais et pesticides portant son logo. « Nous voulons consolider la chaîne alimentaire tout entière », déclarait l'un de ses directeurs de la communication lors d'une réunion de presse en 2000.

C'est pour la somme de 1,4 milliard de dollars que Monsanto a acheté l'entreprise Cargill International afin de développer son activité semencière en Europe, en Asie et en Afrique, en Amérique centrale et latine. Monsanto, avec sa filiale *American Home Products Corporation*, est l'une des plus grandes entreprises (de recherche) de produits pharmaceutiques et de santé dans le monde. Elle est l'une des firmes les mieux placées et assurément la plus dynamique dans la production de vaccins, de biotechnologies et des produits agricoles, mais également pour les soins destinés aux animaux. Le regroupement de ces activités l'a transformée en une toute-puissante industrie agrochimique et des « sciences du vivant ».

La mobilisation à la fois locale et internationale contre la mondialisation s'est évidemment forgée en réaction à la restructuration périodique de telles firmes transnationales. De fait, un petit nombre d'entre elles dominent aujourd'hui le secteur agrochimique mondial ; cinq contrôlent le commerce de grains global. Les dix premières firmes productrices de semences représentent un tiers des 23 milliards de dollars de ce commerce, et presque 100 % du marché des semences transgéniques. Les mêmes comptent pour plus de 20 % des 30 milliards de dollars de celui des pesticides, ce qui équivaut à 44 % des ventes totales. Enfin, ces dix premières firmes détiennent 61 % du marché vétérinaire, évalué, lui, à 16 milliards de dollars (selon les chiffres de l'année 2000).

L'implantation de Monsanto en Inde remonte aux années 1970. La firme a commencé par produire des herbicides, comme « Machete » et surtout « Round up », le célèbre « herbicide total » auquel plusieurs variétés de colza, de maïs et de coton résistent après avoir été génétiquement modifiés. Mais, après sa conversion à l'ingénierie génétique et la montée en puissance de sa production semencière – sous le slogan visionnaire : « Nourriture, santé, espoir » –, Monsanto est devenue l'acteur le plus puissant de l'agriculture indienne, depuis les hormones de croissance pour le bétail jusqu'aux procédés d'irrigation. La firme est maintenant présente sur le marché indien avec les semences (GM) de coton, de blé, de maïs, de tournesol et de riz, ainsi qu'avec les fruits et les légumes.

Le sous-continent est pour Monsanto une terre d'expérimentation. Ses ambitions pour la région sont à proportion du milliard et demi d'habitants et plus. Outre l'achat du centre de recherche d'ingénierie génétique de pointe du pays pour 20 millions de dollars, la firme en a dépensé environ 4 pour l'acquisition de quelques-unes des principales entreprises de semences, celles qui lui fournissent un accès au marché indien ; notamment l'indien Mahyco et le géant américain Cargill (déjà mentionné), détenant lui-même Rallis, l'un des plus gros fournisseurs indiens de grains alimentaires.

Semences de l'espoir ou du désespoir ?

En 1998, Monsanto a absorbé Delta et Pine Company – la plus grande firme de semences de coton dans le monde – pour 1,8 milliard de dollars. Elle a mis au point avec celle-ci, et en collaboration avec le départment américain de l'Agriculture, la technologie dite « *terminator* », déjà mentionnée, qui permet de créer des « semences stériles » ; les droits de brevets pour ce type de semence s'appliquent déjà à soixante-dix-huit pays dans le monde ! L'objectif est d'introduire cette technique dans toutes les semences produites à partir des laboratoires indiens. En sorte que les agriculteurs ne pourront plus utiliser les semences de la récolte antérieure : ils dépendront complètement des firmes semencières, alors en situation de monopole. (Rappelons que c'est déjà le cas pour toutes les semences hybrides. Mais il n'y a pas de blé hybride commercialisé dans le monde, et le riz hybride existe encore peu en Inde, à la différence de la Chine et au contraire des hybrides de légumes.)

Pour convaincre des bienfaits de ses semences et conquérir le marché agricole indien, Monsanto a orchestré une vaste « campagne d'information ». Des « camions-vidéo » ont sillonné les régions concernées afin d'organiser des projections de films documentaires (mais aussi de fiction) dans les villages : moyen de populariser le label des semences hybrides auprès des agriculteurs. La firme a formé dans le même temps des centaines d'« assistants de terrain » (*kshetra utsav*), tous localement recrutés, afin qu'ils donnent des explications, fassent des démonstrations, conseillent et vantent les avantages comparatifs des nouvelles semences. L'objectif est de faire signer aux paysans les « contrats de fidélité » avec Monsanto pour leur approvisionnement annuel en produits biochimiques. En complément, des enquêtes statistiques financées par la firme et conduites auprès d'un échantillon de 1 100 paysans prouvèrent le désir qu'avaient ces derniers d'utiliser les « semences hybrides » : 92 % d'entre eux se déclaraient favorables à l'emploi des plantes biotechnologiques, sans réserve aucune.

Mais des militants anti-OGM locaux menèrent une contre-enquête en mettant au jour les biais du protocole de sondage : l'enquête avait été menée en zones d'agro-écologie privilégiées et auprès des seuls paysans riches. De plus, les expressions « biotechnologies » ou « cultures génétiquement modifiées » ne furent jamais traduites dans les langues vernaculaires : les explications recoururent à la métaphore de la filiation (des grands-parents aux parents, puis aux enfants) pour illustrer que le nouveau riz basmati, par exemple, transmettait semblablement ses qualités : saveur, odeur, couleur, fiabilité, robustesse, de génération en génération…

La firme patronna également des manifestations sportives ou des fêtes religieuses. Les images des dieux et de nombre de saints indiens furent recyclées pour les besoins publicitaires auprès des paysans, la plupart du temps illettrés. Des brochures et des tracts furent traduits et lus à haute voix dans les diverses langues régionales. Dans le Sud, la figure de la déesse – symbole de fécondité et de prospérité – servit d'illustration aux sachets de semences génétiquement modifiées. Au Pendjab, les conditionnements de grains utilisèrent les effigies du gourou Nanak, le fondateur de la religion sikh. Il n'est pas jusqu'au nom de Brahma, le Créateur suprême, qui ne prêtât son nom à un type de semence hybride. Lorsque le dirigeant paysan Nanjundaswamy (dont nous allons reparler) lança ses « brigades en colère » contre les champs d'expérimentation de Monsanto, il invoqua ce précédent : l'opération de commando fut baptisée « Shiva », le nom du dieu destructeur des mondes dans l'hindouisme !

Monsanto a périodiquement mobilisé nombre d'experts et de scientifiques, par ailleurs fréquemment liés à des laboratoires financés en partie ou en totalité par la firme. Leurs compétences agronomiques, écologiques et biotechnologiques crédibilisaient l'utopie agroalimentaire en marche. La mythologie vint là aussi conforter la science, *via* la presse et les médias qui s'en firent largement l'écho : les « dieux sages », puissants, vertueux, incarnés par les actuels savants de l'agrochimie, s'opposaient aux « démons, ignorants et archaïques », garrottés à leurs superstitions. Les démons, ce sont les villageois incapables de saisir la différence entre semences hybrides et « *terminators* », mais aussi les militants vandales qui incendient les champs d'expérimentation d'OGM. Tous font obstacle au progrès des technologies, garantie du paradis alimentaire sur terre. Ce message fut transmis par l'Institut indien des sciences (ISS), par le truchement de sommités scientifiques et d'experts divers, au cours d'un séminaire sur « les plantes transgéniques » que cette prestigieuse institution a organisé à Bangalore en décembre 1999. Le ministre en chef de l'État du Karnataka et ancien Premier ministre de l'Inde Deve Gowda – connu pour sa défense d'une agriculture « biotech » pour le sous-continent – présidait la séance. Des journalistes rappelèrent que celui-ci avait été auparavant invité (avec sa famille élargie) aux États-Unis pour un « séjour d'études » cofinancé par des firmes américaines…

LES AGRICULTEURS CONTRE LA MONDIALISATION

Leaders et syndicats paysans

Ma première rencontre avec M. D. Najundaswamy, le charismatique président de l'Association des agriculteurs de l'État du Karnataka (KRRS)[1], date du 27 novembre

1. Pour une présentation à la fois sociologique et historique du Karnataka Rajya Raitha Sangha (KRRS), mais aussi du Shetkari Sangathana (SS) au Maharashtra et le Bharakta Kisan Union (BKU) en Andhra Pradesh, cf. Muzaffar Assadi, *Peasant Movement in Karnataka, 1980-1994*, Delhi, Shipra, 1997. Sur la personnalité et les prises de position de M. D. Nanjundaswamy dans les articles de Stigtoft Madsen, « The View from Vevey », *Economic and Political Weekly*, XXXVI, 39, 2001, p. 3733-3742, et de D. R. Nagaraj, « Anxious Hindu and Angry Farmer : Note on the Culture and Politics of Two Responses to Globalization in India », in Luiz E. Soares (dir.), *Cultural Pluralism, Identity, and Globalization*, Rio de Janeiro, UNESCO, 1996, p. 271-293.

1998. Elle eut lieu dans son pavillon, transformé en bureau, sis dans le quartier de Vijayanagar, à Bangalore. Juriste formé aux Pays-Bas dans les années 1960, c'est en 1989 qu'il prit la direction de ce puissant syndicat agraire constitué en octobre 1980 dans la ville de Shimoga ; le « Professeur » était alors membre du Parlement régional. Depuis lors, sa vie se confond avec la défense des paysans, la « Mère de la nation », selon sa propre expression. Les cibles de son combat sont les « *multinational corporations* », responsables de l'agriculture productiviste qu'il voue aux gémonies. Son idéal est une agriculture soucieuse du respect de l'environnement qu'il serait possible d'atteindre par l'« autogestion rurale » et la décentralisation des politiques agricoles.

Au début des années 1990, il a mené campagne pour la préservation de la biodiversité et lutté contre l'extension du brevetage agricole propre aux pays du Sud[1]. Durant la dernière décennie, il a organisé moult manifestations de masse contre le GATT (aujourd'hui l'OMC) et la politique agricole du gouvernement indien, qui en serait devenue l'« instrument ». En 1994, il a rassemblé 6 000 exploitants agricoles pour rire toute la journée devant le Parlement du Karnataka ! Selon lui, certaines décisions agricoles avaient « subverti la démocratie ». La semaine suivante, le gouvernement régional « tombait ». Outre les attaques de commandos contre les semenciers agroalimentaires et les firmes de restauration internationales (Kentucky Fried Chicken, Pepsico, Pizza Hut, etc.), il s'est illustré contre la tenue à Bangalore du concours de beauté de Miss Monde (cf. chapitre II). « Lutter contre la perversion de la culture indienne est ma mission », aime-t-il répéter.

1. Cf. Muzaffar Assadi, « Dunkelism and Peasant Protest in Karnataka : A View from Within », *Social Action*, 45, p. 191-205, 1995.

La Caravane intercontinentale que nous évoquions en commençant est son enfant. Elle fut constituée à l'occasion d'une invitation à une réunion de l'Organisation pour l'alimentation et l'agriculture (FAO) à Rome en 1996. L'année suivante, il cofondait avec Sergio Hernandez l'Action des peuples du monde (WPA), un réseau « antimondialisation » qui regroupe le Front national zapatiste de libération (Mexico), la Centrale sandiniste (Nicaragua), le Mouvement des sans-terre brésiliens, les militants paysans maoris de Nouvelle-Zélande et des associations écologistes de l'ancienne Union soviétique. L'Action des peuples du monde est également liée à la Via Campesina, une fédération de plus de 200 organisations de paysans implantées dans une soixantaine de pays ; elle avait été conçue en 1993. Défendant la souveraineté alimentaire de tous les pays du Sud, ce réseau lutte contre la « conspiration néolibérale » et les « effets néfastes de la mondialisation dans les zones rurales ». Nanjundaswamy milite aujourd'hui contre la « bio-piraterie occidentale et toutes les formes de (re)colonisation de l'Inde et des pays du Sud ».

Selon lui, les pays occidentaux sont inspirés par l'esprit du capitalisme (*chaitanya poorna bandavala*). Ainsi préservent-ils leur propre société de classes par les moyens de l'impérialisme : exportant leurs technologies, facturant à prix élevés les biens importés, orientant en leur faveur le jeu des échanges entre Nord et Sud, imposant finalement le système de production-consommation euro-américain qui promeut un style de vie conforme au marché occidental. L'Inde, victime des puissances coloniales, est ravalée de la sorte en « capitalisme faible » (*badakalu bandavala*). Visionnaire, le théoricien antimondialiste assimile l'hémisphère nord aux hautes castes et l'Inde aux *dalits* (ou intouchables). Il qualifie cette relation de « compradore » (*hondanike*), puisque les dirigeants politiques indigènes vendent la « Mère Inde » aux étrangers ; vieux thème nationaliste à la fois illustré par la « vache-Inde » traite jusqu'à l'épuisement par les Anglais et conceptualisé au titre de « théorie économique du drainage des richesses » dans les années 1880[1].

Outre l'indigénisation de la vulgate marxiste, ce contempteur des valeurs occidentales recourt volontiers à la mémoire nationaliste hindoue. Ainsi appelle-t-il sans relâche à la revitalisation des « petites républiques de village » et à la mobilisation populaire de type anticolonial. Dans les deux cas, il s'inspire de Gandhi, fondateur de plusieurs ashrams et surtout héros de la célèbre « marche du sel » orchestrée contre les Britanniques en mars 1930 ; cette protestation en forme de « désobéissance civile » valait déclaration de non-coopération, comme le confirma le *Quit India Movement* en 1942. Le professeur Nanjundaswamy revendique ainsi haut et fort les héritages de l'« expérience de vérité » (*satyagraha*) et du « socialisme rural » tels qu'ils furent formulés par le *Mahatma*, deux aspirations aujourd'hui oubliées par l'ensemble des partis politiques indiens. Habituellement vêtu de coton local (*khadi*), à l'instar de son gourou, il affirme en Inde comme à la BBC : « Je suis un terroriste gandhien ! » Il évalue à des centaines de milliers les adhérents de son mouvement de paysans, voire à des millions ses sympathisants. À l'en croire, les manifestations de « ses » militants expriment « la colère de la brigade verte contre la mondialisation » ! Cette tradition (inventée) de protestation écologique ne manque pas d'efficacité. L'attestent la destruction par ses brigades des bureaux de Cargill (en 1992, puis en 1998) ou l'incendie des champs d'expérimentation de Monsanto (en 1993),

1. Sur la théorie économique du « drainage » des richesses et le symbolisme nationaliste de la « Mère » et de la « vache » en Inde, cf. Jackie Assayag, *L'Inde. Désir de nation*, *op. cit.*

sans parler du saccage du magasin de KFC (le 30 janvier 1996). Cette dernière opération de commando, symbole fort contre la « mal-bouffe » – *Frankeinstein junk food* –, lui a valu plusieurs jours de prison ; occasion propice à l'élévation au rang de martyr paysan !

Les détracteurs de Nanjundaswamy en Inde soulignent les contradictions de ce représentant d'agriculteurs plutôt aisés et organisés en un groupe de privilégiés. Non content de réclamer des subventions aux gouvernements central ou provincial, la protection des frontières contre les intrusions étrangères et l'affermissement du cadre national(ist)e, il scelle en même temps des alliances avec des groupes d'activistes militants d'autres pays ou des organisations non gouvernementales d'ailleurs fort disparates. De fait, la rhétorique nationaliste sert à attaquer le projet néolibéral et à défendre l'autochtonie (*swadeshi*) ; et ce alors qu'on prétend dépasser l'État-nation par le moyen de coalitions transnationales. De sorte que l'idéologie du KRRS se présente comme la combinaison d'un marxisme vulgaire et d'un gandhisme violent, un mixte de national-populisme et d'indigénisme identitaire militant pour le retour à l'autarcie rurale. La volonté de protéger la « civilisation indienne traditionnelle » ne semble pas contredire l'appel simultané à l'internationalisation du « *Lumpenproletariat* agricole du monde entier »[1] !

1. Ce type de contradiction se constate également chez les nationaux-hindouistes, notamment ceux du Bharatiya Janata Party (BJP), dont certains membres défendent le libéralisme économique et l'ouverture sur le monde, tandis que d'autres – tendance Rastriya Swayamsevak Sangh (RSS) – invitent au verrouillage des frontières afin de préserver la « pureté » de la nation et de sa « population autochtone » ; cf. Salim Lakha, « The Bharatiya Janata Party and Globalization of the Indian Economy », in John McGuire, Peter Reeves et Howard Brasted (dir.), *Politics and Violence. From Ayodhya to Behrampada*, New Delhi, Sage, 1996, p. 273-288.

Le tribunal des semences OGM

Le projet d'introduire en Inde la biotechnologie du gène dit « *terminator* » a donc rencontré de fortes oppositions. Gandhiens, marxistes, communistes, environnementalistes, nationalistes modérés ou radicaux, ainsi que divers partis politiques, des mouvements écologistes, des ONG locales ou transnationales, des syndicats paysans et des associations de femmes se sont mobilisés périodiquement. Non sans succès. Ainsi, le 5 mars 1999, une « expérience de vérité [*satyagraha*] de la semence » fut-elle organisée à Delhi aux cris de « Pas de droit de propriété sur la vie ! », ou encore : « *No bollgard ! No terminator !* », utilisant les noms vulgaires du parasite du coton (bt = *bacillus thuringensis*)[1]. D'autres grandes villes du pays ont relayé cette campagne le même jour afin de célébrer le soixantième anniversaire de la marche entreprise par Gandhi pour briser le monopole britannique sur le sel indien. « Nous ferons pousser nos aliments nous-mêmes. Nous refusons les brevets et l'agrochimie », déclara Vandana Shiva, directrice de la Fondation pour la recherche sur les technologies scientifiques et l'écologie. « Nous jetterons hors de ce pays la firme Monsanto. Le commerce libre et privé de l'alimentation est une recette pour la famine et le suicide des paysans », ajouta cette ingénieure en physique quantique devenue l'égérie mondiale de l'« éco-féminisme »[2].

1. Le scientifique allemand Ernst Berliner redécouvrit ce micro-organisme dans la ville de Thuringe ; c'est une bactérie se développant dans la terre qui produit des protéines toxiques à l'endroit de vers qui attaquent le coton, le maïs et les pommes de terre.

2. On retiendra deux titres de cette activiste prolixe, *Stolen Harvest. The Hijacking of the Global Food Supply*, New Delhi, Indian Research Press, 2000, et « The Seed and the Earth : Biotechnology and the Colonization of Regeneration », in Vandana Shiva (dir.), *Minding Our Lives : Women from the*

En septembre 2000, un « conseil des semences » (*bija panchayat*) fut organisé à Bangalore. L'objectif de ce « tribunal » largement médiatisé était de « dénoncer la conspiration visant à s'emparer du marché des semences en Inde (et dans d'autres pays du Sud) afin de détruire les droits inaliénables des exploitants agricoles sur les semences ». Le lendemain, une manifestation rassembla une cinquantaine d'organisations d'exploitants (KRRS, APRRS, BKJ, AIKS, notamment)[1], certaines venues de l'étranger (comme la Confédération paysanne de José Bové, lui-même présent), ainsi que des ONG et des mouvements de femmes. Ils protestèrent à l'unisson contre la politique anti-agricole du gouvernement central et régional. Des militants de l'organisation Greenpeace, travestis en « costume de légumes » et volontiers festifs, se joignirent aux membres du Parti communiste indien (CPI) pour dénoncer la venue à Bangalore de l'Association Asie-Pacifique des semences ; cette foire coïncidait avec la signature de concessions données à des firmes agricoles par le gouvernement régional. La manifestation internationale avait été organisée dans la capitale du Karnataka parce que cet État, qui produit déjà 50 % des besoins en semences de l'Inde, ambitionne de devenir le « super-pouvoir semencier du pays ».

South and the North Reconnected Ecology and Health, Delhi, Kali for Women, 1999. Pour une critique de ses vues, cf. A. Linkenbach, « Forest in Garhwal and the Construction of Space », in Roger Jeffrey (dir.), *The Social Construction of Indian Forest*, New Delhi, Manohar, 2000, p. 79-105, et D. R. Nagaraj, « Anxious Hindu and Angry Farmer : Note on the Culture and Politics of Two Responses to Globalization in India », in Luiz E. Soares (dir.), *Cultural Pluralism, Identity, and Globalization*, *op. cit.*

1. Sur ces organisations, on lira les articles rassemblés par Tom Brass (dir.), *New Farmer's Movements in India*, Illford-Essex-Portland-Oregon, Frank Cass and Co. Ltd., 1999.

Lors de la déclaration d'ouverture du « tribunal des semences », Vandana Shiva expliqua que sa convocation permettait enfin d'« entendre les témoignages de ceux qui sont affectés par la nouvelle économie ou mondialisation ». Donner la parole aux victimes offrait l'occasion de rappeler le coût exorbitant de la « Révolution verte et du productivisme ». La militante dénonça aussi en vrac : les suicides de paysans, la faible production et les bas revenus, les faillites agricoles, les engrais frelatés, les excès de l'agrochimie, le piège de la dette, ainsi que le commerce des reins. Un forum hybride d'experts et de groupes concernés discuta des questions du contrôle des semences, de l'autonomie réduite de la recherche en agriculture publique, de l'influence croissante du secteur industriel sur les projets ruraux, du coût et des risques de l'ingénierie génétique, des implications du droit de propriété intellectuelle et des monopoles sur les semences ; autant de revendications que résume le slogan contre « la bio-piraterie [qui est] organisée par les pays étrangers ! »

Parmi les nombreux témoignages, tous pathétiques, on retiendra celui du frère de Yellappa Gindakal, du village de Kadappati. À la suite d'un prêt de la banque, Yellappa vit ses cultures anéanties deux années de suite par divers parasites. En 1997, il emprunta cette fois à un prêteur local. Hélas, son coton fut de nouveau dévasté et il n'obtint par ailleurs que 4,5 quintaux de piments sur 5,2 hectares. Sa dette atteignit alors près de 80 000 roupies. Bien que les membres de sa famille se soient efforcés de l'en dissuader, Yellappa mit fin à ses jours en avalant du poison (organophosphate). Ce fermier avait pourtant une longue expérience de l'agriculture commerciale et du marché.

Le jury, composé de magistrats et d'experts, recommanda par la voix de V. R. Krisham Iyer, juge de la Cour suprême à la retraite, dix ans de moratoire sur la commercialisation de l'ingénierie génétique sur les semences et en matière de produits agricoles. Dans la foulée, il souligna la nécessité de développer le « système agricole indigène de propriété intellectuelle », dit *sui generis* ; seule manière de protéger la « souveraineté semencière » de la paysannerie (du Sud). Il conclut que « l'affairisme semencier est devenu une forme de génocide [*sic*] qui condamne les paysans à payer de leur vie les profits faits par les firmes ».

En dépit de la mise en scène spectaculaire et de déclarations tonitruantes sur « les méfaits de la mondialisation », des observateurs ont fait remarquer que nombre de problèmes pourtant soulignés par les victimes ne reçurent pas d'écho. Premièrement, la menace que les usuriers et autres intermédiaires font peser sur les agriculteurs. Ensuite, le fait que la plupart des suicidés travaillent sur des terres louées, sans que les conditions de l'affermage aient été enregistrées. Troisièmement, le constat (d'ailleurs valable pour toute l'Inde) que les propriétaires terriens s'organisent en groupes de pression ou se transforment à l'occasion en milices armées afin de les terroriser. Enfin, la dénonciation répétée du caractère désordonné du marché, aussi bien régional que national ou international, et ce pas seulement aux yeux des paysans pauvres.

La cosmologie vernaculaire des semences

L'ampleur des transformations du monde agricole est telle que les agriculteurs caractérisent la période dans laquelle ils vivent comme celle du « temps (des) hybride(s) » (*hibred kala*). Le sentiment de rupture est si fort qu'ils ont pris l'habitude de se décrire eux-mêmes comme des « gens

[des] hybrides » (*hibred people*)[1]. Certes, aucun paysan n'ignore que les « semences locales » (*desi*) produisent moins de la moitié des semences hybrides et que cette dernière production signifie donc davantage de profits (sauf accident)[2]. Pourtant, ils tendent à percevoir négativement cette performance quantitative, puisqu'ils en font le signe ou la cause d'une diminution qualitative touchant leur nature et la nature au sens large. L'association ou la coalescence entre semences hybrides et condition humaine actuelle s'exprime chez eux presque toujours par des épithètes péjoratives, tels « faible » et « délicat » (*sukshme*). Les gens sont dits aujourd'hui davantage dépendants et plus souvent victimes de maux et de maladies que par le passé. Ils se remémorent avec nostalgie la « robustesse » et la « santé » qui prévalaient alors. Une culture strictement « locale », dite « organique » (*javari*), « forte » (*thakat*) et « autonome » (*swantha*), fructifiait durant cette époque bénie d'une (agri)culture « autochotone », c'est-à-dire « authentique ».

1. Sur les transformations en profondeur de l'agriculture, cf. M. R. Panini, « Trends in Cultural Globalization. From Agriculture to Agribusiness in Karnataka », *Economic and Political Weekly*, XXXIV, 39, 1999, p. 2168-2173 ; Ashok Gulati *et al.*, « From Marrakesh to Seattle. Indian Agriculture in a Globalizing World », *Economic and Political Weekly*, XXXIV, 41, 1999, p. 2931-2942 ; A. R. Vasavi, « Hybrid Times, Hybrid People : Culture and Agriculture in South India », *Man*, 2, 1994, p. 283-300 ; Arjun Appadurai, « Transformations in the Culture of Agriculture », in Carla Borden (dir.), *Contemporary Indian Tradition*, Washington DC, Smithsonian Institution Press, 1989, p. 173-186, et « Technology and the Reproduction of Values in Rural Western India », in F. et S. Marglin (dir.), *Dominating Knowledge : Development, Culture and Resistance*, Oxford, Clarendon Press, 1990, p. 173-186 ; Akhil Gupta, *Postcolonial Developments. Agriculture in the Making of Modern India*, Durham-Londres, Duke University Press.

2. Pour le blé et le riz (mais non pour le coton), ils confondent les « hybrides » avec les « variétés à haut rendement » (HYV), qui ne sont pas des hybrides mais ont été diffusées à partir de la « Révolution verte ». Il y a donc au moins trois types de semences « non traditionnelles », les VHR (HYV), les hybrides et les « *terminators* ».

Seul l'arrêt sur ce passé culturel, ou sur sa représentation collective qui ne passe pas, fait saisir l'ampleur du changement cosmologique en cours. Cette transformation oppose la vision du monde des agriculteurs pauvres à celle de l'idéologie de la mondialisation à tous crins introduite et défendue par les responsables de firmes comme Monsanto. Sachant néanmoins que les entrepreneurs « progressistes » indiens, ainsi que les grands propriétaires fonciers enrichis à la suite de la « Révolution verte », sont tous partisans du productivisme en agriculture.

Les semences, la terre, l'État

Depuis fort longtemps, les paysans récupéraient leurs meilleures semences pour ressemer ou replanter, aussi bien pour les cultures sèches de printemps (*rabi*) que pour celles d'automne (*kharif*). Cette gestion, résultat d'un savoir-faire hérité du passé, réglait pour une bonne part la reproduction sociale de la vie quotidienne et du vivre ensemble. Ces savoirs se fondent sur des principes et des préceptes (supposés) conformes aux spécificités écologiques régionales, celles dont les récoltes, justement, dépendent. Cette disposition à la fois cognitive et sentimentale est l'expression d'expériences accumulées et de l'incorporation par la collectivité d'une cosmologie selon laquelle les humains, la terre, la faune, la flore et les semences, voire certaines divinités, sont intimement liés les uns aux autres.

Au Karnataka, par exemple, ce que les paysans appellent les semences nouvelles sont presque toujours objets de cérémonies dites d'« hommages » (*puja*) avant d'être semées ou utilisées. Les récoltes sont elles aussi célébrées avant d'être consommées, cette fois pour rendre grâce aux champs et à l'alliance passée avec l'environnement (en dépit des dégâts causés à celui-ci, puisque le respect écologique n'est pas un *habitus* propre au monde paysan). Les rituels adressés aux outils agricoles attestent semblablement de cette gratitude envers la fertilité de la terre. En somme, à chaque phase des opérations agricoles, de la germination à la récolte, on rend des hommages, on accomplit des rituels et on partage des célébrations.

On entend fréquemment dire que « le champ est la Mère des fermiers ». Cette affirmation de filiation et d'alliance conjuguées s'exprime de manière exemplaire durant la saison propice aux rites matrimoniaux : les mères transmettent alors des semences sélectionnées à leurs filles en passe de devenir épouses. L'acte reproductif lui-même est conçu en termes de semence mâle germant dans le champ féminin[1]. Nombre d'usages ou de proverbes lient intimement femmes, semences, sol et fertilité. Semences et champs sont des symboles récurrents dans les rituels, y compris lors de ceux qui n'ont pas de rapport direct avec le mariage. Au cours de la fête de *Dasara*, au début de la saison « sèche », les femmes font germer cinq types de semences à l'intérieur de la maison : lentilles (*senegalu*), orge (*yavalu*), sorgho (*jonnalu*), tournesol (*kusumalu*) et blé (*godamalu*). Lorsque les semences germent, elles les transplantent dans le champ familial. L'épouse du fermier marmonne alors un souhait ou une injonction aux semences : « Que votre pouvoir soit inextinguible ! »

Conserver les graines, les sélectionner, les entretenir, les réutiliser et les partager joue un rôle essentiel, comme est important leur échange au sein de la famille ou entre exploitants agricoles. Ces pratiques se fondent sur l'idée

1. Cf. Leela Dube, « Seed and Earth : The Symbolism of Biological Reproduction and Sexual Relation of Production », in L. Dube, L. Leacko et S. Ardener (dir.), *Visibility and Power. Essays on Women, Society and Development*, Delhi, Delhi University Press, 1986, p. 22-53.

de coopération, de don et de réciprocité ; le donneur recevra en retour une quantité égale de semences. L'utilisation de multiples semences et la pratique de diversification des cultures permettent aux femmes de satisfaire les besoins alimentaires en variant autant que faire se peut les menus. Grâce à leur gestion experte des stocks de grains alimentaires, elles acquièrent un statut reconnu et, par conséquent, une autorité au sein de la maisonnée et de la communauté (bien que l'asymétrie des genres, selon laquelle le principe masculin commande, reste déterminante pour la propriété économique)[1].

L'ethnographie rurale illustre donc la signification puissante, pour plusieurs centaines de millions d'individus, des semences en tant que supports matériels et symboliques de l'inépuisable continuité et du renouveau assuré : telle l'essence de la vie elle-même. Selon des estimations, presque 80 % des semences indiennes, les meilleures de chacune des cultures, sont ainsi collectées et ressemées ou replantées. Voilà bien la pratique fondamentale de l'« économie morale » du monde paysan indien que l'utilisation croissante des semences hybrides menace depuis plus de deux décennies. Paradoxalement, l'introduction des produits génétiquement modifiés ainsi que les pratiques de l'agriculture intensive et la commercialisation[2] ont accru l'importance que revêt la semence dans la cosmologie paysanne. Comparer l'incomparable est en effet devenu un

1. Cf. Bina Aggarwal, *A Field of One's Own. Gender and Land Rights in South Asia*, Cambridge, Cambridge University Press, 1994.

2. Commercialisation qui s'est d'ailleurs développée au XIXe siècle, cf. K. N. Raj *et al.*, *Essays on the Commercialization in Indian Agriculture*, Delhi, Oxford University Press, 1985 ; Krishna Bharadwaj, « A View on Commercialization in Indian Agriculture and the Development of Capitalism », *Journal of Peasant Studies*, XXVII, 1985, p. 7-25 ; David Washbrook, « The Commercialization of Agriculture in Colonial India : Production, Subsistence and Reproduction in the Dry South, c. 1870-1930 », *Modern Asian Studies*, 28, 1, 1994, p. 129-164.

lieu commun du discours rural, comme l'atteste ce chant recueilli dans les années 1990 :

> Les pesticides ont été le riz au lait de la paysannerie
> Le sorgho hybride est ici,
> Les maladies et les destructions se sont accrues,
> Les devoirs et les traditions ont été supprimés,
> Le sorgho hybride est ici,
> Les travaux gracieux sont terminés,
> Le sorgho hybride est ici.

C'est donc à travers les semences qu'on mesure la qualité des terres et de l'environnement local, définissant du même coup tant la fertilité que la biodiversité, y compris celle des humains. Pour les paysans pauvres, c'est parce que les nouvelles semences signalent l'entrée dans un monde en voie de corruption qu'elles expriment métaphoriquement la transformation de l'identité substantielle du groupe et de son environnement ; celle d'une culture rurale bientôt engloutie avec son éthique, ses manières de vivre et l'ensemble de ses valeurs. Toute adultération de la semence s'interprète comme un risque augmentant la vulnérabilité paysanne ; pis, comme un péril pesant sur l'existence des agriculteurs eux-mêmes. En somme : la communauté agraire vaut ce que valent ses semences, ni plus ni moins, hier comme aujourd'hui.

Au regard de l'introduction des produits agrochimiques venus d'un monde extérieur que les agriculteurs ne connaissent pas, ni ne contrôlent, la semence en est arrivée à caractériser généralement leur autonomie ou leur dépendance. La semence acquiert ainsi des connotations de plus en plus politiques, notamment face à ce que nombre de « petits paysans » vivent comme « l'abandon de la puissance protectrice » de l'État, dit traditionnellement « maman-papa » (*maabap*). Cette plainte est relayée par leurs porte-parole, mandatés ou non, qui s'efforcent de traduire cette nostalgie diffuse en termes de revendications politiques. De cette façon, ils la rendent à la fois audible et crédible dans l'espace public, mais également pour les médias et les organisations nationales ou transnationales. Tandis que les syndicalistes traduisent volontiers ce passéisme en « silence et carence du pouvoir » central ou régional envers les agriculteurs, les militants écologistes ou radicaux préfèrent incriminer la cause ultime du malheur paysan sans voix : la « mondialisation ».

Des catégories indigènes à la commercialisation

La cosmologie paysanne ne se réduit évidemment pas à l'idée de semence. Au Karnataka (comme *mutatis mutandis* partout en Inde), l'appropriation culturelle de la nature se mesure à trois principes ou « mérites » : la « qualité du sol » (*bhumi-guna*), la « propriété adéquate » (*hada*), la « fertilité » (*hulige*). Ces qualités se combinent avec un ordre hiérarchique : elles sont à la fois des marqueurs et des orientations à travers lesquels les spécificités écologiques sont comprises et exploitées localement. Car les agriculteurs alignent leurs activités sur les cycles climatiques, comme ils règlent leurs pratiques à travers des savoir-faire réfléchis par les discours indigènes qui relient les humains avec ces facteurs. La catégorisation des types de sols, de récoltes, de populations, de castes et de classes, ainsi que les correspondances et les sympathies par lesquelles les cultures acquièrent les qualités de la terre et de l'environnement, sont transférées aux individus ici et maintenant. Cette circulation de qualités et de propriétés, d'humeurs et de saveurs (fréquemment organisées en systèmes), donne lieu à de multiples applications pratiques ou techniques dans le champ de l'agronomie, bien sûr, mais aussi en géographie, astrologie, diététique, cuisine, médecine, dans les mœurs, en éthique et en politique. L'« économie morale des usages » concerne à la fois l'entretien du corps et la reproduction de la société, l'articulation de l'espace domestique sur les réseaux de l'alliance ou de la filiation, la qualité attribuée au pouvoir local[1]. L'exercice de la souveraineté est en dernière instance garant de l'équilibre idéalement vertueux, mais toujours susceptible de dérèglements, comme l'atteste à satiété une littérature orale, épique et populaire qui a fait de la transgression son sujet d'élection.

L'interaction entre le rythme des activités humaines et les périodicités écologiques ou cultuelles, ainsi que l'ensemble des correspondances ou sympathies, sont évidemment contraints par les énergies disponibles, les nécessités du travail et de son partage, les inégalités de richesse et de redistribution que radicalisent les demandes

1. La catégorisation des types de terres, de récoltes, de gens, et la notion de correspondance humorale s'appliquent à l'agronomie (R. Kurin, « Indigenous Agronomics and Agricultural Development in the Hindu Basin », *Human Organization*, 42, 1983, p. 383-394 ; A. R. Vasavi, « Hybrid Times, Hybrid People : Culture and Agriculture in South India », *op. cit.* ; Akhil Gupta, *Postcolonial Developments. Agriculture in the Making of Modern India*, *op. cit.*, chap. 4), au corps (McKim Marriott, « Construction of an Indian Ethnosociology », *Contribution to Indian Sociology*, 23, 1, 1989, p. 1-39 ; Valentine Daniel, *Fluid Signs : Being a Person in a Tamil Way*, Berkeley, University of California Press, 1984), la science médicale ou l'Ayur Veda (Francis Zimmermann, *La Jungle et le fumet des viandes. Un thème écologique dans la médecine hindoue*, Paris, Gallimard/Seuil, 1982 ; *Le Discours des remèdes au pays des épices. Enquête sur la médecine hindoue*, Paris, Payot, 1989), les thérapeutiques folkloriques (Mark Nichter, « Modes of Classification and the Diet-Health Contingency : A South Indian Case Study », in R. Khare et M. S. A. Rao [dir.], *Food, Society and Culture : Aspects of South Asian Food Systems*, Durham, University of North Carolina Press, 1986), et même la royauté et la souveraineté (C. A. Bayly, *Origins of Nationality in South Asia. Patriotism and Ethical Government in the Making of Modern India*, *op. cit.*, chap. 1).

d'une agriculture de plus en plus commercialisée. Les agriculteurs savent bien que les forces qui affectent le village sont liées à des systèmes de production et de consommation, d'échanges sociaux et de pouvoirs politiques qui transcendent leur environnement immédiat. Ils s'y accommodent (diversement), faute de pouvoir toujours les maîtriser. Pour le riche exploitant, cet effort définit le style de vie de l'entrepreneur rural tourné vers la connaissance agronomique et l'expertise extérieure. De son côté, l'agriculteur pauvre s'épuise à combiner une activité de subsistance avec la commercialisation (de la vente de sa force de travail ou de sa récolte) dans l'espoir de sauver quelque pécule. Il n'en reste pas moins que l'un et l'autre travaillent au développement de l'agrochimie, ce type d'agriculture qui accroît les coûts et l'endettement, évidemment toujours plus lourd pour le paysan pauvre. L'adoption des méthodes et pratiques de l'agriculture moderne conduit à mettre l'accent sur l'augmentation de la production par croissance des rendements et de la productivité, ce qui renforce l'inégalité en matière de connaissances technologiques élémentaires et creuse l'écart entre agriculture de subsistance et agriculture commerciale.

Finalement, le retournement de la cosmologie vernaculaire témoigne d'un changement à la fois de contexte et d'échelle : le passage d'une culture de proximité écologique à un cadre technologique et commercial plus large, ouvert sur la région ou la nation, voire sur d'autres pays. Par conséquent, les semences hybrides et leurs caractéristiques non seulement transforment le répertoire des savoirs et savoir-faire agricoles, mais elles symbolisent l'ensemble des changements sociaux aussi bien que la transmutation substantielle de l'humanité réfléchie dans la cosmologie régionale.

PRÊTEURS D'ARGENT, COURTIERS, VENDEURS

La cause principale de la pauvreté des paysans est leur fragilité financière, accrue par l'endettement. Les revenus d'une majorité d'entre eux sont faibles et presque toujours insuffisants. En 1994, une étude du *National Council for Applied Economic Research* montrait que 59 % des ménages ruraux en Inde avaient un revenu net de moins de 20 000 roupies par an. Une telle somme interdit d'affronter une quelconque crise. Si la mousson est faible, si une bête de trait meurt (et qu'il faut la remplacer), si une maladie se déclare ou si un vers parasite prolifère, le recours au prêteur d'argent s'impose.

Outre ces accidents, certaines pratiques locales (ou panindiennes) invitent périodiquement à l'endettement. L'emprunt en vue de constituer la dot d'une fille ou de satisfaire les gestes coutumiers et indispensables de redistribution au moment de cérémonies religieuses sont les motifs les plus fréquents pour le débiteur, qui ne peut se soustraire à son milieu social sous peine d'être exclu. La dot n'est d'ailleurs pas seulement une tradition ou une obligation : elle est signe de richesse, de statut et de prestige, voire une occasion de promotion sociale. Aussi fait-elle l'objet d'« enchères renouvelées » entre les familles aux dépens des donneurs de filles. Au moins, dans ce cas, l'endettement procure-t-il la fierté[1].

L'introduction sans régulation *ad hoc* de nouvelles technologies a ajouté son lot de problèmes. Après la « Révolution

1. Sur la complexité des échanges et des transactions auxquels donne lieu la pratique de la dot en Inde, cf. Véronique Bénéï, *La Dot en Inde. Un fléau social ? Socio-anthropologie du mariage au Maharashtra*, Paris, Karthala, 1996.

verte » des cultures, les exploitants agricoles se sont convertis aux semences hybrides dans leur quête de plus grands bénéfices. Mais ce type de semences, qui a d'abord permis aux « gros » paysans et aux propriétaires fonciers d'accéder à la prospérité, est plus coûteux. Il nécessite en effet davantage d'intrants, non seulement en engrais et pesticides mais en termes d'irrigation ; ces cultures sont aussi plus vulnérables aux attaques d'insectes. De là cette réflexion amère de l'agriculteur Yellappa : « C'est un cercle vicieux puisque vous investissez davantage dans l'espoir que dans ce que vous allez en réalité gagner. »

La spécialisation dans certaines cultures favorise également l'endettement, accroissant du même coup l'exploitation économique et sociale des paysans. La culture du coton est sur ce plan un cas d'école, du fait de l'importance des achats d'intrants agrochimiques qu'elle implique. Se consacrer à ce type de culture sur de petites surfaces condamne à l'emprunt, la plupart du temps contracté dans le secteur informel. « Nous préférons le prêteur local parce que les montants proposés par la banque ne couvrent pas le coût des semences, des engrais, ni même le travail engagé. Le prêteur local nous prête, lui, tout ce dont on a besoin. En plus, il nous dit ce qu'il faut faire », explique Yadamma.

Une des caractéristiques de la culture du coton réside dans la variation des prix du marché d'année en année. Ainsi le gouvernement de l'État a-t-il mis en place un prix d'intervention qui garantit aux marchands un prix d'achat. Pourtant, nombre d'agriculteurs marginaux préfèrent vendre à des commerçants à des prix inférieurs. « Cela coûte davantage de transporter le coton à la *Cotton Corporation of India*. De plus, vous devez y faire la queue plusieurs jours de suite. Enfin, on doit leur payer les intérêts rapidement. Or les chèques de la fédération mettent des semaines à nous parvenir. »

Le cumul de ces facteurs constitue un handicap pour l'amélioration des revenus, surtout si l'agriculteur dépend du crédit informel. Les taux varient entre 36 et 60 % par an, mais peuvent atteindre 120 % ! Bref, ils sont si usuraires qu'une somme minime peut ne jamais être remboursée. En dernier ressort, l'hypothèque sur la terre ou sur la maison peut servir à régler l'emprunt augmenté des intérêts, encore que l'on répugne ici à ces types d'usurpation (à la différence d'autres régions de l'Inde). L'usage veut plutôt que les membres de la famille, *a fortiori* les femmes et les enfants, travaillent pour le créditeur sans recevoir de rémunération. Avec cette dernière forme de dépendance et d'exploitation (ou d'esclavage, lequel est pourtant passible de poursuites pénales), le cycle de la privation est complet. Non seulement l'organisation capitaliste de l'agriculture intègre les paysans dans un large marché régional, mais elle les inclut dans un système d'exploitation de plus vaste ampleur.

Qui sont les prêteurs d'argent ? Dans le nord du Karnataka, la majorité d'entre eux sont appelés *dalal* ou *dalali*, ce qui signifie « courtiers ». Ce ne sont pas des *kannadigas*, c'est-à-dire des indigènes du Karnataka, contrairement aux prêteurs du sud de l'État, au Mysore, où dominent les marchands locaux dits *mandis* ; le terme désigne le « marché ». Il arrive toutefois que les *dalals* prennent le contrôle des *mandis*, y compris de leurs propres fabriques artisanales. La somme, prêtée la plupart du temps fort à l'avance, doit être remboursée après la récolte. La prolifération de ces intermédiaires privés est due aux difficultés d'accès aux crédits institutionnels que rencontrent les agriculteurs, à cause des lourdes formalités propres aux banques (surtout pour les ruraux, généralement illettrés) ; cette paperasserie prend du temps, si bien que les pluies sont passées quand les engrais sont enfin achetables. Cette prolifération est aussi due à la corruption qui gangrène l'administration aux dépens des clients, ainsi qu'au « durcissement » de l'obtention des prêts depuis les réformes de

1991[1]. Le succès du secteur usurier informel s'explique également par la crainte des paysans de ne pouvoir trouver un prêteur à la fois « généreux » et accessible, ce qui, soit dit en passant, engendre souvent chez eux une sous-estimation des risques d'endettement.

La pression exercée sur le débiteur varie en fonction du prêteur, selon qu'il est un professionnel ou un exploitant agricole. Ce dernier, contrairement au premier, est généralement natif du lieu et souvent un agent puissant de l'économie villageoise. Ce peut être un propriétaire qui afferme (une partie de) son foncier à une clientèle d'agriculteurs ou un commerçant local qui loue des terres en échange des bijoux de la dot de l'épouse ou de travaux non rémunérés. Les distillateurs et autres trafiquants d'alcool profitent de la dépendance à la boisson des paysans des alentours pour exercer cette profession lucrative. On connaît également des propriétaires locaux qui, disposant d'un surplus financier, le convertissent en capital sous la forme d'un portefeuille d'emprunts à destination du voisinage. Le marchand de semences du village est devenu la figure majeure du théâtre de l'usure, notamment parce qu'il double la pratique usuraire d'avis et de recommandations sollicités par les agriculteurs au sujet de leurs besoins en grains, engrais, pesticides et autres biotechnologies. Le grand nombre de boutiques de pesticides dans les petites villes témoigne de ce rôle économique grandissant.

Un autre facteur explique cette réussite : lorsque les semences vendues à crédit sont impropres ou pourries, les agriculteurs achètent de grosses quantités d'engrais et de pesticides dans l'espoir d'en sauver ne serait-ce qu'une partie. Des rumeurs tenaces – au point qu'on subodore le

1. Véronique Alary, Emmanuel Hache, « Perception du risque financier en milieu rural. Étude comparée sur quatre États de l'Inde », *Revue Tiers Monde*, 165, 2001, p. 155-174.

fait fréquent – font état de pesticides dilués en circulation. « Les marchands de pesticides boivent notre sang », déclare Mudavath Jumani du village de Gairanda. Un autre paysan explique que « tout le village est endetté auprès d'un seul marchand. Nous cultivons le coton sur 2 hectares, et nous observons ce que font les autres agriculteurs. Mais lui nous répète que nous devons utiliser de plus en plus de pesticides. Maintenant, la récolte est totalement détruite, et nous lui devons presque 30 000 roupies ». De son côté, le commerçant incriminé attribue la faillite à la gestion inadéquate des produits agrochimiques par les agriculteurs. La surconsommation de pesticides a connu son acmé en 2002, avec la mort par empoisonnement de quelque 500 paysans dans le sud de l'Inde : sur des conseils avisés, ils mélangeaient divers produits corrosifs afin d'augmenter leur efficacité !

La situation s'avère d'autant plus dramatique que le déni de responsabilité est en voie de généralisation de la base au sommet de la société. Lorsque l'augmentation dramatique du nombre de suicides fut portée à la connaissance du ministre en chef de l'Andhra Pradesh, Chandrababu Naidu, un membre de son cabinet déclara aux médias qu'une équipe de psychiatres allait se rendre sur le « terrain » afin de « traiter cette contagion de dépressions ». Quant aux projets ou promesses de supprimer en partie ou en totalité l'endettement paysan, chacun sait qu'ils finissent généralement sous un tas d'autres dossiers empoussiérés. La suppression des dettes (tentée par V. P. Singh en 1990) mettrait d'ailleurs par terre toute l'infrastructure du crédit indien, même s'il est vrai que le crédit non institutionnel n'est pas concerné. Les responsables politiques régionaux ou locaux nient en outre que les difficultés agricoles et l'endettement excessif soient la cause des suicides. Selon eux, les militants des ONG exagèrent en évaluant leur nombre à 6 000 au Pendjab, 2 000 au Karnataka et 3 000 en Andhra Pradesh, comme ils se fourvoient en transformant « quelques accidents domestiques en tragédie paysanne panindienne ». Ces affaires, « montées en épingle », relèvent en réalité du domaine privé : les tensions intrafamiliales ou la consommation abusive d'alcool ou de drogue sont à la source des dépressions et des morts volontaires. Nul besoin, donc, d'incriminer la mondialisation ; ce en quoi ils ont sans doute à la fois tort et raison.

Les politiciens sont d'autant plus soucieux d'éviter le versement de compensations – elles sont réclamées par les familles des victimes ou par les organisations syndicales – que celles-ci laissent le problème pendant. Après la mort de son fils Sivaiah, Chandramma a reçu 10 000 roupies du gouvernement du Karnataka par l'intermédiaire du bureau du revenu du district. Aussi a-t-elle placé 5 000 roupies sur un compte bancaire au nom de sa petite fille et déposé le montant restant à la maison. Le lendemain matin, le prêteur sur gages pousse sa porte : il lui réclame 3 500 roupies. La situation de Chandramma reste donc désespérée. Pis, le handicap d'être endettée et surtout d'avoir un parent suicidé couvre d'opprobre sa parentèle et l'isole un peu plus, augmentant chaque jour ses difficultés. La mort volontaire du chef de famille est un signal de désintégration sociale – « suicide anomique », selon la catégorie sociologique d'Émile Durkheim.

Corps, transplantation d'organes et conspiration

Ces dernières années, pas moins d'une centaine d'agriculteurs gravement endettés ont vendu leurs reins à des docteurs installés à Delhi. La rumeur s'est propagée qu'ils étaient en réalité plusieurs milliers[1]. La place tournante de ce trafic serait un village du district de Guntur en Andhra Pradesh. Rentachintala, Khambhampadu et Machela, qui ont reconnu avoir vendu leurs reins, ont fait la « une » de la presse régionale et nationale, vernaculaire et parfois même internationale. Les courtiers de ce commerce d'organes à destination de la bourgeoisie de Delhi les avaient d'ailleurs précédés dans l'escalade publicitaire, avec l'ouverture d'un site sur la « Toile » dont l'intitulé était : saleof@kidney.com !

Tous les volontaires ayant subi cette ablation sont des tenanciers (*ryots*). Pressurés par leurs patrons, ils font pousser du coton (non génétiquement modifié !) et du piment, cultures qui n'ont pas trouvé de prix décent sur le marché ces dernières années. Plus de 75 % d'entre eux sont en situation de survie. Venkat Reddy, qui cultive une terre d'un hectare, raconte avoir accumulé une dette de 50 000 roupies à la suite de cultures stériles dues à des semences douteuses. « C'était une somme énorme pour un pauvre homme comme moi, dit-il, et je ne savais pas comment rembourser mon prêteur d'argent qui frappait à ma porte chaque jour. » Finalement, « j'ai rencontré un intermédiaire, acheteur de reins, qui sillonnait les villages en promettant de l'argent. Accompagnés d'autres fermiers, nous sommes allés avec lui à Delhi. Là, nous avons autorisé le docteur à prélever nos reins illégalement ». Venkat Reddy ne se souvient pas du nom de l'hôpital ni même de

1. Sur la question des trafics d'organes en Inde, on se reportera aux articles de Raj Changappa, « The Organ Bazaar », *India Today*, juillet 1990, p. 30-37, et de *Frontline*, 14, 25, 23-26 décembre 1997, mais surtout aux travaux de Lawrence Cohen, « Where it Hurts : Indian Material for an Ethics of Organ Transplantation », *Daedalus*, 128, 4, 1999, p. 135-165, et « The Other Kidney : Biopolitics beyond Recognition », in *Body and Politics* (à paraître) ; Veena Das, « The Practice of Organ Transplants : Networks, Documents, and Transplantation », in Margaret Lock, Allen Young et Alberto Combrioso (dir.), *Living and Working with the New Medical Technologies*, Cambridge, Cambridge University Press, 2000.

celui du chirurgien qui a pratiqué l'opération. Son rein a été vendu 40 000 roupies. Cela lui a permis de rembourser ses dettes. « Je ne regrette rien, car c'était la meilleure chose que je pouvais faire dans la mesure où personne ne pouvait m'aider. » Reste cependant cette découverte cruelle : « Ma santé s'est détériorée et je ne peux plus vraiment travailler. Je dépends désormais des revenus de ma femme qui travaille à ma place comme ouvrière agricole. »

Plus d'une dizaine d'exploitants agricoles de ce village ont connu une destinée semblable pour les mêmes raisons, explique Venkat Reddy : « Nous ne voulions pas nous suicider comme les autres fermiers, incapables de rembourser leurs dettes et de survivre à la perte de leurs récoltes. Nous pensions qu'il était meilleur de vivre et de prendre soin de notre famille qui aurait été orpheline [*sic*] si nous avions choisi la mort. Je suis fier de moi. Je ne me suis pas suicidé comme les autres. J'ai vendu une partie de mon corps. Je n'ai pas mendié, emprunté ou volé à cause de mes dettes. En vendant une partie de mon corps, j'ai donné un nouvel espoir de vie pour ma famille. »

Shatrughanudu Raju, originaire du district de l'ouest de Godavari, habite maintenant Delhi. Il est à la tête de ce trafic. Son assistant, Polla Pullaiah, est devenu courtier lorsqu'il a appris que sa santé lui interdisait la vente d'un rein. Raju lui-même avait envisagé cette possibilité, mais il a rapidement compris qu'il pouvait gagner régulièrement de l'argent en tant qu'intermédiaire. Mais il affirme ne recevoir que 3 000 roupies par patient. « Le donneur vient à nous quand il a déjà envisagé de se suicider », remarque-t-il. « Nous lui donnons l'argent et ainsi sauve-t-il sa vie. Pourquoi me sentirais-je coupable ? »

Le cas n'est toutefois pas isolé : des trafics de reins de plus ou moins grande ampleur ont également été découverts au Karnataka et au Tamilnadu. La dissémination rapide de la nouvelle d'un trafic d'organes dans les communautés rurales où les pauvres sont légion s'accompagne souvent de rumeurs incontrôlables, voire de paniques de masse lorsqu'elles sont complaisamment relayées par les médias. Des noms circulent, des connexions sont établies, des exemples précis sont invoqués, le soupçon de conspiration s'installe. Les simples faits aussi bien que leurs narrations amplifiées valent système d'alarme : les corps et les vies des villageois, ainsi que ceux de leurs enfants et petits-enfants, sont en danger. Les récits entretiennent un état chronique de peur et d'urgence qui s'accompagne du sentiment que le destin propre au corps leur échappe.

Certes, la rumeur de trafic est peut-être un moyen fantasmé de rendre publics les véritables dangers qui menacent réellement la chair des populations marginalisées ; comme si la parole contemporaine revitalisait des mythologies archaïques en empruntant les chemins de l'imaginaire social pour dénoncer l'état de misère et d'abandon propre aux couches sociales déshéritées. Face aux circonstances dramatiques, les membres des communautés vulnérables se débattent et luttent avec les seules ressources dont ils disposent : ouï-dire, témoignages, bavardages, rumeurs, accusations, croyances, magies, folklores, cosmologies. Toutes ces manières de s'exprimer, aussi bien que les usages du quotidien, matérialisent l'incertitude et la précarité de leur situation – espèce de « bouclier des pauvres », en somme. Ces récits traduisent la subjectivité en éveil de populations subalternes contraintes de vivre dans des « zones d'existence négatives », là où vies et corps s'expérimentent en situation de survie ou de crise, trop souvent de manière limite ou « face à l'extrême ». Non seulement à cause de la faim, de la maladie, de l'infortune et de l'exploitation qu'aggrave l'endettement, mais aussi en raison de l'absence de sécurité et d'espérance ou de l'excès de descendance ou de mortalité, voire de la menace d'une disparition qui ne laisse aucune trace. L'état de siège chronique dans lequel survivent les pauvres atteste de la « violence structurelle » ou « guerre de basse intensité » propre à leur condition[1].

En outre, ces histoires circulent sans que l'on sache jamais s'il s'agit de réalités ou de fictions. Mais qui voudrait mettre en doute le fait qu'elles sont les expressions d'une situation tragique en termes à la fois sociaux et existentiels ? Dans les villages, les quartiers ou les villes du Sud dévastés, ces agglomérations réglées par l'échange inégal, la rencontre avec les multiples formes de la violence est immédiate, sinon routinière. La violence hante à ce point les imaginaires que les relations sociales sont vécues sur un mode souvent destructeur ; de là ce brouillage entre image et réalité qui donne à voir des visages énucléés et des corps souffrants, anémiés, esquintés, ou meurtris ; comme si l'horizon de vie s'affichait sous l'espèce emblématique du « massacre des innocents ».

Les trafics d'organes, comme le commerce international sur la « Toile » de recherche d'épouse et d'adoption d'enfants (très réglementée en Inde, cependant), sont vécus par les indigènes comme une prédation. Ses victimes y reconnaissent une injustice, mais que les idéologues ou dirigeants politiques s'empressent de traduire en termes de « nouvelle colonisation » ou d'« impérialisme des temps modernes ». Les riches et les puissants siphonnent « les villages, la nation ou la civilisation indienne », dénoncent les militants radicaux. Les « étrangers » s'approprient les corps des autochtones, pauvres et impuissants, affirment les

1. Sur ces notions et cette conception, cf. Paul Farmer, « On Suffering and Structural Violence : A View from Below », *op. cit.*, ainsi que Michael Taussig, *Shamanism, Colonialism, and the Wildman : A Study in Terror and Healing*, Chicago, The Chicago University Press, 1987, et *Nervous System*, New York, Routledge, 1991.

nationalistes xénophobes. En somme, le Nord vampirise les corps du Sud, mais grâce aux trafiquants indigènes, oublient-ils trop souvent d'ajouter.

De fait, le flux des greffons suit les routes du capital et épouse la stratification sociale : du tiers monde vers les pays (post)industriels, des Noirs ou des métis vers les Blancs, des pauvres vers les riches (et parfois des femmes vers les hommes). Déjà, entre 1983 et 1988, la presse avait dénombré 131 citoyens fortunés des Émirats arabes unis ou d'Oman venus à Bombay afin de se faire greffer des reins indiens. Sélectionnés par des intermédiaires locaux, les donneurs avaient été recrutés parmi des paysans misérables. Chacun aurait reçu l'équivalent de 2 000 ou 3 000 dollars américains. L'affaire fit grand bruit. La rumeur enfla. Les cas de greffons répertoriés ne seraient pourtant que l'écume de la mer. « Des charters de musulmans affrétés depuis les pays du Golfe viennent piller les corps et les organes des hindous », proclamèrent les militants nationalistes. La fameuse revue scientifique britannique *The Lancet* se fit l'écho de l'événement sur un mode plus sobre : une de ses livraisons publia un article analysant le fort pourcentage de mortalité parmi les Arabes ayant subi cette transplantation[1].

Aujourd'hui, ce commerce d'organes (mais également celui du sang, de tissus et d'enfants) s'est généralisé bien au-delà de l'Asie du Sud et des pays du Golfe, en Turquie, Irak, Israël, aux Philippines, à Singapour, en Corée, au Brésil, en Argentine, et, après la chute de l'Union soviétique, en Russie, Roumanie, Moldavie, Bulgarie, Estonie et en Croatie. Récemment, il a même été introduit dans certains hôpitaux aux États-Unis, et la pratique fut officiellement justifiée sous l'appellation de

1. Cf. A. K. Saalahudeen *et al.*, « High Mortality among Recipients of Bought Living-unrelated Kidneys », *The Lancet*, 336, 1990, p. 725-728.

donors for dollars[1]. Un tel complexe d'idées et de conduites transnationales, fondées sur des pratiques médicales criminelles qu'autorise le partage inégal entre Nord et Sud, atteste d'une montée des périls. Pis, il alimente la crainte d'une conspiration, puisque « tout serait désormais lié », « connecté », « branché », « globalisé », dans le « nouvel ordre mondial ». C'est la façon, il est vrai, la plus immédiate d'expliquer l'acharnement du mauvais sort sur des victimes d'élection : « Pourquoi moi ? Pourquoi maintenant ? Et pourquoi moi une fois de plus ? », questionnait l'ethnologue Edward Evans-Pritchard à propos de la sorcellerie en pays Azandé dans les années 1930. Toute situation sociale inédite exige, on le sait, des magies nouvelles.

La mondialisation n'en peut mais

La multiplication des *scenarii* de détresse chez les agriculteurs en Inde est le symptôme d'une crise majeure. Cette crise est à la fois économique, sociale, institutionnelle et écologique, ces facteurs se combinant pour accroître la vulnérabilité de paysans peu ou pas dotés en terres et lourdement endettés. Or il est actuellement de bon ton (et pas seulement dans le sous-continent) d'en rendre responsables les figures diaboliques que sont devenus les organismes internationaux de (dé)régulation mondiale, notamment l'OMC, avec laquelle le gouvernement central indien a signé un accord incluant un train de mesures autorisant

1. On lira les travaux de Nancy Sheper-Hughes, notamment « The Global Traffic in Human Organs », *Current Anthropology*, 41, p. 191-211, 2000, et « Theft of Life : The Globalization of Organ Stealing Rumor », *Anthropology Today*, 12, 3, p. 3-11.

l'entrée en masse de produits étrangers. Certes, l'Inde importe aujourd'hui un peu de riz, du blé et du sucre. Et les produits de l'horticulture importés de l'Australie, de la Nouvelle-Zélande et des États-Unis se vendent dorénavant dans les grands magasins des mégapoles, la soie chinoise inonde effectivement le marché, etc. Pourtant, chiffres à l'appui, on constate que les termes de l'échange ne se sont ni soudainement ni complètement transformés ces dernières années[1]. La persistance constatée d'une certaine autonomie et le rejet d'une ouverture brutale au marché mondial – qualifiés d'archaïsmes il y a dix ans – sont aujourd'hui reconsidérés plus favorablement dans le sous-continent comme à l'étranger. Sur le plan des changements économiques, l'Inde aime à se comparer à l'éléphant. Non sans de bonnes raisons. Et qui plus est, aujourd'hui, en marchant au rythme du nouvel esprit du temps alerté par les excès de la dérégulation.

Qu'il soit illusoire d'expliquer la détresse et le désespoir des paysans par l'impact de la récente mondialisation se découvre dans et par l'histoire. Premièrement, la crise du coton au Maharashtra, au Karnataka et en Andhra Pradesh, au cours des années 1870, avait déjà provoqué des émeutes meurtrières de paysans endettés contre les prêteurs d'argent, à la suite de la guerre civile américaine et des exportations de cette matière première vers les industries de l'Europe continentale puis du Japon[2]. Deuxièmement, la débâcle

1. Cf., par exemple, P. Painaik et C. P. Chandrashkar, « Indian Economy under Structural Adjustment », *Economic and Political Weekly*, XXX, 47, 2 novembre 1995, p. 3001-3013, et G. S. Bhalla et Gurmail Singh, *Indian Agriculture : Four Decades of Development*, New Delhi, Sage, 2001.

2. Sur le détail des mécanismes de cette crise, on se reportera à l'article de Peter Harnetty, « Cotton Exports and Indian Agriculture, 1861-1870 », *Economic History Review*, XXIV, 3, 1971, p. 414-429. Cf. aussi l'ouvrage, plus général, de Mike Davis, *Late Victorian Holocausts : El Niño Famines and the Making of the Third World*, *op. cit.*

agricole avait été annoncée dès les années 1960, lorsque l'État « dirigiste » décida d'acheter les récoltes pour les stocker afin de stabiliser les prix et de garantir les coûts et les débouchés ; jamais remise en question, cette décision fit de l'Inde un pays toujours majoritairement victime de malnutrition mais disposant de 60 millions de tonnes de réserve alimentaire (en 2001), incapable, en somme, de gérer à la fois la misère et l'abondance. Troisièmement, la promotion de l'agriculture commerciale – elle se fonde sur l'emploi des semences hybrides et l'utilisation intensive des engrais et pesticides chimiques dans des régions plutôt arides et mal irriguées – n'a fait que déstabiliser un peu plus un milieu humain déjà fragilisé par les fortes inégalités foncières et de revenus, d'emplois et de statut. D'autant que ces inégalités furent accrues par le réformisme foncier du colonisateur depuis le XIXe siècle et par l'absence de vraies réformes agraires durant le siècle suivant.

Considérer la mondialisation comme la raison première de la misère et de l'infortune de la paysannerie occulte l'histoire multiséculaire d'une structure sociale extrêmement « segmentée » (en classes, castes, régions et régimes agricoles, modes de domination, genres sexuels) dont le passé atteste de crises, de disettes et de famines, de conflits et de heurts violents. Qu'on admette que tout phénomène ait sa cause n'implique pas qu'un effet déterminé soit produit d'une seule façon. Le principe (leibnizien) de *maxima minimis* – expliquer le plus par le moins – s'avère ici réducteur. L'établissement d'un lien direct entre mondialisation et crise agricole, selon une causalité démarquée de celle dite des « ailes du papillon » ou du « nez de Cléopâtre », est un cliché.

Comprendre le pourquoi et le comment de la crise agricole suppose donc l'analyse de la complexité enchevêtrée des facteurs locaux et du milieu spécifique de réception des phénomènes dits « mondiaux ». Une liste de facteurs résume cette éruption conditionnée de la mondialisation s'agissant de l'agriculture : amoindrissement des surfaces propres aux cultures vivrières ; remplacement des cultures locales par des formes de monocultures intensives ; altération ou disparition des espèces semencières locales, remplacées par des variétés de grains alimentaires non autochtones ; hiatus entre les pratiques de l'agriculture productiviste et commerciale et la spécificité écologique régionale ; accroissement de l'utilisation d'intrants, qui a entraîné l'épuisement des sols ainsi que le recours massif au crédit (informel) pour en assurer l'approvisionnement – tendance favorisant les (riches) propriétaires terriens ; disparition du « filet de sécurité » institutionnel que procuraient aux plus riches, seuls bénéficiaires, les coopératives de crédit et le système de distribution offrant des prix avantageux ; carences du savoir technique concernant l'emploi des nouveaux produits agricoles ; difficultés qu'éprouvent les petits paysans à adopter une gestion dite « entrepreneuriale » ; ignorance ou répugnance à faire appel aux intermédiaires et autres conseillers extérieurs en matière agricole ; transformations climatiques, enfin, notamment la variation pluviométrique, qui augmentent l'incertitude et les facteurs de risque. Qui ne voit que ce manteau d'Arlequin ne forme pas une tunique sans couture, hormis chez les idéologues entretenant une vision téléologique du temps des sociétés ?

CHAPITRE V

Consommation, national-hindouisme et médias

L'émergence d'un nouveau régime visuel et idéologique a transformé les paysages rural et urbain en Inde depuis les années 1980. L'imagerie culturelle et sociale des espaces tant public que privé s'est rentoilée sur les médias et la publicité. Des manières inédites de se représenter les rapports qu'entretiennent (ou que devraient entretenir) individus et communautés, religion et société, collectivité et partis politiques, société civile et État s'imposent. La mutation, liée à la libéralisation économique et aux conséquences contradictoires de l'uniformisation et de la fragmentation, autrement dit des deux pôles de la mondialisation, a redéfini le lien social (réel et idéel) avec la culture matérielle. En sorte que cette mondialisation atteste d'univers sociaux de pénurie ou débordants de marchandises qui nourrissent les attentes, attisent les espérances, suscitent les convoitises en relançant indéfiniment le désir des populations. Tiraillées entre ouverture et repli frileux, quand elles ne sont pas en proie aux deux, une majorité de sociétés se révèlent incapables de satisfaire la plupart de leurs congénères plus que jamais impatients, et donc frustrés. Il y a un divorce inédit entre l'horizon d'attente que la mondialisation fait scintiller aux yeux des acteurs et la réalité triviale qu'ils vivent *hic et nunc*, notamment dans les pays du Sud. Le hiatus s'approfondit entre les puissances ou flux économiques et la conscience planétaire de ceux qui ne les consomment qu'au travers des médias parce qu'ils sont rivés à leur terre ou asphyxiés par la misère. Les images des médias sont de toute évidence un leurre. Mais un leurre qui s'avère efficace : c'est à travers ces fantasmagories qu'ils expérimentent l'impossibilité d'être sujets de leur destinée et acteurs de la grande transformation en cours. Pour la majorité des habitants du sous-continent – mais on pourrait généraliser à la planète –, la mondialisation demeure un mirage fuyant. Nombre de ses adversaires se recrutent parmi ceux pour lesquels elle reste inaccessible. Une majorité des antimondialistes le sont par manque de mondialisation.

Ce processus de réinvention de la différence a également produit une rhétorique inédite concernant la citoyenneté ou la nationalité. Les manières indiennes de se définir, de vivre ensemble et de s'autoreprésenter au pays, à l'étranger ou au sein des diasporas ne sont plus les mêmes[1]. À la suite du développement des industries de la communication et du basculement des classes moyennes dans la consommation de masse et/ou dans le nationalisme hindou, l'imaginaire social s'est recomposé autrement[2]. Cela ne veut pas dire que les Indiens se sont occidentalisés ou qu'ils deviennent des nationalistes radicaux, comme on le croit ou le conjecture pour se rassurer ou se faire peur. Cela signifie

1. Les travaux sur cette question se sont multipliés ces dernières années ; on retiendra Peter van der Veer (dir.), *Nation and Migration : The Politics of Space in the South Asian Diaspora*, Philadelphie, University of Pennsylvania Press, 1995, et Sandhya Shukla, *India Abroad. Diasporic Cultures of Postwar America and England*, Princeton-Oxford, Princeton University Press, 2003 (qui fournit une bibliographie à la note 49 de la page 257).

2. Les différentes facettes de cette mutation sont explorées par Arvind Singhal et Everett M. Rogers, *India's Communication Revolution from Bullock Carts to Cyber Marts*, New Delhi-Londres, Sage, 2001.

plutôt que la fabrique sociale d'une multitude de « subjectivités », autrement dit d'« herméneutiques de soi », s'est complexifiée sur un mode paradoxal. L'épanouissement d'individus et de groupes dans la matérialité de marchandises fantasmées sur un marché ouvert à la constitution de formes d'« individuations » singulières produit des modes d'existence ou des styles de vie bricolés combinant, par exemple, « mondialisme » et « localisme », nomadisme et autochtonie, occidentalisation et néotraditionalisme ; ces tensions autorisent ici toutes sortes d'appropriations et de différenciations, mais interdisent là-bas la greffe ou l'hybridation. La culture matérielle est bel et bien un véhicule de « subjectivation ». Les pratiques de la culture matérielle prennent en charge des conduites d'affirmation sociale qui recourent aux ressources symboliques. Le rôle actif des consommateurs dans la (re)socialisation locale des marchandises permet désormais à une minorité croissante d'acteurs d'opter pour une esthétique de l'existence métissée ou de choisir plus librement tel mode de vie ou tel style de pensée pour conforter son identité.

Régimes visuels et culture publique

En réaction aux modernistes férus de « mondialisation » et adoptant la posture cosmopolite, les discours des néotraditionalistes dans l'espace public se sont progressivement tournés vers les représentations enchantées des « cultures » et « traditions indigènes » qu'inspire une hindouité plus imaginée que « brahmanique ». Non seulement les symboles hindous se sont ostensiblement multipliés – telles les vignettes de la « Mère Inde », de Rama, de Hanuman et autres héros des épopées, outre les tridents shivaites et les étendards safrans –, mais fêtes, rituels, processions et traditions (réinterprétées plutôt qu'inventées) enchantent désormais les corps et les âmes en nourrissant le discours viril ambiant. Un graphisme héroïque et polychrome légende de plus en plus les espaces publics ou la sphère domestique, comme autant de vitrines célébrant la fierté retrouvée d'un hindouisme régénéré et conquérant. Celui-là même que mettent en pratique les partis et les organisations de la nébuleuse « safran », dont le bras armé est le Rashtriya Swayamsevak Sangh (RSS) fondé en 1925 à Nagpur – ville au centre géographique du sous-continent.

La conception nostalgique et musclée de l'hindouisme ne s'avère pas moins moderne, en termes de stylisation et de signification, que la fascination qu'éprouve un nombre toujours plus grand d'Indiens envers les sociétés occidentales ou asiatiques développées, voire très développées. Ces formes de vie idéales constituent un horizon d'attente à forte charge émotionnelle pour beaucoup de populations pauvres dans le monde. Ces deux aspirations apparemment contradictoires à la « bonne vie », définie de façon conformiste et normative mais structurée soit sur l'hindouité soit sur le cosmopolitisme, se sont forgées au diapason des nouvelles expressions médiatiques qui ont accompagné l'ouverture aux pays étrangers, l'élargissement du marché et l'expansion des classes moyennes[1]. Certes, l'idéologie politique de l'hindouité a sa face d'ombre, incarnée par les militants violents rassemblés au sein de la « famille des coalitions » (*Sangh Parivar*), qui ont montré leur redoutable efficacité avec la destruction de la mosquée

1. Pour l'informatique et les médias radiophoniques et télévisuels, on se reportera aux articles respectifs de N. R. Narayana Murthy, « Making India a Significant IT Player in this Millenium », in Romila Thapar (dir.), *India. Another Millenium*, New Delhi, Viking, 2000, p. 212-240, et N. Ram, « The Great Indian Media Bazaar : Emerging Trends and Issues for the Future », in Romila Thapar (dir.), *India*, *op. cit.*, p. 241-292.

du sultan Babour, dans la ville d'Ayodhya, le 6 décembre 1992[1]. Mais, aussi traditionalistes qu'ils se prétendent, ces militants n'ont pas manqué de mettre au service du national-hindouisme les nouvelles possibilités offertes par le marché et la consommation de masse, la puissance des médias audiovisuels et publicitaires, ainsi que le pouvoir des technologies informatiques, afin de diffuser leurs messages de haine et de revanche tant dans la sphère privée que dans l'espace public[2]. Pour être sommaire, cette fresque permet toutefois de restituer le cadre dans lequel le Bharatiya Janata Party a pris en charge et amplifié la revendication nationaliste et d'expliquer pourquoi il s'est retrouvé au centre de l'arène politique au cours des années 1980. Ce parti apparut alors comme le recours ultime des patriotes (hindous), notamment de ceux qui défendaient, tridents shivaites ou armes à feu à la main, la grandeur de la « Mère Inde » à l'âge du conflit entre nations et de la menace mondialisée.

L'affinité élective entre l'idéologie du marché et l'hindouisation à marche forcée a débouché sur de nouvelles stratégies de propagande ou de publicité, on ne sait plus trop quel terme choisir. La représentation d'un hindouisme en position défensive et en situation obsidionale, tel un imaginaire assiégé, réactif, offensif et xénophobe, a réussi à mobiliser les Indiens en masse. L'ouverture du pays à la compétition économique accrut d'autant plus la crainte

1. Deux ouvrages tirent les conséquences de cet événement majeur : David E. Ludden (dir.), *Contesting the Nation. Religion, Community, and the Politics of Democracy in India*, Philadelphia, University of Pennsylvania Press, 1996, et Peter van der Veer, *Religious Nationalism. Hindus and Muslims in India*, Berkeley, University of California Press, 1994.

2. On retiendra deux volumes collectifs sur cette question, Lawrence A. Babb et Susan A. Wadley (dir.), *Media and Transformation of Religion in South Asia*, Philadelphie, University of Pennsylvania, 1995, et Sumathi Ramaswamy (dir.), « Beyond Appearances ? Visual Practices and Ideologies in Modern India », *Contribution to Indian Sociology*, 36, 2, 2002.

que cette décision précipita l'érosion de la souveraineté nationale. La montée aux extrêmes de l'islamisme ou du « jihadisme » (au Cachemire, en Afghanistan, au Pakistan et au Bangladesh, pour ne retenir que les pays les plus proches) transforma la peur en panique. De là cette entreprise de reconquête dont la dynamique a permis de recruter et de mobiliser bien au-delà des hautes castes brahmanes et des partisans de l'obédience national-hindouiste. Ainsi de larges fractions des classes moyennes et de la plèbe se sont-elles reconnues dans ce courant de l'hindouité. Au point qu'il devint possible d'établir des lignes de front afin d'entretenir l'agitation sociale ou de se livrer à des violences émeutières et meurtrières, sinon génocidaires, comme il advint dans la ville d'Ahmedabad, au Goujarat, en 2002, avec la bénédiction de l'État favorable aux pogromes anti-musulmans[1].

Modernité, appropriation et hybridation

Le nouveau régime visuel et idéologico-politique qui promeut la modernité de l'antique tradition est entré en conflit avec l'imagerie modernisatrice inspirée de l'Occident. En ce sens, les modèles de consommation et les styles de vie qui en découlent ne sont évidemment pas autochtones : ils furent définis par l'Europe (*via* la colonisation) et par l'Amérique (*via* la colonisation des imaginaires), bien que les Indiens se tournent également de nos jours vers l'Asie du Sud-Est ou les « dragons », voire vers

1. Cf. Siddharth Varadarajan (dir.), *Gujarat. The Making of a Tragedy*, New Delhi-Londres, Penguin Books, 2002, et le rapport de *Communalism Combat*, 2002 ; pour une vue plus large, cf. Jackie Assayag, « La face obscure de la modernité. Anthropologie et génocide », *L'Homme*, 170, 2004, p. 231-244.

la Chine (et dans une moindre mesure vers le Japon). Une mystique concernant les biens et certains comportements étrangers s'est installée à côté de la célébration de la pure hindouité. Leur pouvoir de séduction naît du seul fait qu'ils viennent d'ailleurs. À ce titre, ils sont porteurs d'une aura qui doit plus à la représentation imaginaire du pays concerné qu'à sa réalité *hic et nunc* ; effet de boomerang de l'exotisme, en somme ! Remarquons que la stratégie publicitaire ne procède pas autrement. Elle fait d'une marchandise produite en masse, pas forcément chère, voire banale et même parfois vulgaire, un objet désirable de telle manière qu'il soit rendu inaccessible. Souvent triviaux, ces biens sont néanmoins placés dans une enclave magique, comme s'ils n'étaient pas disponibles pour quiconque peut en payer le prix. En sorte que l'image sociale créée donne l'illusion de l'exclusivité.

Les élites et les membres des classes moyennes éduquées des nations contemporaines (et pas seulement en Inde) empruntent et intègrent divers traits culturels et styles d'expériences étrangers à leur propre société. Ces modes d'appropriation ou formes d'acculturation procèdent de l'hybridation ou du métissage, surtout lorsqu'ils sont favorisés par les migrations familiales et les diasporas, les liens occasionnels ou permanents noués avec des coreligionnaires outre-mer, les séjours professionnels effectués hors du pays et le tourisme saisonnier international. À ces facteurs s'ajoutent la pression des médias et la consommation domestique, quand elles ne conjuguent pas leurs efforts pour atteindre l'« économie morale des ménages », cible privilégiée de la publicité qui la considère comme un microcosme de sociabilité. La structuration du champ d'action des groupes et des individus en contexte de consommation de masse fait que les valeurs sociales et humaines n'existent plus qu'au travers de leur « objectivation », c'est-à-dire dans les formes matérielles et culturelles dont la maisonnée est l'un des foyers[1]. Ainsi découvre-t-on le caractère énigmatique du désir de consommer, cette servitude délibérément consentie et intégrée par l'individu comme une composante de sa volonté personnelle. La manifestation de la subjectivité, ou de l'identité, à travers l'aliénation marchande est un facteur manifeste de reconnaissance sociale. Mais cette reconnaissance s'avère paradoxale dans les faits : la ressaisie de l'ipséité se confond avec le type de consommation, qui réaffirme du même coup l'appartenance à la communauté, cet asile de sécurité qui est également la source d'anxiétés multiples. Dans le jeu de dupes qui s'ensuit, chaque consommateur est ainsi victime d'un désir qui se révèle pour ce qu'il est : la contractualisation du leurre qui permet à l'imaginaire de commercer avec la réalité sociale.

Grâce au développement tous azimuts des industries locales et globales, la consommation procure des occasions de bricoler quotidiennement les formes matérielles et idéelles de l'identité. Cette profusion autorise les acteurs sociaux à combiner le cosmopolitisme et l'indigénisation, à inventer des formes multiples de « cosmopolitisme vernacularisé » ou de « vernacularisation cosmopolite ». Les acteurs braconnent entre les deux pôles de ce spectre idéologique au gré de leurs passions et de leurs intérêts : plus ou moins américanisés, occidentalisés, asiatisés, « indigénisés », nationalisés. Ces choix répondent aux modes possibles de « subjectivation » d'une population donnée. Nombre d'individus ou de groupes en adoptent certains

1. Bien que les travaux abondent sur cette question, on retiendra les ouvrages de Arjun Appadurai (dir.), *The Social Life of Things : Commodity in Cultural Perspective*, Cambridge, Cambridge University Press, 1986 ; Daniel Miller, *Material Culture and Mass Consumption*, Oxford, Basil Blackwell ; Daniel Miller (dir.), *Material Cultures. Why Some Things Matter ?*, Londres, UCL Press, 1998 ; Judy Attfield, *Wild Things. The Material Culture of Everyday Life*, Oxford, Basil Blackwell, 2000.

traits avec le souci constant de se différencier socialement ou culturellement. Bien que ces répertoires soient relativement contraignants, c'est dans la culture matérielle que les dilemmes des styles de vie peuvent délibérément être posés et résolus au gré des circonstances en tant que véhicules de signification, signes de statut, valeurs esthétiques, éléments de rituel, indicateurs de classe ou de caste, expressions de savoir, d'idée ou de posture[1]. Chaque société nationale, régionale ou locale forge ainsi sa manière de consommer, autrement dit les façons diverses de jouer avec la modernité – sachant que ce qui la caractérise est moins sa nature que les débats soulevés par son devenir « glocalisé » : l'audiovisuel est polémique en dépit de son caractère insipide. Si ces questions sont essentiellement disputées en terme de « culture », c'est parce que celle-ci concerne d'emblée les modes de l'identité dans le cadre d'une communauté à la fois rassurante et inquiète, prometteuse de bienfaits et d'espérance mais simultanément grosse de risques et de dangers. En sorte que chacun y apprend la signification du bonheur à travers sa perte[2].

Styles de vie et modernité

À l'instar de toutes les sociétés en contact ou colonisées, l'Inde s'est ressaisie par le moyen d'emprunts et le refus d'emprunter, ou par le biais de l'appropriation ou de la résistance graduée, ainsi que par toutes les positions qu'on peut choisir entre ces pôles ; la résistance n'est en effet jamais en

1. Ces caractéristiques sont développées dans l'ouvrage de Tim Dant, *Material Culture in the Social World*, Buckingham-Philadelphie, Open University Press, 1999.

2. C'est la thèse développée dans un livre bref mais fort suggestif de Zygmunt Bauman, *Community. Seeking Safety in an Insecure World*, Cambridge-Oxford, Polity Press, 2001.

position d'extériorité par rapport au pouvoir. Et l'impact des formes culturelles dominantes n'annule pas complètement l'espace propre de leur réception et de leur traduction locales. Un écart existe toujours entre le patron et sa doublure, la norme et les usages, le conçu et le vécu, le dogme et la croyance, les commandements et les conduites. C'est dans cet écart que s'insinuent reformulations et détournements, interprétations et manipulations, et la réappropriation constante de vieux usages pour définir des réalités nouvelles. À l'inverse, l'imposition de croyances ou de règles inédites de comportement doit composer avec les représentations et les traditions partagées, sachant que la fabrication d'un sens particulier est désormais liée à la commercialisation croissante de la société. Lorsque les Indiens ont accaparé certains traits des modernités « étrangères », ils les ont singularisés sur la base d'un mode d'emploi propre et en définissant un régime type de consommation en fonction de contextes domestique ou public. Le processus d'appropriation de biens ou d'idées exogènes les recrée au fur et à mesure de l'usage et de la consommation qui enclenchent la cénesthésie. Ces arts de faire au quotidien s'expriment sous différentes vignettes et styles de vie et par le biais d'images et d'intrigues sur papier imprimé et pelliculage glacé. L'attestent la diversité de la presse, la créativité de la publicité, la profusion de la littérature et du cinéma par le truchement de plusieurs dizaines de langues écrites ou parlées.

Qu'il suffise, pour l'illustrer plus concrètement, de mentionner la représentation de la famille idéale des classes moyennes urbaines (avec deux enfants, évidemment) qui est devenue le support privilégié pour définir les rapports entre tradition et modernité. Elle est figurée plutôt blanche de peau, mais pourvue de tous les emblèmes (de subjectivation) propres à l'indianité. Mais on peut toujours lui greffer des expressions « branchées » telles, par exemple, la cuisine *balti* ou la (*world*) musique *bhangra*, *bangla*-rock ou *hindi*-

pop, toutes conçues par des Anglo-Indiens à destination des Indiens et des consommateurs d'exotisme du monde entier. Mentionnons également le cliché de la *jet-set* anglo-indienne transnationale, dont l'épiderme est aussi pâle que la chevelure est brune, et qui tend à s'imposer à la télévision et dans les publicités. Ces héros sont incarnés par des mannequins sexy en sari ou par des stars prestigieuses de Bollywood, hommes ou femmes, voire des reines de beauté ou des Miss Monde, dont certaines sont mondialisées en tant que sensuelles métaphores esthétiques de l'Asie (du Sud) ; pensons à Aishwarya Rai, devenue membre du jury du festival de Cannes en 2003. Si la vignette du paysan planté dans la glèbe ou rayonnant dans son village n'a pas disparu, loin s'en faut, remarquable est l'évolution de l'idéal familial diffusé par les « séries » populaires de télévision, la publicité, les magazines féminins ou destinés à la jeunesse. En deux générations, on est passé du modèle nucléaire à forte acception modernisatrice, très prisé dans la décennie 1980, à une conception plus hybride, durant les années 1990. Ces programmes privilégient la famille moderne néotraditionnelle, c'est-à-dire une unité élargie à la parentèle vivant sous le même toit et dont les membres se soutiennent et s'entraident face aux crises ou à l'adversité grâce à l'observance des valeurs coutumières, priorité étant donnée à la morale et à l'entretien scrupuleux de la tradition[1].

Ces médaillons sont le signe du fait que plus de 200 millions d'Indiens ont déjà des revenus confortables, soit deux fois plus qu'en 1995. Or des revenus élevés signifient, par

1. On trouvera des analyses de cette évolution dans les ouvrages de William Mazzarella, *Shoveling Smoke : Advertizing and Globalization in Contemporary India*, *op. cit.*, plutôt tourné vers les différences entre catégories de genre et de génération, et de Purnima Mankekar, *Screening Culture, Viewing Politics. An Ethnography of Television, Womanhood and Nation in Postcolonial India*, Durham, Duke University Press, consacré, lui, aux images de la féminité.

exemple, l'usage intensif de la télévision dans les foyers. La dynamique entraîne évidemment une propension à consommer des produits de marque ou sophistiqués également dans les zones rurales (riches) qui représentent plus de 50 % des consommateurs. Et cette expansion n'est sans doute qu'un commencement puisque, selon un recensement publié en 2001, seulement 31,5 % des foyers ont un poste de télévision, 11,7 % un deux-roues à moteur, 9,1 % un téléphone et 2,5 % une voiture. Mais 34,5 % des Indiens n'ont rien de tout cela.

Le revenu annuel des classes moyennes s'est accru de 17 % entre 2001 et 2004 et l'on estime que ce chiffre va encore augmenter de 24 % d'ici à 2007. Le niveau de revenu croît sans arrêt, comme se multiplient les chaînes de supermarchés, les compagnies de télécommunications, les firmes de traitements de données, les centres d'appels qui font du « postmarché » et travaillent pour des compagnies étrangères, américaines, britanniques, allemandes et françaises. Wipro Spectramind, qui gère des centres d'appel, employait 200 personnes à la fin de l'année 2000, contre 5 100 aujourd'hui ; la moyenne d'âge est de 22 ans. Bharti Tele-Ventures, le plus grand fournisseur de services dans la téléphonie mobile, a recruté 1 600 personnes ces deux dernières années pour gérer son service clientèle. De fait, l'Inde est l'un des marchés des télécommunications qui se développent le plus vite, avec près de 2 millions d'abonnements au téléphone mobile chaque mois.

Trois causes expliquent l'accroissement du pouvoir d'achat ces dernières années. D'une part, la baisse du taux de fécondité, surtout dans le sud de l'Inde (mais aussi dans l'ensemble des pays du Sud, puisqu'on compte près d'un enfant en moins par femme chaque décennie). Ce déclin de la fertilité doit d'ailleurs moins aux forces économiques (« coûts-bénéfices ») qu'à un modèle culturel qui fait la part belle à cette conception du comportement de référence dit « moderne » : celui de la liberté ou de l'émancipation féminine que diffusent notamment les médias. Le nombre de postes de télévision est un déterminant plus essentiel de la chute de la démographie que le niveau de revenu ou de l'éducation. D'autre part, la multiplication des foyers dans lesquels l'homme et la femme travaillent. Il y a eu un changement radical de l'activité professionnelle : dans 35 % des foyers des classes moyennes, le couple travaille. Un salaire est utilisé pour faire vivre la maison, l'autre pour dépenser.

Enfin, la baisse du taux du crédit a elle aussi contribué à la consommation, notamment chez les jeunes, qui rompent avec le comportement conservateur de leurs parents à l'égard de l'argent. Selon certaines estimations, la jeunesse disposerait de 10,5 milliards de dollars à dépenser à un moment où il est de bon ton de vivre à crédit. Ce facteur a bouleversé les comportements de ces Indiens qui payent maintenant par mensualités tous les biens de consommation, du ventilateur au cyclomoteur, du four à micro-ondes à la voiture. Leurs revenus leur permettent de consommer les nouvelles formes de la culture publique[1] : presse et périodiques à la fois en anglais et en langues vernaculaires ; musique internationale mais aussi indienne sous forme de compact disques, voire de DVD ; stars adulées, issues de Bollywood et dans une moindre mesure de Hollywood, grâce aux salles multiples de cinéma qui prolifèrent ; technologies électroniques aisément disponibles dans l'espace public pour tous ceux qui n'en disposent pas à domicile ; tourisme domestique à l'allure de pèlerinage dans les hauts lieux sacrés de l'Inde « éternelle » ; films en langues vernaculaires (hindi, tamoul, marathi, etc.) ou en anglais et en

1. Un éclaircissement sur cette notion et des études de cas sont présentés par Carole A. Breckenridge (dir.), *Consuming Modernity : Public Culture in a South Asian World*, *op. cit.*

américain diffusés en cassettes ou par les bouquets télévisuels au sein d'une population encore largement illettrée. Soit dit en passant, ce modèle complexifie l'approche monolinguiste exclusivement centrée sur la classe moyenne éduquée de la « sphère publique bourgeoise occidentale », telle que l'a conçue Jürgen Habermas, ou disqualifie le présupposé unilinéaire du « capitalisme de l'imprimé » à la source du nationalisme, ainsi défini par Benedict Anderson[1].

Ces nouvelles pratiques sont également le signe d'une nouvelle mobilité propre aux membres de la classe de loisir qui aiment déambuler dans les supermarchés en faisant du « shopping » ou les soldes ; de ceux qui entretiennent le soi (par le *yoga*) et le corps à travers l'activité sportive ou la fréquentation des instituts de beauté ; d'autres, ou les mêmes, qui apprécient les sorties nocturnes pour aller dîner dans des restaurants exotiques, voire se sustenter chez McDonald's ou consommer une pizza ; de tous ces jeunes qui veulent danser et boire de l'alcool dans les boîtes de nuit, consulter le courrier électronique dans les cyber-cafés, assister à des spectacles ou des concerts transnationaux et se « brancher » sur les canaux internationaux de télévision ; ceux enfin qui se plaisent à faire le touriste en Inde ou à l'étranger à date périodique. Soit autant de formes ritualisées d'action sociale favorisant l'exaltation du moi au travers de la marchandise, en dehors de tout sentiment de transcendance, bien qu'on ait relevé la coïncidence entre « pics » de consommation, rituel déambulatoire et certaines célébrations religieuses, notamment lors de la « fête (hindoue) des lumières » (*divali*) de plus en plus assimilée à un « Noël indien ».

C'est enfin le signe que les industries publicitaires, cinématographiques, ainsi que les vidéos et la télévision ont déjà

1. Jürgen Habermas, *The Structural Transformation of the Public Sphere*, Cambridge, Mass., MIT Press, 1989, et Benedict R. Anderson, *Imagined Communities*, *op. cit.*

modifié (les espérances de) la vie et transformé la culture populaire en « forums hybrides » d'expression et de débats plus ou moins experts, y compris dans les petites villes, les quartiers et les villages. Comme si l'Inde tout entière s'était branchée au capitalisme marchand à forte séduction, haute volatilité et circulation accélérée pour rejoindre le grand récit de la planète mondialisée depuis 1989. Mais ne nous méprenons pas : les classes moyennes indiennes ne ressemblent que de fort loin à celles, homogènes et idéalisées, que présentent complaisamment les médias. Aussi spectaculaires que soient ces évolutions en cascade, elles ne manquent pas de soulever une série d'interrogations : pourquoi la consommation de masse et la commercialisation des images et des marchandises dans la vie publique ont-elles fait de la politique une esthétique ? Comment la puissance médiatique et télévisuelle, désormais satellitaire et mondialisée, a-t-elle réussi à créer une « communauté imaginée » oscillant entre « passé revisité » et « principe espérance » ? Par quels moyens une dramaturgie de l'illusion chargée d'aura et invitant à la violence est-elle devenue une prophétie autoréalisatrice ? De quelle manière le pouvoir de la fiction ou du rêve éveillé, de la « guerre des rêves » et des « rêves de guerre », a-t-il débouché sur une anticipation de la réalité ? Questions qu'on s'autorise à réduire à une seule : comment peut-on imaginer se mondialiser en restant autochtone ?

La querelle de la production indigène

On sait l'importance que revêt la culture matérielle dans la vie quotidienne des individus et des collectivités. Semblablement, on n'est guère en mal de trouver des exemples d'incorporation de la culture dans les formes de biens manufacturés, s'agissant notamment de ceux auxquels on confère une « authenticité » en termes de pureté, de pouvoir ou de légitimité. Tel fut le cas de la production artisanale en Inde, dite *swadeshi*, qualifiée aujourd'hui d'« industrie domestique » ; le terme signifie littéralement « de son propre pays ». Cette notion, initiée par Bal Gandaghar Tilak, homme politique nationaliste, fut reprise et popularisée en 1909 par Gandhi afin de mobiliser en masse les Indiens dans les années 1920. Le *Mahatma* s'y employa sur la base d'une campagne d'agitation nationale contre le drainage des richesses de l'Inde par l'industrie britannique, qui fabriquait des vêtements de coton à Manchester à partir de l'importation à bas coût de la matière première indienne[1].

Le terme est entré derechef dans le discours politique nationaliste au cours des années 1997-1998, sous l'influence d'une organisation liée à la politique du BJP, le Swadeshi Jagaran Manch (« Forum pour l'éveil du *swadeshi* »), apparenté à cette « famille safran » qui promeut le national-hindouisme. L'enjeu est d'autant plus symbolique que l'État exerce encore son contrôle sur les ateliers artisanaux locaux (*cottage industries*), qui bénéficient de fortes protections. Ce type d'économie jouit d'un monopole (par rapport aux grandes entreprises) pour 674 produits – dont ceux du secteur du jouet, qui n'est pas accessible aux firmes les plus importantes. Or les petites entreprises représentent encore 45 % de la production industrielle. C'est dire les limites de la concentration industrielle en

1. Sur l'acception patriotique de l'industrie domestique, on se reportera au chapitre 6 du livre de C. A. Bayly, *Origins of Nationality in South Asia. Patriotism and Ethical Government in the Making of Modern India, op. cit.* À propos de l'apport de Gandhi, cf. Anthony J. Parel (dir.), *Gandhi, Hind Swaraj and Other Writings*, Cambridge, Cambridge University Press, 1997.

Inde, et surtout le mode tempéré de la libéralisation économique.

La notion de *swadeshi* sert encore à débattre publiquement de l'industrie domestique et, par conséquent, de la nature, des fonctions et des fins d'une société de production et de consommation de masse en phase de mondialisation. Sans entrer dans le détail d'une polémique riche en renversements d'alliance, on peut résumer la querelle en énumérant les forces en présence. D'un côté, les formes récentes de consommation portées par les nouvelles classes marchandes et commerçantes qui ont contribué à la revitalisation de l'hindouisme pour le bien-être national contre la vieille idéologie du *swadeshi*, celle qu'avait emblématisée la simplicité du mode de vie gandhien. De l'autre, les idéologues de la libéralisation économique, parfois également chantres de la culture autochtone, qui sont en quête d'un idiome commun pour défendre la compétitivité à la fois économique, culturelle et nationale du pays. La tâche est ardue puisque les idéologues et les militants doivent conjuguer marché ouvert et clôture culturelle. Ainsi les dirigeants politiques nativistes de l'« armée de Shivaji » (Shiv Sena), au pouvoir dans l'État du Maharashtra depuis vingt ans, ont-ils autorisé et facilité l'installation de la firme transnationale (américaine) Enron. Dans le même temps, ils ont interdit que se déroule à Bombay le match de base-ball entre l'Inde et le Pakistan. Économie et sport, capital et culture sont traités de manière contrastée par les représentants des « fils du sol (maharashtrien) ».

On peut exposer d'une autre manière la polémique. Selon les opposants à la mondialisation, le « dirigisme » de Nehru aussi bien que la société de consommation qui l'a remplacé furent imposés par une élite indienne occidentalisée s'inspirant d'un modèle inadapté aux conditions culturelles locales. Ce modèle étranger fut donc considéré comme délétère pour les énergies et les entrepreneurs autochtones. À leurs yeux, la mondialisation est synonyme de (re) colonisation, sachant que les États-Unis sont par excellence la puissance capitaliste et impériale. Le danger de contamination pour l'Inde est d'autant plus menaçant que l'Amérique du Nord est conçue comme une société dépourvue de traditions et de vie communautaire, un ensemble « atomisé » parce qu'y triomphent l'égoïsme et l'individualisme possessif. À ce titre, les avocats de la dérégulation économique, défenseurs de la marchandisation illimitée et du consumérisme intégral, pèchent par sentiment d'infériorité postcolonial. Ce sont des traîtres à la nation puisqu'ils ne reconnaissent pas la supériorité des valeurs de leur propre héritage culturel : la civilisation hindoue conçue comme origine, mode de vie, parousie et fin de l'histoire.

Selon les partisans du « marché libre » et de la mondialisation à tous crins, la défense du *swadeshi* atteste de l'irréalisme, de l'archaïsme et du caractère antimoderne des idéologues nationaux-hindouistes ou « indigénistes ». Irréalisme, parce qu'il serait dépourvu de sens et vain de vouloir se soustraire au monde compétitif et global de l'économie réelle toujours plus connectée, sinon déjà intégrée. Archaïsme, parce que la spécificité culturelle invoquée est un artefact qui change au fil du temps et une tradition qui se réinvente au travers de vieux mots pour définir des réalités nouvelles plus conformes à l'époque. Antimoderne enfin, dans la mesure où la responsabilité morale de l'État est d'assurer à l'ensemble de ses citoyens un accès au marché mondial afin que le plus grand nombre possible d'individus acquièrent le maximum de produits au meilleur prix sans égard aux lieux où ils sont conçus, fabriqués et vendus.

L'opposition entre les deux camps semble radicale. Elle l'est, de fait, en termes idéologiques et au vu des prises de position publiques. Mais des esprits nuancés ont fait remarquer que les plus traditionalistes défenseurs de la production indigène rejoignaient les modernistes, publicitaires et autres spécialistes de la communication. Les deux groupes pensent en effet la singularité de la modernité indienne en revisitant ses traditions antiques ou anciennes afin de les mettre au service du présent. Certes, les objectifs sont différents, sinon diamétralement opposés. Mais les adversaires partagent l'idée que, pour convaincre le chaland, il faut souligner les spécificités de l'Inde et mettre en relief son caractère admirable et sa résilience à travers le temps, y compris dans le contexte consumériste actuel. Les défenseurs de l'indigénisme pour célébrer la fierté d'être hindou, en manifestant haut et fort le sentiment qu'éprouve une majorité d'entre eux d'être les représentants d'une culture prestigieuse aux confins de la race, du territoire et de la religion, membres d'une civilisation plusieurs fois millénaire et à nulle autre pareille. Les modernistes afin de vendre mieux leurs produits sur le marché, en s'assurant de la conformité de l'offre à la demande et en lorgnant sur le chiffre vertigineux d'un milliard de consommateurs. Mais les uns et les autres recourent aux mêmes stéréotypes orientalistes éculés pour diffuser leurs « marchandises » respectives. Les nationaux-hindouistes invoquent sans relâche ce passé glorieux durant lequel les hommes révéraient les dieux, la vache, la Mère, le roi, l'épouse fidèle, le paysan sage et les renonçants, mais aussi les traditions d'une époque radieuse où les valeurs hindoues s'épanouissaient dans un sous-continent caractérisé par une diversité humaine et géographique pacifiée et légendaire. Soit autant de médaillons ou de symboles qu'exploitent également les agences publicitaires lorsqu'elles recyclent la tradition pour faire ou vendre « moderne » ; par exemple en invoquant les *yakshinis* ou les danseuses de temple afin de vanter les produits de beauté féminins, ou le vieux texte de recettes érotiques du *Kama-sutra* de façon à légitimer l'usage des préservatifs en période d'assouplissement des mœurs et de propagation du sida[1].

Le paradoxe de la postmodernité sud-asiatique consiste à devenir moderne en découvrant ses « racines ». Il s'agit la plupart du temps de transformer en style de vie une collection de stéréotypes orientalistes qu'exploitent tant les néotraditionalistes que les néolibéraux. C'est dans cette patrimonialisation de la « Grande tradition » nationale hindoue, caricaturalement revisitée, que l'on cherche les signes ou les symboles d'une hindouité à la fois moderne et régénérée. Les néotraditionalistes pour satisfaire leur quête d'identité ; les publicitaires pour « gagner des marchés ». Mais les figures, les thèmes et les intrigues utilisés par la propagande safran et la publicité marchande se ressemblent tant elles puisent dans un même exotisme de bazar. Comme si l'une et l'autre découvraient que le patrimoine transfiguré par le patriotisme devait habiller leurs valeurs respectives dans un halo de fierté nationale.

En dépit de ces convergences, le débat sur les conséquences de la globalisation recouvre une diversité de positions concernant des sujets variés : le développement et la croissance, l'inégalité sociale et la concentration de richesses, la production industrielle et la consommation de masse, ainsi que la question des rapports entre État et marché, administration et espace public, citoyenneté et société civile, sécularisme et religion. Mais l'enjeu principal est le rôle fondamental que joue ou que devrait jouer la « culture » ou la « civilisation » indiennes[2] dans le traitement des questions de société actuelles, s'agissant

1. C'est la thèse développée dans l'ouvrage de William Mazarella, *Shoveling Smoke. Advertising and Globalization in Contemporary India*, *op. cit.*

2. Pour une démonstration de l'inanité de la notion de civilisation appliquée à l'Inde, cf. Sanjay Subrahmanyam, « L'Inde ouverte ou fermée ? », in Yves Michaud (dir.), *Université de tous les savoirs : Qu'est-ce que la culture ?*, Paris, Odile Jacob, 2001, p. 69-79.

notamment de l'éducation, des mœurs ou des orientations idéologico-politiques. Le constat n'est guère étonnant. Comme Paul Veyne le rappelle, « la culture est [...] une question de fierté, de rapport de soi à soi, d'esthétique si l'on veut, en un mot de constitution du sujet humain. Et cette subjectivité a été, à travers les siècles, un enjeu historique aussi disputé que les enjeux économiques ou que le partage du pouvoir [...][1] ». Ce qu'illustre de façon pittoresque le propos récent d'un opposant à la mondialisation, manifestement fier d'être hindou : « Notre culture n'a-t-elle pas survécu aux Moghols et aux Britanniques ? Ne pensez-vous pas qu'elle survivra au Coca-Cola ? »

Lorsque le BJP était à la tête de la coalition au gouvernement, il avait opté pour une position idéologique qui combinait l'ouverture (graduelle) aux investissements étrangers et la promotion de la culture indigène en défendant la justice sociale. Comme le Premier ministre, Atal Bihari Vajpayee, le déclarait en 1997 : « Ce à quoi moi et mon parti sommes opposés est d'autoriser le marché indien à être submergé par des produits qui offrent l'illusion de la prospérité mais qui ne répondent en réalité qu'à la demande d'une infime partie de la population. Pour dire les choses clairement, nous sommes contre le consumérisme illimité qui favorise le cosmopolitisme et privilégie les Indiens déjà en situation de mobilité sociale, mais qui ignore les besoins de 75 % de la population d'un pays qui vit dans nos villages. » Nombre d'Indiens ont reconnu dans cette juxtaposition inédite de mondialisation et de *swadeshi* un mariage de convenance cynique visant à draguer des électorats disparates. Mais on doit surtout relever combien cette formulation populiste passe à côté de la nature du phénomène de consommation de masse en ignorant la

1. La citation est extraite de son livre *La Société romaine*, Paris, Seuil, « Des travaux », 1991, « Points Histoire », 2001, p. 307-308.

force que revêt cette nouvelle cosmologie pour l'ensemble des acteurs sociaux, y compris dans les villages.

Le Premier ministre indien ne voit pas que l'ontologie sociale de la consommation abolit la distinction cruciale entre « vrais » et « faux » besoins[1]. Or cette opposition entre la nécessité et le luxe, qui confère à la société une dimension morale, a servi de fondation à la nation. C'était une façon de disqualifier *a priori* le consumérisme en tant qu'intrinsèquement élitiste. Depuis le *Mahatma* Gandhi au moins, l'Inde s'était voulue humble et autarcique, austère sinon ascétique. Non seulement à cause de la pauvreté d'une majorité de ses habitants – loi d'airain du sous-continent –, mais également par un choix raisonné étayé sur l'éthique (renonçante). Postulant que le dénuement et l'autocontrôle étaient inscrits dans la tradition indigène plusieurs fois millénaires, ces valeurs devaient caractériser l'indianité (sud-asiatique) et constituaient donc l'*ethos* de tous les Indiens. Ce choix fut entériné par le *Pandit* Nehru. Mais celui-ci le transforma en un programme politique « modernisateur ». C'est en effet au nom d'un idéal de justice démocratique que fut décidé le modèle de développement socialiste – en réalité un capitalisme d'État (pour qui se retourne sur la trajectoire de l'Union indienne). Sur la base d'une planification quinquennale, l'État, servi par une puissante bureaucratie modernisatrice, prenait en charge la croissance d'une économie autocentrée et protégée afin de faire « décoller » le pays du sous-développement endémique. La visée de ce projet ambitieux inspiré par le coopératisme, la solidarité et la redistribution (largement rhétorique dans les faits) était de

1. Marshall Sahlins est sans doute le premier anthropologue à avoir pensé sérieusement la place sociale de la publicité et des industries de marketing (bien qu'on puisse trouver des réflexions comparatives entre publicité et magie chez Bronislaw Malinowski) ; cf. *Culture and Practical Reason*, Chicago, University of Chicago Press, 1976.

réduire (autant que faire se peut) les inégalités sociales et les disparités régionales. Mais l'erreur du Premier ministre fut de penser qu'un modèle « dirigiste » pouvait satisfaire les aspirations de tous les Indiens.

L'échec relatif de ce modèle de développement et l'assèchement des aspirations qui le portaient dans les années 1970 ont changé la donne. L'ouverture aux biens et capitaux étrangers dans la décennie suivante a conforté une réorientation populiste faisant la part belle aux discours séducteurs de politiciens préoccupés de clientélisme et peu avares de promesses émancipatrices, notamment concernant la satisfaction des besoins. Vantant publiquement les vertus de la consommation de masse – nouveau « culte du cargo » –, nombre de politiciens célébrèrent le héros de la modernité. Celui qui, sous l'impact de la publicité et de la société du spectacle, était devenu l'arbitre de toutes les questions normatives : « le consommateur », celui qui a toujours raison ! En sorte que la condamnation morale de l'acte de consommer a été levée, comme est tombé le préjugé envers le fait de beaucoup dépenser, consommer ou capitaliser. De la même manière que le BJP a promu le national-hindouisme, avec l'ambition de libérer les énergies viriles d'une population trop longtemps bridée par les abstractions efféminées propres aux « pseudo-sécularistes » (marxistes, socialistes, nehruviens), le nouveau consumérisme a favorisé l'expression des passions et des intérêts du « petit peuple ». Mieux, il lui a fait recouvrer sa virilité après les décennies d'un socialisme rigoriste et atone, finalement impuissant et à terme désastreux[1].

Du moins est-ce ainsi que le présentent les rhéteurs ou les praticiens de la « libéralisation safran ». Car ni sous le règne de Jawaharlal Nehru ni sous celui d'Indira Gandhi

1. L'argument est explicité par Arvind Rajagopal, *Politics after Television. Religious Nationalism and the Reshaping of the Indian Public*, *op. cit.*

l'économie indienne ne fut strictement administrée sur le modèle soviétique. Certes, le système a toujours subventionné lourdement le secteur des entreprises publiques, notamment des grandes industries qui relevaient de l'État. Certes, il a gardé la mainmise sur les producteurs privés par le biais de permis et de régulations octroyés et contrôlés par des bureaucrates, aux pouvoirs discrétionnaires et souvent corrompus, en charge des diverses administrations. Il n'en reste pas moins qu'un important secteur privé a toujours existé, et fructifié. Certes encore, l'État a aussi joué un rôle déterminant dans la fabrique et le soutien de la culture publique par le monopole sur les chaînes télévisuelles. Mais il a aussi favorisé plus tard (non sans réticence) des producteurs privés indigènes aussi bien qu'étrangers (comme Star TV dans les années 1990), leur distribuant des autorisations de diffusion. Certes enfin, l'État contrôle également les centres culturels nationaux ou régionaux, les spectacles et les publications en s'arrogeant un pouvoir de censure et une variété de régulations concernant la moralité publique et l'ordre social. Mais, là encore, la démocratie indienne a toujours autorisé la liberté d'expression, hormis durant la période dite d'« urgence » en 1975-1977.

Ouverture économique et régime de représentation/consommation

Marché et télévisions

Dans une économie très protégée, comme l'avait été celle de l'Inde jusqu'en 1980, l'approvisionnement du marché était relativement limité en termes de marchandise et de culture. Cette situation eut quatre conséquences pour les industriels et les consommateurs, outre le changement de la représentation que les Indiens se faisaient de l'Inde. Dans un marché domestique protégé, le thème de la culture nationale n'avait alors que peu de valeur commerciale et ne servit donc pas de marqueur pour identifier ou distinguer les produits, par définition peu nombreux et sans distinction. Deuxièmement, les multinationales, qui consacraient de grosses sommes d'argent à la promotion publicitaire de leurs produits, ne s'inquiétaient guère de l'origine ou de la provenance de ceux-ci, sachant que la plupart étaient fabriqués localement. Troisièmement, si les industries s'efforçaient d'épouser les fluctuations du marché intérieur pour diffuser au mieux leurs marchandises, elles ne développèrent pas d'activités ou de services spécialisés cherchant à les adapter aux idiomes culturels ou à les calibrer en fonction des classes d'âge ou des classes sociales, du genre sexuel ou des spécificités régionales pour mieux « pénétrer » le marché domestique. Enfin, le marché étant de *facto* restreint et homogène, cela simplifiait les diverses opérations de conception, fabrication, promotion, diffusion, distribution et de livraison. Aujourd'hui, l'ouverture de l'Inde à la mondialisation a rendu caduques ces limitations et protections conçues par les idéologues indigènes de l'échange inégal.

Certes, de nouvelles firmes multinationales comme Coca-Cola ou IBM se sont ajoutées aux anciennes entreprises, telles Hindoustan Lever ou Nestlé, en favorisant la consommation des classes moyennes et supérieures, lesquelles ont modernisé (partiellement) leur style de vie. Mais, aussi longtemps que l'ouverture à l'étranger resta limitée, la sensibilité modernisatrice ne se transforma pas en cosmopolitisme : l'agir et le penser continuaient de se déployer dans le cadre d'une société singulière[1]. En conséquence, les

1. Sur cette notion, cf. Carol A. Breckenridge, Sheldon Pollock, Homi K. Bhabha et Dipesh Chakrabarty, *Cosmopolitanism*, Durham-Londres, Duke University Press, 2002.

membres de ces classes ont relégué la culture de caste, leur tradition régionale ou leur communauté d'origine dans la sphère domestique. Ce principe dit de « coupure », selon l'expression de l'ethnologue Roger Bastide, fut explicitement formulé par l'anthropologue indien Mysore N. Srinivas : « J'enlève ma caste lorsque je vais au bureau et je la remets quand je rentre à la maison. » De plus, lors de la première vague d'ouverture du marché, les multinationales étrangères se sont progressivement indianisées en termes de recrutement du personnel et de collaborations. Mais ce ne fut qu'avec la seconde vague, c'est-à-dire la mise en place de l'ajustement structurel de 1991, que des transformations de fond s'annoncèrent. L'une des réponses des responsables politiques nationaux à cette recomposition du paysage économique consista à mobiliser en masse les militants afin de relancer le mouvement pour la production indigène, le *swadeshi* ; le mot d'ordre fut adopté par la droite hindoue du BJP et soutenu par le parti communiste, plus souverainiste qu'internationaliste en la circonstance.

Une fois les formes élémentaires du consumérisme installées dans les années 1980, le changement le plus significatif de la présence étrangère fut enregistré dans le secteur télévisuel avec l'avènement des canaux satellitaires, notamment Star, Zee, BBC [V] et ATN. Alors que le nombre d'auditeurs était relativement réduit au début, il s'accrut exponentiellement dans les années 1990. Les programmes comme *Santa Barbara* et *Baywatch* rencontrèrent leur public, qui se recrutait plutôt parmi les classes moyennes et hautes. Ces feuilletons donnèrent à voir le style de vie des « gens riches et célèbres », des puissants qui règnent et s'épanouissent en Occident. Des imitations furent produites en langue hindi, mais cette fois auréolées du chic ethnique et du style de vie indo-cosmopolite, comme dans *Junoon*, *Virasat*, *Karma Bhoomi*, etc. C'est dans ce contexte d'appropriation que les publicitaires « indianisèrent » les intrigues, les contenus, les décors ainsi que le style graphique au cinéma, dans les publicités ou à la télévision.

Avec l'arrivée de la télévision satellitaire en bouquet et l'entrée d'un plus grand nombre de nouveaux consommateurs dans le marché, les formes esthétiques et morales de la représentation publicitaire se transformèrent pour se segmenter (en « parts de marché »). Alors que le modèle de l'homme ou de la femme de haute caste brahmane occidentalisé continuait de s'imposer dans les « spots », non sans tension ni sans contradiction au regard de leur caractère peu représentatif de l'audience, des « niches » de consommation furent aménagées. Cela conduisit les annonceurs à concevoir des messages adaptés aux nouvelles clientèles, afin que celles-ci puissent se loger dans ces niches fabriquées à leur intention. Dans le dessein de satisfaire les membres de castes plus basses ou de classes moins riches également en quête d'une expression renégociée de leur « subjectivité » ou identité, y compris en termes de culture matérielle, les représentations de la culture folklorique ou vernaculaire, moins occidentalisées et fortement hindouisées, se multiplièrent.

Épopées hindoues ou paraboles nationalistes ?

Le catalyseur de ces processus de consommation fut le régime nouveau de l'image et du récit expérimenté au travers d'une célèbre épopée hindoue. En 1987, la télévision d'État indienne, Doordarshan, programma l'adaptation dramatique du *Ramayana*[1]. Le succès de ce feuilleton fut considérable et son audience immense. Des variantes

1. Cf. Philip Lutgendorf, « The Ramayan : The Video », *Drama Review*, 4, 2, 1990, p. 127-176.

régionales furent produites et diffusées dans différentes langues de l'Inde. Deux ans plus tard, l'« océan des épopées » qu'est le *Mahabharata* fut également transformé en feuilleton pour le petit écran. Cette diffusion attira un nombre encore plus grand de téléspectateurs et suscita davantage de dévotion. Chaque dimanche matin, le peuple de l'Inde conspirait devant les écrans de télévision pour s'enchanter de héros bataillant contre les félons, l'adversité et les démons. Des dizaines de millions d'Indiens, voire des centaines – d'aucuns faisant état de 80 % de la population ! – se figeaient hebdomadairement devant leur poste à la maison. Et c'est par millions qu'ils s'agglutinaient lors de séances publiques organisées dans les quartiers, les bourgs et les villages. L'Inde tout entière, du Rajasthan au Bengale, du Cachemire au Cap Comorin, consommait la réécriture de son histoire en direct et s'extasiait de sa culture réinventée en version mytho-électronique : celle d'une civilisation dont la gloire trois fois millénaire se confondait avec un hindouisme triomphant qui terrassait ses ennemis étrangers, principalement musulmans. Les vieilles épopées, dont les structures linguistiques et mentales archaïques résistent aux plus savantes exégèses, se métamorphosèrent en catéchisme politique. La religion civique de l'hindouité conquérante fut hissée au statut de patrimoine national, cet héritage culturel que tous les Indiens doivent impérativement partager. Peu leur chaut que les sciences philologiques ou historiographiques enseignent que l'hindouisme, en tant que religion de la majorité du peuple et histoire remontant à la période védique, relève de la fiction orientaliste liée à la colonisation. Ni que cet artefact ait été fabriqué par des générations de réformateurs voulant réarmer la « spiritualité hindoue », depuis les missionnaires chrétiens du XIXe siècle, en passant par les militants du nationalisme hindou de naguère et d'aujourd'hui, jusqu'aux (néo) réformistes et autres gourous de tout poil qui surgirent dans l'intervalle[1] !

Cette mutation des épopées hindoues en paraboles nationalistes résulte d'un traitement visuel et narratif inédit. Un genre nouveau, labellisé « réalisme nationaliste », a produit un ensemble d'images et de symboles, de récits et d'intrigues, de figures et de décors au travers desquels la nation apparut centrale pour le projet de modernisation de la société. Certes, le révisionnisme historique a projeté les téléspectateurs au temps jadis et a orienté le « principe espérance » vers le passé. Mais les personnages, les intrigues, le graphisme et les décors, ainsi que les accessoires et les dialogues, se coloraient pour beaucoup à l'aune d'un présent chargé d'enjeux politiques à vif. De fait, les sacrifices védiques et les rituels antiques anticipaient les recherches expérimentales et scientifiques du ministère de la Défense de l'État indien ! Les armes des sages renonçants et autres « voyants » (*rishis*) furent peints comme le sont des missiles nucléaires au service d'une nation sur le chemin de la guerre. La civilité du peuple et la solidarité de ses guerriers s'harmonisaient aux fonctions royales et sacerdotales, mais aussi à la hiérarchie des castes qui étaye et garantit l'ordre à la fois social et cosmique. Le courage et la mansuétude des hindous s'opposaient à la violence des envahisseurs étrangers dévalant les vallées riantes de l'Inde du Nord. La vertu des anciens rois, protecteurs du Dharma, faisait regretter cet âge d'or politique tombé dans les oubliettes de l'histoire. On s'en rendit compte ultérieurement : l'envie

1. La littérature sur le sujet est immense, mais on retiendra l'ouvrage de Günter-Dietz Sontheimer et Hermann Kulke (dir.), *Hinduism Reconsidered*, Delhi, Manohar, 1997, la monographie de Lise McKean, *Divine Enterprise. Gurus and the Nationalist Movement*, Chicago-Londres, University of Chicago Press, 1996, et l'ouvrage de synthèse de Richard King, *Orientalism and Religion : Postcolonial Theory, India and the « Mystic East »*, Delhi, Oxford University Press, 1999.

de revanche et les scènes de guerre animaient le militantisme national-hindouiste. Non seulement elles transposaient l'agitation sociale dans la mythologie, mais elles formataient les manifestations et les processions (de propagande safran) qui allaient aboutir aux émeutes meurtrières des années 1990. Surtout, l'enseignement télévisuel dirigé vers un public à la fois populaire et lettré se résumait à une injonction : rassembler tous les hindous dans une seule nation. L'antique récit relu et recyclé en appelait à l'éveil de la conscience hindoue afin qu'elle se cristallisât en communauté exclusive (au grand dam de l'Inde « composite » ou « mosaïque »). « Aux armes "citoyens hindous" » face aux menaces de la pénétration étrangère, de quelque manière qu'on l'entende : soit sous la forme de biens importés dans le pays, soit par la présence des religions du Livre dans le corps (ainsi violé) de la Mère Inde, soit, enfin et surtout, parce que la cinquième colonne musulmane « jihadiste » vise le cœur de la nation.

Ainsi l'entreprise de propagande nationaliste a-t-elle recyclé avec succès les grandes épopées hindoues. Mais elle se laisse encore mieux déchiffrer si l'on interprète ce spectacle télévisuel « en creux », c'est-à-dire en prenant acte de l'humiliation coloniale durable, du traumatisme de la partition, de l'amputation du territoire national et du cortège de souffrances concernant l'identité communautaire que réactivent et amplifient les conflits entre hindous et musulmans. En détachant les Indiens d'un présent que beaucoup considèrent comme désastreux au vu de l'échec du développement, des progrès de la corruption et de l'anomie sociale, ces feuilletons ont fait du passé une légende en traçant la voie à suivre. L'objectif est de hausser le présent à la hauteur de l'antique. Sur ce plan, la télé-légende dorée a creusé le manque et, par conséquent, créé le désir d'*un* peuple ou d'*une* nation. Cette imagerie animée a rendu ostensible l'actuel vide politique, synonyme d'éclipse de civilisation (hindoue). La dramaturgie des *soap operas* a ouvert le champ des possibles en recouvrant l'histoire par le mythe[1]. Certes, les Indiens constituent depuis longtemps une nation en souffrance de peuple. Mais, grâce au nouvel imaginaire médiatique commun, l'incomplétude de la destinée du pays se transfigure en rêve politique de toute-puissance. Parce qu'elle stigmatise l'impureté des « autres », cette projection émancipatrice apure la communauté en vue de l'établissement d'une souveraine perfection. Parce que l'utopie de l'hindouité intégrale charge de sens et encense l'à-venir, elle instruit l'eschatologie en tant que vocation propre aux hindous. Ces transformations expliquent pourquoi la destruction d'une mosquée construite au XVIe siècle est devenue un enjeu national à la fin du XXe siècle.

La campagne pour la réappropriation du site de naissance du dieu Ramabhoomi semblait renvoyer à un âge dépassé. Mais, pour les dirigeants du national-hindouisme, il s'agissait d'aligner les sphères respectives de l'économie, de la culture et de la politique sur un plan où réel, imaginaire et symbolique se confondent ; ainsi espéraient-ils faire entrer les masses non éduquées dans le courant national-hindouiste. À la veille des élections, l'objectif déclaré du BJP était d'utiliser le filon de l'hindouité pour étendre la participation politique au plus grand nombre en diversifiant le recrutement social et régional du mouvement, au Nord comme au Sud. Les hautes castes hindoues étant acquises au national-hindouisme, l'effort porta sur les classes moyennes élargies aux couches inférieures ainsi qu'à la plèbe (bien que le BJP ait entrepris des réformes économiques réduisant la protection aux pauvres et aux minorités dès 1998). Tandis que la masse des Indiens

1. Cf. Veena Das, « On Soap Opera : What Kind of Anthropological Object Is It ? », in Daniel Miller (dir.), *Worlds Apart : Modernity through the Prism of the Local*, Londres, Routledge, 1998, p. 169-189.

s'éveillait à la vision enchantée d'un âge d'or – hélas révolu –, certains dirigeants du national-hindouisme prirent fait et cause pour la mondialisation en embrassant vaille que vaille le programme néolibéral. D'où leur appel à la riche et puissante diaspora sud-asiatique, notamment les *Non Resident Indian* (NRI) de la prospère communauté nord-américaine, qui financent généreusement le radicalisme idéologico-politique dans leur « patrie imaginaire » ; ceux-là sont passés maîtres de la « citoyenneté flexible » dans le dessein de répondre avec opportunisme aux changements de conditions économiques et politiques propres aux logiques culturelles de l'accumulation capitaliste[1].

Tandis qu'on présentait à un vaste public la célébration du retour au saint royaume de Rama – valant comme modèle d'harmonie sociale présent –, l'ouverture aux flux du capital, des marchandises et des images s'amplifia. Alors que l'orientation politique nouvelle approfondissait les inégalités économiques et régionales de l'organisation sociale, les médias cristallisaient une conscience unifiée sous la bannière chauvine de l'affirmation hindoue patriote, patriarcale et revancharde. De la même façon que l'ouverture du pays et la généralisation du marché transformaient la société en une entité unique, les forces du national-hindouisme impulsèrent une dynamique de reconquête qui se traduit en prophétie autoréalisatrice : celle d'une multitude en passe de recouvrer son imaginaire culturel et religieux, à la fois fondateur et utopique. La production d'un champ idéologique unifié de la nation, sur la base d'une représentation homogène de traditions présumées sempiternelles, a permis aux hindous d'alimenter leur subjectivité et de retrouver la plénitude de leur identité. Cette création d'une conscience

1. Sur cette notion, on lira Aihwa Ong, *Flexible Citizenship. The Cultural Logics of Transnationality*, Durham, Duke University Press, 1999, bien que les cas chinois et indiens diffèrent grandement en termes d'expérience nationaliste.

nationale, ou « communauté imaginée », fut à la source d'une imagerie de plus en plus partagée dans le sous-continent (hormis par les musulmans, les chrétiens et les « sécularistes »). Notons toutefois le paradoxe. Loin d'être ainsi rassurée, la communauté de quelque 800 millions d'hindous se pense de plus en plus sur le mode du « complexe minoritaire de la majorité » alors qu'elle s'avère intimidante ou menaçante pour le reste de la population (soit 12 % de musulmans et un peu plus de 2 % de chrétiens).

L'aura de l'événement télévisuel a transformé le rapport au réel alors que les conditions de la symbolisation de masse changeaient sous les yeux des Indiens. La diffusion de ces programmes télé-épiques louant le peuple de l'Inde et célébrant la nation hindoue a rompu le contrat séculier établi par l'État entre le pouvoir politique et la production des images officielles. La télévision nationale a mis fin à une décennie de tabous concernant le rôle et l'affichage de la religion d'une nation déclarée officiellement laïque, culturellement composite et multireligieuse depuis 1947. Non seulement le monopole sur l'industrie des images était brisé, mais le sacro-saint « sécularisme » nehruvien était bafoué. En se confortant dans l'institution imaginaire du national-hindouisme, l'Inde de masse s'est (ré)inventée dans la décennie 1980-1990[1].

ÉTAT, IDENTITÉS DE CLASSE ET INDUSTRIES CULTURELLES

Le trafic accru des signes et des images produit par les médias électroniques a donné forme à un nouveau régime visuel et recomposé l'économie du pouvoir, ainsi que

1. Cf. Arvind Rajagopal, *Politics after Television. Religious Nationalism and the Reshaping of the Indian Public*, *op. cit.*

l'ensemble de la politique contemporaine. Celle-ci est désormais moins chargée d'aura car ravalée à une publicité humaine, trop humaine, en dépit de son esthétisation croissante. Parce que la politique bascule dans la mise en spectacle en vue de créer l'événement, elle cesse de prendre en charge l'amélioration des conditions ou le changement social. Le récit politique se focalise avec délectation sur les expressions subjectives du soi ou du groupe, y compris dans leurs rapports aux autres – amis ou ennemis. Par exemple, il n'est pas de meilleur moyen de développer à grande échelle l'idée de la beauté individuelle que de la mettre au service de l'échange marchand (ainsi qu'on l'a vu au chapitre II). Les politiciens fabriquent dorénavant les distinctions ou les narrations ornementales qui enchantent et subliment le monde social. La confrontation avec les inégalités économiques et sociales existantes tend à disparaître – au risque de perdre tout contact avec le monde politique réel, celui où se négocie le pouvoir et s'exerce la domination : la mythification du présent triomphe. On ne voit pas comment expliquer autrement le succès extraordinaire de ces épopées fleuves diffusées par la télévision nationale – signe incontestable de l'hégémonie culturelle de l'État jusque dans les années 1990.

L'économie politique de la vie publique en Inde renvoie à un complexe ou plutôt une triangulation entre les différents organes de l'État, les entrepreneurs (publics et privés) engagés dans les industries culturelles et les classes moyennes des mégapoles, des villes et des villages. Le monde de la marchandise et de la consommation de masse emporte avec lui les formes multiples du cosmopolitisme vernaculaire ou de la « vernacularisation » cosmopolite que cette triangulation dessine. Celle-ci est la marque de fabrique de la nouvelle citoyenneté indienne, définie en termes à la fois de consommation et de religion politique. À la faveur de la confusion entre consommation et nationalisme a émergé le projet d'un État d'exception faisant reposer la citoyenneté sur le droit exclusif des hindous d'être Indiens, privant *ipso facto* de droits les Indiens non hindous. Les musulmans et les chrétiens sont dorénavant considérés comme des citoyens de seconde zone, voire des non-citoyens, c'est-à-dire des exclus en raison de leurs identités perçues comme primordiales, islamique ou chrétienne.

Cette conception réactionnaire de l'appartenance à la nation se définit à l'encontre du projet moderniste et inclusif de Nehru qui s'inspira de la tradition laïque des Lumières, du progrès et de la science positive ; à charge pour le « développementalisme » de fournir aux masses les conditions matérielles de l'accès à la démocratie. Depuis plus de trente ans, ce discours socialisant, optimiste et volontaire est en crise sous les assauts verbaux et physiques des partisans du national-hindouisme. Aujourd'hui, ils tambourinent pour cause de déclin de la nation et soufflent dans les conques (vishnouites) afin de retremper l'hindouisme et de sonner l'hallali contre les musulmans. Ce mouvement a produit un régime de discours équivoque. D'une part, il célèbre les vertus de l'autochtonie religieuse nationale ; de l'autre, il vante les mérites économiques de la privatisation, de la libéralisation et de l'ouverture mesurée des marchés. Avec le développement des industries de la communication et de la consommation de masse, l'imaginaire social indien s'est nourri de l'hindouisation par anti-islamisme sur fond d'internationalisation à marche forcée. La première puise son inspiration dans l'orientalisme ; la deuxième engendre les conflits entre communautés religieuses ; la dernière brasse les formes multiples et hétéroclites de la culture de la modernité, non sans tensions ni contradictions.

Au tournant des années 1990, nombre d'observateurs dénonçaient le détournement vicieux d'une politique séculière trentenaire et condamnaient l'accaparement de l'espace public par ce nouvel hindouisme agressif, à la fois « syndiqué » et « sémitisé »[1]. Mais on s'aperçut bientôt que le soutien social à ce mouvement restait limité parce que lié à une conjoncture. L'enthousiasme suscité par la vague safran a dépendu d'une restructuration de fond qui avait empêché de comprendre l'amplitude et le caractère de cette mobilisation[2]. Certes, l'identité indienne a été refaçonnée en profondeur par l'idéologie de l'hindouité. Mais c'est à la consommation de masse et au renouvellement spectaculaire du paysage idéologique et publicitaire qu'il doit d'avoir transformé la représentation que se faisaient d'eux-mêmes les Indiens. Le national-hindouisme est devenu proéminent dans un contexte de libéralisation et de dérégulation. Or cette conjoncture favorisa des élites qui aspiraient à la promotion sociale mais dont l'action politique invitait à l'opportunisme électoral le plus cru, quand elle n'alimentait pas la délinquance ou la criminalité. La croissance économique et la montée en puissance de groupes sociaux exclus, notamment d'une fraction des basses castes éduquées, accentuèrent les demandes de reconnaissance, d'allocations et d'emplois adressées à l'État central aussi bien qu'aux États régionaux. En sorte que les appareils d'État furent débordés par les classes moyennes, qui avaient pourtant largement bénéficié de leur générosité ; ce processus conflictuel déboucha sur une crise de l'autorité politique qui fit craindre le pire. Dans le

1. Cf. Romila Thapar, « Syndicate Moksha », *Seminar*, 313, p. 14-22, et « Imagined Religious Community ? Ancient History and the Modern Search for a Hindu Identity », *Modern Asian Studies*, 23, 1989, p. 209-232.

2. Cf. l'enquête de Thomas Blom Hansen, *The Saffron Wave. Democracy and Hindu Nationalism in Modern India*, *op. cit.*

dessein de restaurer un consensus, le BJP mobilisa le sentiment national en menaçant d'ouvrir les frontières aux capitaux et aux biens étrangers et en jouant sur la défense de l'identité de la nation hindoue majoritaire en danger. Le gouvernement parvint du même coup à distraire l'attention d'une privatisation agressive de l'économie conduite par les partisans « safrans » du libéralisme. Parallèlement à la montée du BJP, les « autres classes retardées » (*other backward classes* [OBC])[1], qui constituent la majorité des militants de base du national-hindouisme, s'affirmèrent contre les hautes castes au sein d'un nouvel ordre national populiste et autoritaire. La compétition électorale devint ainsi plus ouverte, davantage fluide, d'autant plus propice aux coalitions inattendues que plus aucun parti ne peut désormais gagner à lui seul les élections, comme l'a fait le parti du Congrès depuis l'indépendance.

C'est dans ce contexte que les « identités hindoues du marché de détail » – comme on parlait du commerce de marché – se développèrent. Les identités s'expriment aujourd'hui selon des formes segmentées de consommation, mais également par le manque de consommation, dans la mesure où la pauvreté se définit par l'absence d'accès au marché et par la perte de l'autosuffisance. Quel que soit le cas, ces identités répondent au désir de consommer de l'individu d'aujourd'hui en société (bien que de récents travaux anthropologiques aient montré que l'échange de don s'avère intelligible si on le dérive du troc de marchandises qui est en réalité premier[2]). Le couplage de l'argument obsidional de la « culture en danger » et des

1. Cf. *supra*, p. 158, n. 1.

2. Cf. Alfred Gell, « Inter-tribal Commodity Barter and Reproductive Gift-exchange in Old Melanesia », in Caroline Humphrey et Stephen Hughes-Jones (dir.), *Barter, Exchange and Value*, Cambridge, Cambridge University Press, 1992, p. 142-168.

pratiques de monnayage des nouvelles images individualisées fut central dans l'orchestration des imaginaires publicitaire, cinématographique ou télévisuel, voire littéraire. Il fut également déterminant dans la façon dont les médias s'ajustèrent aux demandes des forces et des flux mondialisés en maintenant l'indianité enclose, c'est-à-dire en nourrissant l'hindouité. En sorte que la façade culturelle de la société se « libéralisa » sans provoquer d'affrontement majeur avec l'organisation en castes, qui est loin d'être libérale, comme chacun sait.

En dépit du récent retour de l'Inde à sa glorieuse dynastie gandhienne avec les élections de 2004, la victoire étonnante du parti du Congrès ne signe évidemment pas la fin de la production nationalisée des populations et du pays. La question qui se pose dorénavant est de savoir si les quelque quatorze années du règne du national-hindouisme (partagé avec une vingtaine de partis régionaux) ne sont qu'une parenthèse. Certes, nul n'est prophète en son pays, et encore moins lorsqu'il ne s'agit pas du sien ! Mais, pour qui étudie l'histoire culturelle et politique tourmentée du nationalisme indien sur la longue durée, il paraît certain que la reconfiguration récente du national-hindouisme continuera de produire ses effets délétères sur le vivre ensemble indien. En effet, les représentations de l'hindouité se sont immiscées dans les messages et les images, les narrations et les fictions, les comportements et les modes d'action. Sous l'impact de la consommation des biens (nationaux et même transnationaux), le nationalisme radical s'est incrusté dans la vie quotidienne de tous les Indiens, de la base au sommet. Cette cosmologie est devenue pour une majorité d'entre eux moins une revendication protestataire qu'une donnée de la subjectivité, un ordre sous-jacent à l'identité nationale. Cette conception a acquis une force politique de façon diffuse et insidieuse. Aujourd'hui, elle invite sans doute moins à la confrontation qu'à un sentiment d'évidence, encore qu'on pourrait dire qu'elle y prépare. Car la pulsion nationaliste reste capitalisable pour toute mobilisation à venir. D'autant que le projet d'édification d'un temple voué à Rama sur le site de la mosquée d'Ayodhya est toujours inscrit dans le programme politique de la « famille safran ». Le national-hindouisme a ainsi fait sortir la religion du religieux pour distiller ce dernier dans l'espace civil et la culture publique. La religion et la politique se sont reconfigurées de telle manière qu'il n'est désormais plus possible de les concevoir comme deux sphères séparées, si elles le furent jamais. Les pogromes antimusulmans du Goujarat l'ont illustré jusqu'à la nausée en 2002. Dans cet État, en effet, l'exploitation de la dimension « jihadiste » du conflit avec les musulmans par le BJP (et ses alliés) a été poussée plus loin qu'ailleurs, du fait du rôle économique important de cette communauté islamique installée de longue date dans la région. Si d'autres musulmans subissaient de semblables violences, ils pourraient recourir à cette arme du faible contre le fort qu'est le terrorisme, au titre de minorité religieuse socialement opprimée.

L'AURA NATIONALISTE DE LA CONSOMMATION DE MASSE

La cosmologie mass-médiatique

En Inde, comme ailleurs, la production sociale n'est pas seulement une logique pratique d'efficacité matérielle. Elle est aussi une intention culturelle, une vision du monde qui demande à s'incarner. Car sa logique est celle de l'auto-effectuation de sa propre forme culturelle, presque toujours conçue comme *la* civilisation elle-même.

Certes, la rationalité matérielle se fonde sur les relations signifiantes entre individu et objets, acteurs et signes, mode de vie et monde vécu, société et culture. Mais, comme l'a souligné Karl Marx, lorsqu'il aborda (dans les *Fondements de la critique de l'économie politique*) la question des relations entre production, distribution, échange et consommation, « le besoin que la consommation a de la production est créé par sa *perception* du produit ». Bien que le philosophe ait sous-estimé les dynamiques culturelles de l'organisation sociale, c'est dire (au risque de l'anachronisme) l'importance que revêtent les productions de l'imaginaire, telles les expressions publicitaires, narratives, picturales ou cinématographiques. Les pratiques diversifiées de consommation engendrent des mythologies qui elles-mêmes nourrissent les conduites caractéristiques de la modernité, laquelle n'est pas exclusivement occidentale. Cette cosmologie est en effet devenue planétaire à la faveur des échanges et de la circulation, des (inter)connexions entre cultures et populations, mais également par le biais d'appropriations ou d'hybridations, du métissage et autres collages de traits matériels et symboliques propres à une pluralité de sociétés qui en usent, en mésusent ou en abusent. Les vertus plus ou moins sublimes de ces produits, images ou intrigues, s'étalent désormais partout dans le monde comme autant d'« épiphanies mercantiles », pour reprendre la formule de Michel de Certeau.

Mais la fascination pour les signes enchanteurs de la culture matérielle renvoie à des économies morales liées à des réalités historiquement et géographiquement situées. Les formes d'appétence et les compétences à consommer, à proportion des revenus disponibles, transitent par les cultures et les singularités de l'endroit et du moment. Les logiques de situation se projettent dans des formes nouvelles parce qu'elles sont interprétées à travers les catégories locales. Et les types de consommation engendrent des représentations distinctes du bien ou du mal, du beau et du laid, de la pureté ou de l'impureté, du raffiné ou du vulgaire ou, plus banalement, de l'utile ou de l'inutile, de la puissance ou de la privation. Mais, quel que soit le cas, la quête de biens matériels est toujours hantée par un imaginaire de sortilèges que transporte le symbolique.

Parce que les formes médiatiques sont à l'intersection ou à l'interface de l'économie et de la culture, elles éclairent cet empire de la consommation où l'utilitaire et l'esthétique se rejoignent, comme si elles étaient de l'économique et de l'idéologique qui s'éclairent mutuellement. Chacune raconte l'histoire de l'autre : l'idéologie, celle de l'économie ; l'économie, celle de l'idéologie. L'attestent les messages qui narrent, dramatisent ou illustrent les relations rêvées ou conflictuelles entre classes, âges, genres sexuels, ethnies ou communautés, professions ou vocations, pouvoirs ou types d'autorité. Chaque fois, l'économie pénètre la rhétorique de l'image ou de l'intrigue tandis que l'image et l'intrigue imprègnent la rhétorique de l'économie. Cette cosmologie produit un surplus de signification, une aura qui transforme la valeur en profit, parallèlement à la métamorphose de l'utilitaire en idéologie. Que les individus appréhendent la culture matérielle avec délectation ou répulsion importe finalement peu : tous se nourrissent, à degrés variables, du fétichisme inhérent à la consommation dont l'effet magique est décuplé par les mass-médias. Beaucoup en jouent, alors que les flux d'argent et de biens, de mots et d'images sont débités en continu grâce aux réseaux présumés sans frontières du « village planétaire ».

La publicité, les programmes télévisuels et le cinéma furent souvent étudiés à l'instar d'un système de magie, une sorte d'alchimie qui transforme les chaumières en palais, les pauvres ou la plèbe en individus riches et beaux, les anonymes ou les gens de peu en héros souvent invincibles mais parfois vulnérables. Par le truchement de ces affabulations, la vie ordinaire bascule dans l'épopée et l'épopée s'infiltre dans le monde quotidien. La transmutation narrative ou la sublimation iconique jouent toutes deux sur l'aura. Si à l'occasion l'une ou l'autre monte à son zénith, la tendance est plutôt au déclin. Dans ce pays asiatique où la publicité est plus que centenaire, l'aura perdure cependant au travers des mille feux de la consommation et des scintillements de l'imaginaire médiatique.

Jusqu'à une date très récente, les médias présentaient une collection de portraits : le « paysan » frugal mais méritant, la « paysanne » alerte et travailleuse, le « héros » de l'indépendance ou le militant gandhien, l'opulente ménagère urbaine ou la villageoise à peine dégrossie, en répétant que « tous les Indiens sont frères et sœurs », sans égard aux castes et aux régions, au statut et à la richesse. Comme si le message diffusait le credo du coopératisme nehruvien. Mais c'est en termes d'épanouissement de la personne, ou plus exactement de réalisation des désirs par la consommation, que le message s'articule et se diffuse aujourd'hui. Ainsi se fabriquent les subjectivités ou les identités sur le marché (quand elles n'y sont pas préfabriquées). Au célèbre slogan : « Soyez Indiens, achetez indien », des années 1980, s'est substitué le mot d'ordre : « Achetez, c'est indien ». En sorte qu'on est passé, en moins de vingt ans, d'une consommation ciblée sur les produits de la nation, en vue de la croissance et du développement, à une nationalisation de la consommation dont la finalité est de satisfaire la communauté imaginée des hindous. Acheter, c'est actuellement consommer le national-hindouisme. La consommation sert dorénavant moins la nation qu'elle ne « nationalise » le pays au profit d'une communauté en quête de l'Un – promesse de plénitude marchande et fin dernière de la vie publique et politique.

En restructurant l'espace socio-technique de la communication sur un patriotisme consumériste, les médias n'informent ni n'enchantent plus seulement les individus et les publics : ils leur donnent force politique dans une acception nationaliste. C'est par le marché que les changements de comportements adviennent ; c'est par la consommation que la communauté se nationalise ; c'est par la « marchandisation » que les acteurs se transforment en représentants d'un désir social collectif. Cette trinité confine au culte fétichiste : celui consistant à consommer (toujours plus). Hier, les métaphores de l'utilité dominaient le discours de la publicité en affichant le prix à payer pour se procurer telle ou telle marchandise. Aujourd'hui, on les vend ou on les achète parce que l'acte a le pouvoir de transformer l'acheteur. La marchandise doit être conçue comme une expérience de cénesthésie. Ainsi comprend-on mieux *a contrario* l'importance que revêt la notion (patriotique) de *swadeshi*, littéralement ce qui est produit à la maison ou dans la nation de façon autochtone et autonome.

La montée en puissance de la publicité et des médias est une mutation sociologique qui ne caractérise pas seulement un mode de production économique, aussi spectaculaire soit-il. Cette industrie est également un mode de subjectivation, c'est-à-dire une invitation à expérimenter la modernité de l'individu par le truchement de la (re)connaissance du soi. De fait, l'affirmation ostentatoire de l'identité libère de nouvelles formes ou possibilités de vie. « La subjectivation, c'est la production des modes d'existence ou styles de vie », résumait Gilles Deleuze en une formule lapidaire[1] ; sachant qu'on ne saisit les processus de subjectivation qu'à travers les pratiques de la culture matérielle, *via* la consommation de masse. De ces pratiques d'appropriation du monde découlent des effets de distinction sociale, matériels ou symboliques, qui définissent

1. Gilles Deleuze, *Pourparlers*, Paris, Minuit, 1990[1], 2003, p. 156.

des processus de subjectivation ou d'individuation, voire d'individualisation, y compris par cette « tactique du faible » si bien décrite par Michel de Certeau : « À une production rationalisée, expansionniste, centralisée, spectaculaire et bruyante fait face une production d'un type tout différent, qualifiée de "consommation", qui a pour caractéristique ses ruses, son effritement au gré des occasions, ses braconnages, sa clandestinité, son murmure inlassable, en somme une quasi-invisibilité puisqu'elle ne se signale guère par des produits propres mais par un art d'utiliser ceux qui lui sont imposés[1]. »

Mythe et hindouité

L'omniprésence des objets de consommation et de leur réflexion en images marchandes dans la vie publique, comme aspects d'un paysage politique ornemental d'un nouveau type, rappelle la formule (de Paul de Man) selon laquelle la politique est l'art plastique de l'État. Mais aujourd'hui, il faudrait y ajouter l'omniprésence des firmes transnationales toutes-puissantes qui étalonnent les besoins par le désir de labels, de marques et de logos. D'autant que les possibilités et les implications des représentations esthétiques se sont formidablement accrues avec l'apparition des technologies de la reproduction technique, comme l'a déjà souligné Walter Benjamin (dans les années 1930[2]). C'est peu dire qu'elles se sont encore développées à l'âge de la société informatique médiatisée et mondialisée.

1. Michel de Certeau, *Les Arts de faire, 1. Pratiques de la vie quotidienne*, Paris, Bourgois (10/18), 1980.

2. Walter Benjamin, « L'œuvre d'art à l'ère de sa reproduction technique », in *Œuvres III*, Paris, Gallimard, « Folio Essais », 2000 (1re éd. all. 1935), p. 67-113.

Une politique qui opte pour une conception esthétisante de la culture en sublimant l'approche utilitaire – telle l'hindouité – provoque un changement de méthode du contrôle social et de la gestion publique. Elle tend à délaisser les macrostructures de l'État pour s'investir dans des unités de pouvoir décentralisé. Tel est le cas des cellules de l'hindouité (*shakha*) de la « famille safran », qui se comptent par dizaines de milliers sur le territoire indien[1]. Ces cellules sont localisées dans tel quartier de telle ville de telle région, là où les activités des militants entretiennent le voisinage au besoin par l'organisation de réunions et de campagnes de propagande, du travail social, des œuvres pies et de l'évergétisme. L'organisation maillée en réseaux de ces antennes assure qu'on pourra les réactiver en fonction de stratégies à court ou moyen terme. Il est certain que l'activité militante, soit jour après jour au sein des cellules, soit lors de la tenue de camps d'entraînement où alternent gymnastique et prières, exercices paramilitaires et endoctrinement, favorise la mobilisation à longue portée. La gestion de ces micropouvoirs implantés localement s'organise sous le sceau du secret et procède à partir d'objectifs régionaux ou nationaux, voire internationaux ; pensons au rôle actif des cellules de l'hindouité implantées en Angleterre ou aux États-Unis qui, sous couvert d'associations caritatives, financent l'agitation contre les musulmans, voire planifient les pogromes, comme il advint lors des émeutes au Goujarat en 2002.

Les décisions arrêtées par les chefs (*pracharak*) des cellules du Rashtriya Swayamsevak Sangh remontent

1. À propos de ces organisations militantes et fort actives pour la diffusion de l'hindouité, on se reportera aux descriptions de Tapan Basu, Pradip Datta, Sumit Sarkar, Tanika Sarkar et Sambuddha Sen (dir.), *Khaki Shorts and Saffron Flags*, *op. cit.*, et Christophe Jaffrelot, *The Hindu Nationalist Movement in India*, New York, Columbia University Press, 1996.

normalement au plus haut niveau, celui du *sarsangh-chalak*, dont l'autorité est moins charismatique que comparable à celle d'un gardien en charge d'une organisation autoritaire fortement hiérarchisée. Les décisions politiques sont répercutées à l'ensemble des cellules, puis mises en œuvre dans l'espace public et parfois auréolées. Le but est de créer un « événement », ce temps contracté ou dilaté qui fend le glacis des évidences ou des routines. Ces manifestations sont alors largement médiatisées et organisées à cette seule fin, au point qu'il devient impossible d'isoler l'événement de sa médiatisation ; ainsi se manifeste l'aura en système démocratique. Ce type de régime privilégie en effet l'« information spectaculaire » et l'« exhibitionnisme événementiel ». En arrachant ses protagonistes à une situation, à un contexte ou à la temporalité, l'événement devient à la fois récit et « performance », spectacle et action, scénographie idéologique ou politique dans l'espace public. Des controverses de ce type déchirent à date périodique les sociétés, comme on l'a observé sur les cas des classes moyennes, de la mutation de l'agriculture, des industries de la beauté et du nouveau régime de l'image. Ces débats sont en même temps des conflits de subjectivation parce qu'ils activent les corps et les esprits ainsi mis en mouvement pour défendre des modes d'être ou des styles de vie, voire n'importe quel parti pris. La scène s'ouvre alors aux bateleurs démagogues : le national-populisme identitaire bat son plein, quand ce n'est pas la violence, puisque la nature de l'aura est de décliner en libérant des pulsions anarchiques ou autoritaires.

Désormais, les revendications des forces sociales profondes qui ne sont nullement prises en charge sont canalisées dans des représentations ou une *Weltanschauung* qui devient objet de croyance et fonctionne à l'instar d'une religion civile. La plus belle conception théorique reste sans but et sans valeur si son ou ses initiateurs ne peuvent mobiliser les hommes et les peuples, par ailleurs toujours sensibles aux mobiles affectifs. On pourrait définir ce qui s'est passé ces deux dernières décennies en Inde, notamment la diffusion de l'idée intolérante d'« hindouité », comme l'exploitation lucide – mais pas nécessairement cynique car elle-même convaincue – de la disponibilité des masses modernes pour le mythe. Mythe de l'État ; mythe de l'ethnie ou de la race ; mythe de la religion millénaire et du peuple élu ; mythe de la communauté unifiée et, par conséquent, sublime. L'enrôlement de groupes ou de populations n'est pas seulement une technique publicitaire de l'aura transformée en arme de propagande, c'est-à-dire un matraquage symbolico-mythique. Elle est aussi une fin si, en dernière instance, c'est le mythe lui-même qui manipule des masses et se réalise en elles.

Cette interprétation pourrait résumer l'autre rendez-vous que l'Inde n'a pas pris avec son destin. Encore que Vinayak Damodar Savarkar[1], le fondateur du Rashtriya Swayamsevak Sangh, programmât, lui, le mythe de l'hindouité sur son agenda dès 1923 dans un essai intitulé *Hindutva : Who is a Hindu ?* Mais, au regard de sa disposition d'ascète militant à l'allure de renonçant (à tout sauf à la violence), gageons que ce pionnier fanatique de l'hindouité n'aurait jamais imaginé que la fortune du national-hindouisme accompagnerait le fétichisme de la marchandise et de la grâce sublime que procure la consommation de masse.

1. Sur cet auteur, son œuvre et sa postérité, cf. A. G. Noorani, *Savarkar and Hindutva. The Godse Connection*, New Delhi, Leftword, 2002 ; sur son organisation militante, cf. Walter K. Andersen et Shridhar D. Damle, *The Brotherhood in Saffron*, New Delhi, Vistaar, 1987. On trouvera une série de réflexions critiques sur la « nationalité hindoue » in Gyanendra Pandey (dir.), *Hindus and Others. The Question of Identity in India Today*, New Delhi-New York, Viking, 1993.

Conclusion

Désenchanter ou réenchanter la mondialisation

À l'époque où les termes de globalisation, de mondialisation, de « système-monde », voire de civilisation mondiale, sont employés à tort et à travers, il est indispensable de revenir aux études de cas afin de préciser les acceptions de ces notions et de concrétiser leur caractère abstrait. Seule une « esthétique du divers », c'est-à-dire une enquête conduite « ailleurs », dissout les calcifications idéologiques ou l'eurocentrisme dans l'acide d'une pensée de la différence. Se colleter à l'altérité régionale, humaine et sociale procure deux avantages : elle décentre la perspective d'une question généralement traitée à partir de l'idée d'un centre du monde ; elle donne la mesure de l'impact et surtout des limites d'un processus assimilé à une causalité mécanique produite par le centre. Dans les deux cas, ledit centre est présumé situé en Europe ou aux États-Unis. Or, les études menées hors du monde euro-américain rappellent que la mondialisation englobe un ensemble complexe de processus contradictoires qui se déroulent dans diverses directions et de multiples façons. À ce titre, l'observateur doit privilégier la théorie de la réception de l'information sous peine de rater la dynamique de l'agir humain. Ainsi découvre-t-il que la mondialisation n'est pas la cause des maux qui affligent les sociétés contemporaines[1].

Il n'en reste pas moins que les processus de mondialisation ont accentué nombre de déséquilibres dans les pays développés ou dits « émergents ». Partout, les inégalités se creusent depuis trente ans[2]. Et la violence s'alimente de la pauvreté et des dégradations liées à la pénétration croissante d'un capitalisme légitimé par le tournant néolibéral de la « dérégulation » internationale des échanges et du cloisonnement coercitif du marché international du travail, sans parler des empêchements opposés à la circulation des hommes. D'un côté, la richesse s'accroît ; de l'autre, la misère augmente, parfois considérablement[3]. Mais il n'y a là nulle fatalité. La mondialisation ne s'inscrit pas dans un accomplissement millénaire ni dans la seule perspective économique. C'est une construction politique et idéologique contingente dont il faut analyser les éléments et

1. On renvoie à la démonstration de Paul R. Krugman, *La mondialisation n'est pas coupable. Vertus et limites du libre-échange*, Paris, La Découverte, 1998 (1re éd. angl. 1996).

2. Selon la Banque mondiale (1994), en 1900, le produit mondial était évalué à 580 milliards de dollars (360 dollars par personne, pour 1,6 milliard d'humains) ; en 1975, il atteint 6 000 milliards de dollars (1 500 dollars par personne, pour 4 milliards d'humains) ; en 1994, le chiffre s'élevait à plus de 25 000 milliards de dollars par personne, pour 5 milliards d'humains). *A contrario*, 1 milliard d'êtres humains – le 1/5e le plus pauvre de la planète – ont moins de 1 dollar par jour pour vivre, 2,5 milliards de personnes n'ont pas accès à des réseaux d'assainissement, 1,3 milliard n'a pas l'eau courante, 1 milliard ne mange pas à sa faim et plus d'un tiers de la population mondiale vit dans la pauvreté.

3. Un certain nombre d'enquêtes réalisées depuis la fin des années 1990 indiquent que la pauvreté tendrait à reculer « en chiffres relatifs ». La proportion des habitants se situant en dessous du seuil de pauvreté officiel serait passée de 41 % en 1992 à 25 % en 2003. Le produit national brut (PNB) par tête, en parité de pouvoir d'achat, s'élevait à 20 % en 1980, 25 % en 1990 et 32 % en 2000. Mais, d'après le dernier rapport du PNUD, l'Inde ne cesse de reculer en termes d'indice du développement humain (cf. *infra*, p. 284, n. 1) : elle est passée du 94e rang (sur 130 pays) en 1994 au 124e en 1995 et au 127e en 2003.

désagréger les processus afin de repérer les acteurs qui concourent à la produire. Contre le déni de responsabilité politique des transformations sociales en cours, il faut dégager les dynamiques sous-jacentes qui modifient les sociétés et les cultures.

Loin d'être une gigantesque mécanique sans agent ou l'œuvre d'un quelconque démiurge manipulant le monde, les processus de mondialisation résultent de choix politiques, économiques, culturels et sociaux intentionnels. Et ces choix engagent les destinées tant individuelles que collectives. Certes, il n'y a pas un seul et même groupe de dominants et l'on ne saurait parler de « complot mondial ». Mais la mondialisation se dote évidemment de classes sociales capables de garantir sa reproduction et son expansion. De fait, un type idéal d'élites est aujourd'hui repérable qui définit les objectifs du néolibéralisme et les moyens pour y parvenir à travers les privatisations et l'usage des « dérégulations » au sein des firmes transnationales, au niveau des États ou dans le champ des relations internationales. Le succès de l'entreprise dépend en effet de la maîtrise des organismes internationaux, du contrôle des flux financiers et des réseaux marchands, de la mainmise sur les places boursières, outre les formes multiples de désaffiliations sociales et institutionnelles et le démantèlement plus ou moins systématique des États-providence. Pour l'« hyper-bourgeoisie transnationale » ou les « dirigeants globaux », *where conquest has failed, business can succeed*[1].

L'expérience désenchantée de Joseph Stiglitz à la Banque mondiale et au sein du gouvernement de Bill Clinton face à l'action du Fonds monétaire international atteste du rapport de forces caractérisant l'état du monde. Elle témoigne également de la prise de décisions résolument idéologiques,

1. « Là où la conquête a échoué, les affaires peuvent réussir. »

quoique légitimées par l'« ordre spontané du marché » ou d'équilibres présumés. Cet homme du sérail, nullement « antimondialiste » et de surcroît prix Nobel d'économie pour ses travaux portant sur l'« asymétrie d'information », accuse le pompier pyromane qu'est le FMI d'avoir aggravé la situation par l'application littérale des « principes du consensus de Washington » ; foin donc des configurations spécifiques, des contextes et des histoires locales. De fait, l'institution en charge de la stabilité mondiale a provoqué un désastre en Indonésie, en Thaïlande, en Corée, en Russie, en Brésil et en Argentine – six échecs en moins de dix ans[1] !

Savoir local, savoir global

Repérer les décideurs politiques ne doit pas occulter le fait que la mondialisation s'apparente à un enchevêtrement de processus non linéaires et fréquemment disjonctifs. La mondialisation est une universalisation qui réinvente la différence, une affaire de pouvoir et d'accumulation, donc une source d'inégalité et de violence. Si elle recouvre un ensemble de relations rétroactives favorisant le délitement social, elle engendre par ailleurs des connexions, des réseaux et des solidarités ; bref, elle n'est ni une malédiction ni une cascade d'effets à sens unique. Polymorphe, elle est le produit de facteurs et de « branchements » dont certains s'avèrent contingents et d'autres nécessaires ; ces

1. Joseph E. Stiglitz, *La Grande Désillusion*, Paris, Fayard, 2002 (1re éd. angl. 2002) ; on peut résumer le « consensus de Washington » par trois commandements : la pression pour la privatisation, le dogme de la libéralisation, la nécessité de cures d'austérité pour redresser les économies défaillantes.

derniers sont liés au développement de formes capitalistiques qu'il est impossible de contourner, bien que toutes ne soient pas irrévocables[1]. Elle revêt également une dimension « fractale » : les diverses mondialisations, économique, sociale, culturelle, régionale, ne sont pas congruentes ; on constate des décalages et des écarts, des avancées et des retards, des dissonances et des tensions, tandis que dominent des contradictions qui permettent aux acteurs de lui opposer des stratégies de résistance. Quant aux effets structurels ou d'agrégation collective, ils résultent de la recomposition des relations entre capital et travail sous le coup de « dérégulations » tant nationales qu'internationales ; cette concaténation a été décrite comme la fin du « compromis fordien » avec le passage à l'organisation « toyotiste »[2]. Mais, répétons-le, cette grande transformation est le produit d'une série de décisions structurantes et cumulatives prises par des élites politiques et économiques. Elle constitue donc l'aboutissement de choix dont la répétition, la convergence et la composition des effets (parfois « pervers ») ont décidé de ce moment historique labellisé « mondialisation ». Non seulement cette configuration redéfinit la donne des échanges et des changements sociaux, mais elle engendre des conflits sur la base d'enjeux inédits qui

1. On trouve de nombreux aperçus éclairants sur la mondialisation dans l'ouvrage de Jean-François Bayart, *Le Gouvernement du monde. Une critique politique de la globalisation*, Paris, Fayard, 2004 ; sur la notion de « branchement », cf. Jean-Loup Amselle, *Branchements. Anthropologie de l'universalité des cultures*, Paris, Flammarion, 2001, « Champs-Flammarion », 2005.

2. C'est-à-dire la logique d'ensemble des principales dimensions du système industriel depuis Ford, ainsi défini par les théoriciens de la régulation comme un ensemble que formaient la consommation, la production, le rapport salarial et l'action de l'État-providence, alors qu'aujourd'hui on ne cherche à produire qu'en fonction de la demande, en réduisant les stocks, en introduisant une production à flux tendus, en modifiant les relations avec la sous-traitance, en rendant le travail toujours plus flexible, etc. ; cf. Robert Boyer et Jean-Pierre Durand, *L'Après-fordisme*, Paris, Syros, 1994.

mobilisent une diversité d'acteurs dont les ressources sont de plus en plus asymétriques en termes économiques, sociaux, culturels et politiques.

Comme l'a montré ce livre consacré à l'Inde, cette mondialisation n'a d'efficacité que par « trains d'ondes causales » et effet domino. Elle ne prend sens qu'au travers de médiations et de filtres locaux. C'est par le biais d'accommodations et d'adaptations, de traductions et d'appropriations, voire de métissage et d'hybridations que la mondialisation s'exprime et se reproduit en de subtiles variations. Encore faut-il souligner le caractère structurant des résistances (plus ou moins armées) qu'elle suscite ou provoque. D'autant que le rejet est novateur : il invite à la réinvention des traditions et des comportements en autorisant le réétalonnage des subjectivités et des identités.

Parce que l'« objet » mondialisation est transversal aux sciences sociales, les partages géographiques aussi bien que les frontières disciplinaires sont remis en question. De fait, l'approche des sociétés en termes d'aires culturelles ou de civilisations tombe en désuétude pour une série de raisons. Cette perspective réifie les zones régionales en stéréotypes conçus à partir de critères arbitraires ou liés à des conjonctures ; elle cartographie la planète en une mosaïque de peuples ou de cultures attachées à des territoires localisés ; elle réduit les cultures à des ghettos autoréférentiels dépourvus de coordonnées temporelles. Outre ces effets essentialistes, cette approche induit une représentation homogène des sociétés et ne compte pour rien les individus ou les singularités, les turbulences, le dissentiment et les violences. En se désintéressant des circulations et des contacts, elle néglige les échanges et les mélanges, sous-estime les processus transnationaux ou transocéaniques (assurément fort anciens). Qui plus est, elle masque le rôle crucial qu'a joué telle ou telle région du monde, y compris pour le devenir des sociétés occidentales. Enfin, cette perspective minore le nombre et l'importance des relations souvent ambivalentes qu'entretiennent l'Ouest et l'Est, le Nord et le Sud, les pays développés ou en voie de développement. Tout se passe comme s'il était possible d'ignorer les mécanismes de dépendance ou de faire l'impasse sur les centres de pouvoir ou les formes d'hégémonie qui structurent la pluralité des mondialisations, lesquelles sont pourtant à la source de « modernités multiples » qui entrent parfois en conflit au nom d'une hiérarchie des civilisations ou au titre de valeurs ou d'humanités incommensurables.

Mais, à considérer l'historicité et la diversité des sociétés, il n'est pas certain que l'abandon pur et simple de l'approche en termes d'aires culturelles ou d'études régionales, mais aussi en termes de localité sur la base d'enquêtes « micros », soit un gain avéré pour la recherche en sciences sociales sous prétexte que la mondialisation les aurait radicalement transformés. D'autant que la vertu de ce type d'approche fut justement de montrer que les théories et les méthodologies apparemment les plus objectives – au point que certaines devinrent normatives – furent informées par les aires régionales en question. On ne sait pas, en effet, que les acteurs sociaux aient cessé d'agir et de penser localement, ni qu'ils aient expérimenté ou conçu leur monde indépendamment des histoires et des cosmologies régionales ou hors de réseaux de proximité au travers desquels leur vie s'écoule. Nos contemporains n'ont évidemment pas abandonné les références aux lieux, ni renoncé aux modes de temporalité pour élaborer et définir leur subjectivité, leur identité ou leur destinée. L'individu insulaire, mobile et sans mémoire, réduit à lui-même et littéralement délié de tout environnement, comme en état d'apesanteur, est un ensemble vide : il relève plus de l'utopie de l'automate que de l'observation sociologique. C'est toujours en contexte que les hommes et les femmes se reproduisent et renouvellent continûment leurs expériences et leurs horizons d'attente, ne serait-ce que pour s'ajuster aux tensions de l'heure entre localité, région et mondialisation. Qui ne voit que les individus, les populations et les cultures en appellent d'autant plus volontiers aux attachements particularistes – parentèle, autochtonie, régionalisme, patriotisme, nationalisme – que le monde se « globalise » et leur paraît donc plus incertain et moins intelligible ? On ne parle jamais tant d'identités personnelles ou collectives que dans les situations de crise.

C'est pour cette raison qu'il faut partir d'une connaissance partielle, d'un savoir « localisé », mais à construire, pour élaborer une conception positive quoique non innocente de l'objectivité. Prendre acte du constructivisme de l'argumentation, lié à la diversité des formes de la connaissance en sciences sociales, ne signifie pas qu'on doive conceptualiser dans l'air raréfié des généralités. Certes, tout point de vue sur la réalité est sélectif et partiel ; chaque situation dégage une perspective dont l'horizon est forcément limité. Mais cela ne doit pas cacher que l'étude de la localité dépend de rapports de forces qui la conditionnent ou la transcendent. D'où la nécessité que l'enquête conduite *in situ* reste ouverte sur l'« en dehors » dans le dessein de souligner l'image que la société donne d'elle-même.

L'un des objectifs de cette *Inde désorientée* était de rappeler l'importance que revêtent les formes locales et non occidentales dans les dynamiques de mondialisation. Par ses dimensions, sa diversité, son histoire et ses turbulences, l'Inde est un laboratoire formidable pour montrer de quelle manière une vaste région expérimente son rapport à d'autres régions et à la mondialisation à travers ses différentes formes d'organisation, d'expression et de culture. Dans quelle mesure des individus, des groupes ou des institutions sont-ils affectés par ce processus et comment s'approprient-ils les transformations en cours ? Des transformations qu'on ne saurait traiter à l'instar d'une circulation de fluides, sous peine de les réifier. La métaphore naturaliste des « flux » identifiés aux images de créativité et de liberté cède au « fétichisme de la marchandise » en une version à la fois élégante et allègre de la doctrine néolibérale. Car les réseaux qui orientent et canalisent ces « flux » dépendent de pôles de pouvoir et de rapports de forces géopolitiques liés à l'« archipel mégalopolitain mondial », formé d'un ensemble de villes qui contribuent à la direction du monde.

Le cas indien montre en somme de quelle façon singulière la mondialisation s'exerce dans l'enchevêtrement des relations horizontales – entre continents ou régions – et verticales – entre différents niveaux de localité ; ainsi se fabrique la diversité croissante. Il illustre également de quelle manière les multiples facettes de la mondialisation sont mises en acte et en scène, traduites en discours et en intrigues. Il éclaire aussi les réfractions de l'imaginaire de l'abandon ou de la revanche, du sentiment d'humiliation ou de gloire, sachant que la fierté sublime la honte, au travers de récits ou de pratiques inspirés par l'idée de fatalité, de conspiration ou d'espérance. Autrement dit, le cas indien exemplifie la façon dont les acteurs sociaux se représentent ou expérimentent la mondialisation, puisque c'est au diapason de leurs intérêts et de leurs émotions qu'ils réveillent ou forgent leur tradition – cette illusion rétrospective prompte à se métamorphoser en nostalgie du présent.

De l'accent mis sur des acteurs non européens (mais en contact avec les Européens depuis longtemps), on tire trois leçons : il est historiquement justifié de cartographier différemment la mondialisation ; il faut conjuguer ce processus au pluriel pour restituer sa complexité et éviter de ravaler la notion à un pont-aux-ânes ; il s'avère nécessaire d'étudier les médiations et les filtres locaux à travers lesquels opère son impact. Plus généralement, le décentrement de l'observation et des analyses, comme la variabilité des contextes et la diversification des milieux sociaux, ont pour double vertu de disqualifier la grande narration et la version unilatérale de la géographie et de l'histoire. Non seulement le détour par l'« en dehors » démonétise l'idée selon laquelle les origines de la modernité seraient toujours localisées à l'Ouest, mais, par cet écart même, il dément le parti pris de ceux qui présentent le « non-Occidental » comme s'efforçant de copier l'Occident (en le trahissant) ou de lui résister (bien inutilement) ; comme si les mondes non occidentaux ne pouvaient jamais se prévaloir que d'une modernité ou d'une mondialisation de seconde main. Or ces autres fragments d'humanité coexistent bel et bien en partageant de plain-pied l'histoire – la grande, et pas seulement l'« ethno-histoire » – en dépit de la spécificité de leurs régimes d'historicité. En sorte que leurs membres participent au futur antérieur des sociétés comme ils contribuent à l'apothéose du présent – aussi singulières que paraissent leurs réactions aux défis de l'heure ou du malheur.

Enchanter la mondialisation : tigre ou éléphant ?

Loin de se concevoir à l'instar d'un « tigre » asiatique, l'Inde se compare volontiers à un éléphant. Mais aujourd'hui le pachyderme s'ébroue. Et sa puissance en mouvement ne peut plus être ignorée au sein du monde capitaliste et dans le paysage international ; gageons qu'elle le sera encore moins après-demain. En dépit de son développement lent et de ses pesanteurs économiques tant industrielles qu'agricoles, outre les déficits de son régime démocratique et les dommages d'une bureaucratie pléthorique, l'Inde indépendante a fait bel et bien du chemin en cinquante-huit ans d'existence. Le choix d'une « voie graduelle » pour l'ouverture économique et d'une « dérégulation » limitée et contrôlée lui a permis d'absorber l'électrochoc néolibéral (mieux que certains de ses voisins). Soulignons cependant que cette option visait surtout à protéger les fonctionnaires et les clientèles des politiciens que la privatisation des firmes publiques aurait réduits au chômage : la démocratie électorale inhibe, en Inde, la logique libérale.

Mais le choix d'une libéralisation économique, même maîtrisée, impose des mesures d'austérité aux pays les plus pauvres. Et celle-ci creuse indubitablement les inégalités économiques et sociales, ainsi que régionales. Quatre États – l'Uttar Pradesh, le Bihar, le Madhya Pradesh et l'Orissa – représentent plus de la moitié des pauvres de l'Union indienne. Ceux du Madhya Pradesh et du Bihar concentrent 120 % de l'augmentation de la misère. La réduction de l'inflation et du déficit budgétaire qu'impose l'ajustement structurel a conforté le dénuement de quelque 40 % d'individus vivant sous le seuil de pauvreté (soit un dollar par jour). La pression est d'autant plus forte que les deux tiers de la population au travail ne sont pas salariés[1]. Certes, les classes moyennes pourraient compter 500 millions d'Indiens à l'horizon 2025 grâce à une croissance soutenue (de 6 %), selon les partisans de la doctrine libérale. Mais il ne restera pas moins de 750 millions de gens qui seront pauvres de façon absolue, quel que soit le critère retenu.

1. Seuls 7,5 % de la population active relèvent du secteur dit « organisé » et donc protégé.

Comme on l'a vu, cette restructuration eut partie liée avec la propagation du national-hindouisme dans sa version « douce » ou « dure » et même dans le Sud du pays. On a estimé que l'audience de cette idéologie politique communautariste, voire xénophobe, était de quelque 5 % en 1983. Elle serait passée aujourd'hui à 30 ou 40 %. Ce n'est pas un hasard. L'affirmation ethno-religieuse est le prix que l'Inde paye pour l'échec social et politique des pouvoirs issus des mouvements de libération nationale. Un grand nombre d'Indiens ne se reconnaissent plus, en effet, dans le contenu social modernisateur et dans la conviction d'une démocratie ouverte. Tirant les conséquences de cette trajectoire inaboutie, nombre d'hindous fondent dorénavant leur espérance sur l'avènement d'un Léviathan (hindou). Cette demande d'autoritarisme couplée avec la revendication d'une politique chauvine, qui donne préférence aux seuls « enfants de la Mère Inde », se diffuse parmi diverses couches de population. L'Inde, pour être singulière, n'est cependant pas un cas unique ; pensons à la Chine et à l'Indonésie. En effet, ce sont les responsables des gouvernements de chacun de ces trois « pays-mondes » (soit 40 % de la population mondiale) qui ont façonné la mondialisation en prenant une série de décisions politiques majeures et convergentes depuis plus de vingt ans.

L'échec de la cinquième conférence ministérielle de l'Organisation mondiale du commerce (OMC), tenue à Cancun (au Mexique) en septembre 2003, a manifestement flatté le sentiment national indien (et aussi ceux du groupe dit « des 21 », dont la Chine, le Brésil et l'Afrique du Sud). Au point que d'aucuns ont suggéré que cette victoire (à la Pyrrhus ?) réveillait l'esprit de la conférence de solidarité afro-asiatique tenue en avril 1955 à Bandung (en Indonésie), sous la houlette des trois leaders charismatiques qu'étaient alors l'Indien Jawaharlal Nehru, le Chinois Zhou Enlai et l'Indonésien Achmed Sukarno. Cette conférence des « non-alignés » avait rassemblé vingt-sept pays des continents africain et asiatique qui cherchaient à se fédérer dans une double perspective : s'affirmer politiquement après la décolonisation, face aux anciennes puissances colonisatrices, et ne pas s'aligner sur l'un des deux blocs, communiste ou capitaliste.

Toujours est-il qu'en 2003 l'Inde et ses vingt autres partenaires ont dénoncé les subventions aux agriculteurs de l'Union européenne (UE) et des États-Unis. Ces pays du Sud ont soulevé des questions délicates concernant les investissements étatiques, la politique de la concurrence, la facilitation des échanges et la transparence des marchés publics (mais on avait déjà vu ressurgir le vieil antagonisme Nord-Sud lors des affrontements à la troisième conférence mondiale des Nations unies contre le racisme, tenue à Durban en août 2001). En dépit des apparences, l'intention de l'Inde (comme de la Chine) n'était pas de mettre en cause les négociations commerciales en cours. Il s'agissait plutôt de sauvegarder à terme les possibilités d'attirer les investissements étrangers des pays riches en arguant de ses atouts nombreux : réformes libérales engagées depuis 1980 et rendues structurelles en 1991 ; croissance de 6 % par an et maîtrise de l'inflation de l'ordre de 4 % ; réserve de devises atteignant près de 90 milliards de dollars ; revenu annuel qui a franchi la barre des 500 milliards ; hausse des investissements étrangers de l'ordre de 6 milliards ; montée en puissance de la production industrielle et « délocalisation » des services des multinationales ; relance de la production agricole à la suite de bonnes moussons ; opportunités que procurent un marché immense et des classes moyennes en expansion continue. Enfin, confiance dans la stabilité d'un pays qui s'est pourvu d'institutions et de procédures juridiques démocratiques ainsi que de la libre expression (à la différence du voisin et concurrent chinois). Du moins est-ce de la sorte que les responsables indiens se représentent l'Inde et la vendent.

Ce palmarès d'une croissance évaluée sur la base d'indicateurs chiffrés néglige les dimensions sociales du développement, qui est un phénomène à la fois global et multidimensionnel[1]. On le sait en Inde mieux que partout ailleurs dans la mesure où cette idée a valu un prix Nobel d'économie au bengali Amartya Sen. Ce citoyen (à la fois indien et britannique) répète inlassablement que si l'on veut transformer les individus en acteurs de leur destinée, il faut leur permettre « de surmonter toutes les formes de non-libertés qui restreignent le choix des gens et réduisent leurs possibilités d'agir ». À ses yeux, « la suppression de ces non-libertés est constitutive du développement »[2]. Éloge, en somme, de la démocratie.

Si peu d'Indiens sont sensibles à ce message humaniste, une majorité croissante de la population (ainsi que les investisseurs étrangers) éprouve une fascination pour un marché de plus d'un milliard de consommateurs et déjà fort de classes moyennes composées de quelque 120 ou 200 millions d'individus (selon les estimations). Mais d'autres craignent que la polarisation économique, sociale et culturelle induite par les écarts de consommation amplifie

1. Le Programme des Nations unies pour le développement (PNUD) a tenté de corriger ces défaillances en proposant un indicateur complexe du « développement humain » qui tient compte de l'espérance de vie, du niveau d'alphabétisation et des ressources nécessaires à un mode de vie décent, les organismes internationaux ayant tendance à occulter les rapports de dépendance inscrits dans les structures internationales, à esquisser les polarisations entre riches et pauvres dans chaque pays et, plus récemment, à privilégier une approche humanitaire. Tous les travers du dogme de la croissance économique comme résolution des maux des sociétés ont été détaillés par Richard Douthwaite, *The Growth Illusion*, Gabriola Island, Canada, New Society Publishers, 1999.

2. Cf. Amartya Sen, *Un nouveau modèle économique. Développement, justice, liberté*, Odile Jacob, 2000 (1re éd. angl. 1999), p. 10.

l'impact des réformes structurelles et augure un avenir politique incertain, sinon menaçant, pour les pauvres et les minorités (notamment musulmane et chrétienne). La crainte s'est avivée avec la reconfiguration de l'environnement international à la suite de l'attentat du 11 septembre 2001 à New York, qui fut dramatisé dans le sous-continent à cause du conflit par procuration que se livrent l'Inde et le Pakistan au Cachemire depuis bientôt vingt ans.

En dépit des turbulents voisins pakistanais et afghans, l'Inde se surprend à rêver d'un avenir radieux au travers des nouvelles technologies de l'information et de la communication (NTIC) : « Shining India », selon le slogan du BJP. Le pays s'est taillé une solide réputation internationale dans ce domaine. Au point que le destin de l'Inde est d'avoir rendez-vous avec l'informatique, comme l'avait vu Rajiv Gandhi dans les années 1980[1]. Aujourd'hui, les 600 000 professionnels indiens de cette spécialité travaillent dans les centres de recherche et les filiales des firmes multinationales installées à Bangalore, Hyderabad ou Gurgaon (près de Delhi), ces nouvelles Bénarès des technologies de pointe. Et nombre d'informaticiens sont expatriés aux États-Unis, où ils participent au développement de la « nouvelle économie ». Les Indiens constituent ainsi un quart à un tiers des effectifs de Microsoft et de la NASA[2].

L'étranger regardant avec de plus en plus de sérieux les opportunités du retour rapide sur investissement, l'Inde

1. Cf. Tulasi Srinivas, « A Tryst with Destiny. The Indian Case of Cultural Globalization », in Peter L. Berger et Samuel P. Huntington (dir.), *Many Globalizations. Cultural Diversity in the Contemporary World*, Oxford-New York, Oxford University Press, p. 89-116.

2. La plus grande démocratie du monde bénéficie d'une diaspora nombreuse, soit environ 1,8 million d'expatriés en Amérique, qui comptent parmi les immigrants les plus talentueux ; cf. Jackie Assayag et Véronique Bénéï (dir.), *At Home in Diaspora. South Asian Intellectuals and the West*, Delhi, Permanent Black-Bloomington, Indiana University Press, 2004.

devient une destination de « délocalisation » très prisée par les firmes occidentales de technologies. Dans les télécommunications, les firmes étrangères – Siemens, Ericsson, Nokia, Alcatel – voisinent avec les grands acteurs locaux – Reliance, Tata, Hutch, Airtel. La mutation discrète qui a amené les conglomérats indiens à se restructurer pour se concentrer sur leurs points forts leur a permis de « se positionner » dans la compétition mondiale. Les mêmes chefs d'entreprise qui, au début de la libéralisation économique, souhaitaient le maintien des protections gouvernementales et se plaignaient d'une compétition déloyale avec l'étranger proclament aujourd'hui vouloir s'ouvrir sur le monde.

Au moment où le pays commence timidement à exporter ses voitures, camions, motocyclettes – 270 000 en 2002 –, les firmes étrangères installent leurs centres techniques et de recherche : Daimler Chrysler et General Motors emploient chacune 100 ingénieurs à Bangalore ; Ford en a 300 dans son laboratoire près de Madras. Le Coréen Hyundai s'apprête à faire de même. Fiat est à Bombay. Delphi, le numéro un mondial de l'équipement automobile, a un laboratoire à Bangalore. Axa, la Société générale, Business Objects se sont également installés dans cette ville. Inversement, la firme Tata a récemment racheté une division de Daewoo Moteurs et implante une usine d'assemblage pour les camions en Thaïlande. De son côté, Bajaj, l'un des grands constructeurs de deux-roues, assemble une usine en Indonésie. Beaucoup de firmes indiennes ont acquis des entreprises dans les provinces chinoises et quelque 450 sociétés indiennes opéreraient à partir du Royaume-Uni. Ranbaxy, le plus grand laboratoire pharmaceutique indien, est en négociation pour l'achat d'une importante société française. Mais d'autres secteurs en forte croissance, comme l'agroalimentaire, la haute technologie, le tourisme, auront également besoin d'apports étrangers.

Si les chiffres des investissements étrangers restent modestes – 4,8 milliards de dollars pour l'année fiscale 2002-2003, soit 10 %, à peu près, des sommes investies en Chine –, le tournant est pris. Quasiment tous les secteurs de l'économie sont ouverts aux investissements extérieurs. Mais c'est assurément l'informatique, au sens large, qui intéresse de plus en plus les firmes internationales ; l'Inde devrait gagner massivement dans la sous-traitance des services informatiques. Dernière en date à augmenter ses services en Inde, la Banque mondiale construit un bureau à Madras pour abriter l'évaluation mensuelle de son portefeuille d'investissements.

Tandis que la Chine s'affirme comme « l'atelier du monde », l'Inde, plutôt tournée vers les emplois qualifiés et les services de pointe, connaît un développement économique construit non sur ses seules ressources naturelles ou sur sa main-d'œuvre bon marché (voire sur ses reins), mais sur ses cerveaux : 260 000 ingénieurs de haut niveau sont formés chaque année dans ce pays. À la demande du gouvernement chinois, NIIT Ltd., la plus grande société indienne de formation aux nouvelles technologies, a créé 125 écoles dans 25 provinces de Chine afin de former 20 000 élèves par an. La « délocalisation » de matière grise pourrait avoir à terme des conséquences sur l'emploi en Occident. Selon les syndicats britanniques, depuis dix-huit mois (à la fin de l'année 2003) 10 000 emplois qualifiés avaient été perdus au Royaume-Uni, ancienne puissance coloniale, et 200 000 autres postes seraient menacés. Aux États-Unis, le nombre d'emplois dans les services financiers s'élèverait à 500 000 d'ici à 2008. De fait, les annonces de « délocalisations » se multiplient. Le 2 décembre 2003, la compagnie d'assurances Aviva a annoncé le transfert en Inde de 2 500 emplois dans ses services informatiques et ses centres d'appel pour, selon ses dirigeants, « donner à l'entreprise une flexibilité et une capacité accrues ». Aviva n'a fait, il est vrai, que suivre l'exemple de Reuters, de BT, de Prudential, des supermarchés Tesco, des banques HSBC et Lloyds. Les renseignements téléphoniques des chemins de fer britanniques (British Rail) vont, eux aussi, être sous-traités en Inde, par des opérateurs qui n'auront sans doute jamais utilisé le réseau ferroviaire de Sa Majesté ! Le cabinet d'études Gartner estime que l'Inde capte 55 % des 19,5 milliards de dollars de chiffre d'affaires « délocalisés » dans les activités de services, dans les technologies de l'information et les processus de traitement informatique des entreprises. Le pays est plébiscité par les multinationales anglo-saxonnes, tout autant pour la qualité de sa main-d'œuvre, anglophone, que pour son coût avantageux. Quand les grandes firmes de Wall Street ferment leurs portes le soir, les analystes indiens traitent et vérifient les opérations de la journée de la quasi-totalité des grandes banques et maisons de courtage. Les risques et les données individuelles utilisées par American Express et J. P. Morgan Chase pour établir des polices d'assurances ou attribuer des crédits sont traités en Inde.

Aux États-Unis, il y aurait aujourd'hui moins d'ingénieurs dans la Silicon Valley (120 000) qu'à Bangalore (150 000)[1]. Les entreprises se justifient en expliquant que leurs centres de recherche « délocalisés » leur permettent de développer plus vite de nouveaux produits de meilleure qualité. Les 900 ingénieurs de Texas Instruments affectés dans cette même ville ont déjà déposé 225 brevets de nouvelles puces. Microsoft a recruté 2 000 « développeurs de logiciels » en Inde à la fin de l'année 2004. La firme Dell envisage d'y augmenter le nombre de personnes dans ses « centres de soutien ». Des ingénieurs indiens entretiennent

1. On se reportera aux descriptions de James Heitzman, « Corporate Strategy and Planning in the Science City. Bangalore as "Silicon Valley" », *Economic and Political Weekly*, 30 janvier 1999, p. 65-78.

et développent les sites interactifs de Lehman Brothers, de Boeing et des Pages jaunes du téléphone aux États-Unis.

En France, les sociétés de services et d'ingénierie en informatique (SSII) connaîtront un scénario de « délocalisation » comparable à celui des entreprises textiles, affirme le président de Cap Gemini Ernst et Young, qui compte 600 employés en Inde (sur un effectif total de 52 600 personnes). « La délocalisation est une question de survie dans un contexte de baisse d'activité et de pression sur les prix », écrit le président-directeur général de Valtech. Cette firme spécialisée dans le conseil en commerce électronique a ouvert un « centre de développement » en Inde, qui emploie actuellement 40 salariés et prévoyait d'en recruter 1 000 d'ici à la fin 2004 – sur un effectif total de 800 collaborateurs pour l'ensemble de Valtech en 2002. Plus discrètement, Atos Origin a recruté 600 personnes dans sa filiale à Bombay.

En 1999, l'exportation de logiciels a rapporté à l'Inde quelque 5 milliards de dollars, soit environ le dixième du total des exportations. Mais l'Inde exporte aussi en Chine des logiciels, de la pharmacie, de l'acier. Le milliardaire indien Lakshmi Mittal est devenu le numéro un de l'acier en 2004. De son côté, la Chine exporte en Inde des matériels électroniques et des jouets. Le commerce entre les deux grands a triplé ces dernières années. Ce qui a motivé la visite à Beijing du Premier ministre indien en juin 2003. Atal Bihari Vajpayee a déclaré à des hommes d'affaires chinois : « Les relations sino-indiennes ont pris un nouveau cours de développement de coopération bilatérale. » Non sans de bonnes raisons, certains pensent que les conséquences géostratégiques de cette alliance qui se dessine entre les deux pays les plus peuplés de la terre sont incalculables. D'aucuns affirment même que, en prolongeant les courbes actuelles des deux pays, les trois plus grandes puissances économiques du monde en 2050 seront dans l'ordre : la Chine, les États-Unis et l'Inde ! Mieux, alors que la Chine laissait le loisir de croire qu'il restait au sanctuaire euro-américain les emplois de service et de haut niveau, l'Inde permet d'en douter au vu de son dynamisme dans ce type d'activité. En somme, l'Inde décolle et se veut dorénavant tigre plutôt qu'éléphant. Quant au rapprochement spectaculaire avec la Chine, il n'est que la partie émergée d'une immense réorganisation économique interasiatique. L'Asie n'est plus une liste de pays dont chacun exporte en Amérique et en Europe. L'Asie est en passe de devenir un continent intégré avec une économie commune dans laquelle chacun se spécialise sur ses atouts et tous y gagnent.

DÉSENCHANTER LA MONDIALISATION : TERRESTRE…

Ces signes positifs du « culte du cargo » des hautes technologies indiennes ne sauraient faire oublier que plus de 430 millions d'individus vivent dans ce pays avec moins d'un dollar par jour, que des dizaines, voire des centaines de millions d'enfants souffrent de malnutrition, que le pays compte quelque 500 millions d'illettrés et que l'eau potable reste une denrée rare, tout comme l'électricité. Les dirigeants indiens des services public et privé doivent investir dans le domaine social, l'éducation et la santé notamment, affirmaient récemment, à New Delhi, les participants à une conférence organisée par le *World Economic Forum.* C'est dire le travail qu'il reste à faire pour que l'Inde se hisse à la représentation commune du miracle économique, généralement formulée dans l'idiome des théories néoclassiques, que privilégient complaisamment les médias. Quiconque se livre à une lecture en contexte des performances indiennes ne peut que constater l'ampleur de la tâche, tant le pays est lesté de handicaps structurels.

Le produit national d'un pays dépend bien plus, on le sait aujourd'hui, des facteurs collectifs qui font de celui-ci un bien commun : la productivité d'une entreprise de la Silicon Valley, par exemple, est indissociable de tout un environnement (infrastructure, système de communications, technologies externes associés, université, etc.), mais aussi de facteurs de stabilité politique et sociale que les entreprises doivent à l'effort collectif. Le patrimoine, et son entretien, sont donc à mettre au même rang que le profit comme stimulant de l'activité économique. Certes, on peut raisonner en termes d'effets probables de l'accroissement de facteurs quelconques, par exemple l'informatique. Cependant, dans une économie de plus en plus mondialisée, ce ne sont pas des facteurs isolés qui produisent la richesse, mais des « systèmes intégrés », c'est-à-dire la combinaison des facteurs productifs par le biais de l'accélération de la marche de l'ensemble des entreprises.

Or c'est bien là que le bât blesse. Pour qui connaît Bangalore, où Texas Instruments se fixa dès 1985, il est clair que la technopole installée à quelque 25 kilomètres du centre ville – telle une station spatiale au milieu de la campagne – est un îlot de prospérité sans commune mesure avec les autres quartiers de l'agglomération. La pauvreté endémique subsiste et l'infrastructure chaotique atteste des inconvénients d'être une métropole dans un pays en voie de développement. Ici, il n'y a pas (encore) d'aéroport international. Les coupures électriques sont quotidiennes, même dans les quartiers résidentiels. Les chaussées sont défoncées, y compris dans le centre de l'agglomération. L'eau commence à manquer. Le parc immobilier est inadéquat et en mauvais état. Les transports publics sont insuffisants et déficients. Le réseau routier, anarchiquement tramé, se détériore, et ne répond plus aux besoins toujours plus grands. Un tel cumul de handicaps conduit à l'augmentation des véhicules en circulation jusqu'à saturation et produit une pollution croissante : en 1960, la ville avait 20 000 véhicules, elle en compte aujourd'hui 1 300 000 alors que les autorités municipales estiment la capacité maximale du réseau à 350 000 ! Dans ces circonstances, les firmes de hautes technologies doivent pourvoir à leurs besoins et voient ainsi se réduire l'avantage du faible coût du travail, donc les marges financières. Tandis que la ville perd progressivement de ses attraits aux yeux des investisseurs, sa dépendance s'accroît à l'égard des entreprises étrangères pour lesquelles le monde informatique indien se limite à de la sous-traitance – les entreprises locales n'ayant pour fonction que de satisfaire les services de routine. La croissance économique de Bangalore risque donc de n'être que transitoire et, qui plus est, sur la base d'une dépendance structurelle accrue envers le monde euro-américain[1]. De fait, des « relocalisations » en Chine, aux Philippines, au Costa Rica et aux Barbades sont déjà annoncées – rumeurs ou réalité ?

Il faut donc raison garder face au triomphalisme informatique de l'Inde, alors que 99 % des habitants du sous-continent n'ont pas accès à l'information technologique et que cette dernière ne remplacera pas les écoles, les routes, l'électricité, l'eau ; autant de besoins élémentaires dont sont encore privés des dizaines de millions d'Indiens. Soulignons également deux tendances économiques lourdes de conséquences. D'une part, le « marché autorégulateur » du XIXe siècle a laissé place à des situations où s'exerce une « pression constante sur les prix, les salaires et l'emploi que

1. En 1999, sur les 500 premières firmes internationales, 43,8 % étaient américaines, 31,6 % européennes, 15,4 % japonaises, 9,2 % pour le reste du monde.

l'on comprime pour rester compétitif » ; d'autre part, la théorie des avantages comparatifs est « une fiction destinée à justifier le libre-échange ». Aujourd'hui, l'échange est moins international que dominé par les relations inter- ou intra-firmes à la faveur de combats et d'alliances entre quelques oligopoles : deux tiers des échanges mondiaux se font entre grandes firmes internationales[1]. Et l'« archipel mégalopolitain mondial », formé d'ensembles de villes qui contribuent à la direction du monde, est au cœur des pays de la Triade (Europe occidentale, Amérique du Nord, Asie du Nord-Est) qui effectuent entre eux 85 % des échanges mondiaux[2].

…OU CÉLESTE ?

Ce n'est nullement parce que la ville de Bangalore est connue pour ses églises, ses paroisses et ses cathédrales, sans même évoquer ses missions chrétiennes étrangères fort actives depuis le XIXe siècle, que nous concluons en compagnie de l'Oriental saint Augustin. Celui-ci comparait

1. Ces développements sont inspirés du livre de René Passet, *L'Illusion néo-libérale*, Paris, Fayard, 2000, « Champs-Flammarion », 2001.

2. Il faut rappeler que l'Inde ne représente que 0,2 % des échanges mondiaux en 2000, alors qu'elle atteignait 0,5 % en 1947. Bien que deuxième exportateur mondial de logiciels, l'Inde ne possédait (en 2000) qu'un téléphone pour 100 habitants et le taux de pénétration d'Internet n'y était que de 0,1 %. Le nombre d'ordinateurs personnels ne dépasse pas 5 millions, Internet n'a que 1,8 million d'abonnés et 4,8 millions d'utilisateurs, dans un pays qui n'a que 26 millions de téléphones pour plus d'un milliard d'habitants. On trouvera des données chiffrées récentes dans le rapport de Sophie Chauvun et Françoise Lemoine, « India in the World Economy : Traditional Specializations and Technology Niches », Paris, Centre d'études propectives et d'informations internationales (CEPII), 2003.

la beauté du cours des événements humains à une mélodie fondée sur une variété harmonieuse de sonorités. La succession des siècles, écrit-il dans le traité *De la vraie religion*, est un chant que nul homme ne peut entendre dans son intégralité. L'évêque d'Hippone imaginait que le cantique de louanges chanté par les créatures muettes n'était autre que leur beauté, celle par laquelle elles renvoient à leur Créateur, infiniment plus beau qu'elles-mêmes.

Aujourd'hui, nous sommes plutôt enclins à traduire les métaphores acoustiques en termes visuels. Mais l'adoption du régime de l'image et de la publicité propre à la modernité – époque où triomphe le visible dans sa trivialité – ne révoque pas en doute le plan divin. Ce dont ne s'aperçoivent pas toujours ceux qui cherchent à rendre intelligible ce produit temporel désordonné qu'ils appellent « mondialisation ». Au vu de l'importance des métaphores liées à la distance, aux positions et au perspectivisme dans la tradition intellectuelle occidentale, signalée dès l'introduction, le rappel n'est pas vain, surtout dans un monde déserté par Dieu ; d'autant qu'on ne sait pas qu'une telle absence ait éteint l'aspiration à la totalité, bien au contraire : pensons à l'imaginaire globalitaire contemporain et aux lieux de constitution de sa rhétorique comme les discours des élites, les écoles internationales, les conquêtes économiques ou les croisades morales de toute espèce, sans parler du caractère ornemental et sublime de la publicité partout dans le monde.

Dans son traité *La Cité de Dieu*, saint Augustin affirmait que « la cité terrestre tend à se glorifier en elle-même ». Ce constat quasi durkheimien vaut encore aujourd'hui. Toute vie, quelle que soit sa destinée, est avant tout sociale : *vitas civitatis socialis est*. Dès lors, il est normal que le bonheur que procurera la cité de Dieu soit enraciné dans la création des biens individuels et sociaux que « Dieu, dans sa bonté, a semés ici-bas comme autant d'images préfiguratrices ». Grâce au rassemblement des citoyens de toutes les nations, cette cité les conduira tous « vers ce sabbat qui n'aurait point de soir [...], vers ce royaume qui n'aura pas de fin ».

Dans son appropriation biographique d'un destin qui supposait un fond mythique et cosmologique, en la circonstance biblique, l'évêque d'Hippone, évangélisant aux marges de l'empire, dans l'actuelle Tunisie, avait donc bien vu que toute mondialisation s'apparente à une eschatologie. Comme si l'inscription du destin humain dans le conflit des deux cités, terrestre et céleste, localisée ou globale, constituait la base d'une réflexion autobiographique. La leçon mérite d'être retenue : la mondialisation, c'est simultanément une fabrique de la diversité croissante et le mouvement d'expansion des nations entraînant avec lui la tendance à l'individuation.

Table

INTRODUCTION. LA MONDIALISATION VUE D'AILLEURS 9
Dépayser la mondialisation 11
L'Inde désorientée 14

CHAPITRE I. MODERNITÉ, MONDIALISATION ET « GLOCALISATION » 21
La géographie de la modernité 25
L'Europe et la périphérie 25
Modernités multiples 30
Mondialisation et périphérie 34
Décentrement 34
Recentrement 43
Modernité, postmodernité, mondialisation 49
Épistémologie de la mondialisation 52
Le spectre de la mondialisation 52
La mondialisation en questions 56
Entropie et histoire 64
Des faits occultés 64
L'imagination sociale 67

Le fétichisme de la cause : *illusio* et domino....... 72
Une cosmologie occulte ? 76

CHAPITRE II. L'ÉCONOMIE POLITIQUE
DE LA FEMME ET DE LA NATION 81

Bienvenue à Bangalore 81
Le corps de la femme :
identité, communauté, nation 83
Des *imagos* maternels : le modèle « Lakshmi » 93
Luxuriance et émotion 94
Bufflesse ou courtisane 97
De la déesse à la pin-up 100
De la race à l'industrie cosmétique 103
Noir ou blanc 103
Le marché du beau 108
La « culture de la beauté » 110
Des poupées nationalistes :
le modèle américain « Barbie » 112
Le beau modeste 114
Le beau généreux 115
La foire capitaliste aux vanités 118
Cosmologie, consommation et classes moyennes ... 121

CHAPITRE III. EN QUÊTE DE CLASSE MOYENNE 129

Une classe moyenne dans l'histoire............... 133
En quête de la classe moyenne 139
Les « régimes intermédiaires » 139
Concept et méthodologie 147
Histoire et ethos 153
Classe moyenne et national-hindouisme 158
Un régime politique inédit 159

Une nouvelle économie politique 165
Échec ou paradoxe de l'Inde ? 171

CHAPITRE IV.
AGRICULTURE : LES SEMENCES DE LA COLÈRE 177

Inde du Sud 177
Paris, l'Europe et le monde 178
L'agriculture dans le sous-continent 182
La cosmologie agrocapitaliste des semences 185
Monsanto ou « Mon Satan » ? 185
Semences de l'espoir ou du désespoir ? 187
Les agriculteurs contre la mondialisation 190
Leaders et syndicats paysans 190
Le tribunal des semences OGM 195
La cosmologie vernaculaire des semences 198
Les semences, la terre, l'État 200
Des catégories indigènes
à la commercialisation 204
Prêteurs d'argent, courtiers, vendeurs 207
Corps, transplantation d'organes et conspiration ... 212
La mondialisation n'en peut mais 218

CHAPITRE V. CONSOMMATION,
NATIONAL-HINDOUISME ET MÉDIAS 223

Régimes visuels et culture publique 225
Modernité, appropriation et hybridation 228
Styles de vie et modernité 231
La querelle de la production indigène 237
Ouverture économique
et régime de représentation/consommation 246
Marché et télévisions 246

Épopées hindoues ou paraboles nationalistes ? . . 249
État, identités de classe et industries culturelles 255
L'aura nationaliste de la consommation de masse . . 261
La cosmologie mass-médiatique 261
Mythe et hindouité 266

CONCLUSION. DÉSENCHANTER
OU RÉENCHANTER LA MONDIALISATION 271

Savoir local, savoir global 274
Enchanter la mondialisation : tigre ou éléphant ? . . . 280
Désenchanter la mondialisation : terrestre… 290
…ou céleste ?. 293

Réalisation : Nord Compo à Villeneuve-d'Ascq
Achevé d'imprimer par Normandie Roto Impression s.a.s.
Dépôt légal : septembre 2005, n° 81300 (05-2114)
Imprimé en France